U0506591

商周文明探索叢書

主編 晁福林

新出兩周金文及文例研究

鄧佩玲 著

上海古籍出版社

總　序

　　陳寅恪先生曾爲陳援庵校長《敦煌劫餘録》作序，其言乃謂："一時代之學術，必有其新材料與新問題。取用此材料，以研求問題，則爲此時代學術之新潮流。治學之士，得預於此潮流者，謂之預流。其未得預流者，謂之未入流。此古今學術史之通義。"斯言去今，已近百年。然若推其意及吾國古史研究之歷程，誠亦可信哉！竊觀近世吾國古史研究之變遷，外受西學之激蕩，自不待言，内實多得於新材料之發現。因其新材料，而有新問題；因其新問題，而有新方法、新學問。是故歷史之外，別興考古、文字之學。殷契、銘刻、簡牘，層見迭出，各領風騷。元典之外，更有洞天，而研治古史之風尚乃不得不爲之變。凡論古史者，其必倡言考古、文字之學。考古之於古史，變無爲有，文字之於古史，訂訛補缺，皆與近世新古史之生成緊要相關，其功至偉。故自海寧王靜安後，新古之學，波瀾壯闊，群賢競起，流風餘韻，於今未歇。竊謂欲治古史者，當循新古學之規則，假考古、文字之助力，而以歷史爲鵠的，求得文明演進精神之所在。"究天人之際，通古今之變"，良史之箴言，歷史精神之凝萃，豈敢忘乎？研究中心諸君有志於此久矣，意欲寄身預流，玄覽殷周。《商周文明探索叢書》即諸君矻矻努力而取得之成果之一端。不揣窶陋，企盼學界師友教正焉。

北京師範大學歷史學院商周文明研究中心

2015 年 8 月

自 序

古語有"金石之堅"之説,此乃本自西漢枚乘《七發》:"雖有金石之堅,猶將銷鑠而挺解也,況其在筋骨之間乎哉?"據《漢書‧藝文志》所載,枚乘賦作共九篇,現今最著名者爲《七發》。該賦假託吳客與患病的楚太子對話,勸喻貴族子弟勿耽於逸樂,並表達對當時治國者驕縱放肆的不滿。堅如金石,亦難抵高温熔解。青銅是人類最早使用的合金之一,以熔點低、硬度高爲優點。上古時期,青銅禮器的出現不僅構建了中國瑰麗的青銅藝術文化,銅器上鑄鏤的文字更深刻地承載著古代文明的足迹,成爲窺探先秦歷史文化的重要途徑,歷久而不朽。歐陽修《集古録》有以下一段記載:

> 古之人之欲存乎久遠者,必托於金石而後傳,其埋沉埋没顯晦出入不可知,其可知者久而不朽也。然岐陽石鼓今皆在,而文字剥缺者十三四,惟古器銘在者皆完,則石之堅又不足恃。是以古之君子器必用銅,取其不爲燥濕寒暑所變爲可貴者,以此也。古之賢臣名見《詩》《書》者,常爲後世想望,矧得其器,讀其文,器古而文奇,自可寶而藏之邪!

先秦兩漢時期應用的書寫材料相當廣泛,其中甲骨、簡牘、玉石及縑帛等,埋藏於地下,歷經數千年歲月變遷,飽受天氣及各種環境因素侵蝕,容易腐壞散佚,能完整保存者鳳毛麟角。雖然近世紀以來大量戰國簡帛文獻出土,但因客觀條件所限,發現地域以南方爲主。至於青銅具有堅硬的特質,比較不受氣候局限,所載銘文歷隔數千年仍宛然若新,加上出土地域廣泛,遍佈全國大部分地區,應用時間跨度長,涵蓋先秦時期從商代至戰國各發展階段,能夠比較真確及具體地呈現當時的歷史及文化面貌。

青銅器出土最早可上溯至漢代,東漢許慎《説文‧敍》嘗言"郡國往往于山川得鼎彝,其銘即前代之古文",許書所載部分資料來源自銅器銘文,而從今日出土金文可知,書中所録古文確實不乏與之相合者。自古以來,青銅禮器被視爲權力的象徵,所謂"昔夏之方有德也,遠方圖物,貢金九牧,鑄鼎象物"(《左傳‧宣公三年》)。兩漢時期先秦銅器的發現是祥瑞之兆,《漢書‧武帝紀》記"得鼎汾水上",遂改年號爲"元鼎"。《效祀志》有

"美陽得鼎"的記載,張敞釋其銘文謂"賜爾旂鸞黼黻琱戈"、"拜手稽首"、"敢對揚天子丕顯休命",其言辭皆與今日所見銘文文例相合,可證班固所記非虛。兩漢以後,銅器出土事迹雖然較少,但史書及類書仍間有載述。直至兩宋時期,金石庋藏成爲文人雅事,金文研究蔚成風氣,私人及官修著錄出現,較爲重要者如呂大臨《考古圖》、王黼《博古圖》、薛尚功《歷代鐘鼎彝器款識法帖》、王俅《嘯堂集古錄》等。清代考據學蓬勃興盛,小學迅速發展,乾嘉以來金石人才輩出,一代大家如阮元、吳榮光、徐同柏、吳式芬、陳介祺、潘祖蔭、吳大澂、劉心源、孫詒讓等,皆成就斐然。

中國古籍屢遭危厄之難。自秦始皇焚書坑儒開始,文獻屢次遭受殘缺亡佚之厄運,隋牛弘於開皇三年上書論古書之興廢云"經書自仲尼已後,迄於當今,年逾千載,數遭五厄"(見《隋書・牛弘列傳》),明胡應麟《經籍會通》復廣"五厄"爲"十厄",清紀昀《四庫提要》更有"吉光片羽"之歎:"古書亡失,愈遠愈稀,片羽吉光,彌足珍貴。"先秦文獻因歷代散佚傳鈔之故,衍脱錯誤在所難免,但所幸的是,鏤諸吉金的銅器銘文往往免於書厄之難,尚未至於銷毀殆盡。近世地不愛其寶,各種出土文獻紛沓而至,泰半皆爲前賢所未見,而青銅器失而復出,於學術研究起莫大的推動作用,裨益良多。

本書以《新出兩周金文及文例研究》爲題,全書分上、下兩編。上編選錄近見金文五種爲討論對象,當中既有筆者有幸先睹之私家藏品,亦有部分見於拍賣會圖錄或學者著錄。除文字考釋外,本書亦就銘文涉及之禮制、歷史及真僞問題提出管見,雖未成一家之言,望能拋磚引玉,盼與同好切磋討論。此外,部分新見器物嘗見於筆者過去著述,但受限於當時篇幅或具體條件,所刊載的照片及銘文拓本不夠清楚,然本書收錄者則大多較爲完整清晰。而且,隨著更多新見資料的出現,部分觀點亦得以修正,在本書中有較詳細深入的討論。部分章節末處添增附錄,以資研究者參考。

2014年,筆者獲香港研究資助局資助,進行"兩周金文銘辭文例研究"計劃,爲期兩年半。該項計劃旨在對兩周金文銘辭作出排比,歸納常見文例,從而探討常用詞意義,並描寫金文中習見短語及句子的格式。本書下編乃該計劃部分研究成果之總結,考察的金文常見文例共六種,其中既有文例辭義的探索,亦有通過具體用法的歸納,考究文例的地域特徵,以及其與銅器歷時發展的關係。

　　驟眼所見,本書上、下兩編主題似非緊密關連,但將兩者置於一起討論,個中別有原因。事實上,新見金文與文例間的討論是彼此相關,互爲表裏。新見金文能爲學術界敞進豁然的新視野,但材料中卻往往包含艱澀奧晦或不見於經傳的古字詞,其考釋需要通過文例的比對,始能推敲銘文的具體意義。因此,文例的歸納是新見金文考釋不可或缺的門徑。例如,第二章討論爯簋"乍(作)"字,便配合金文"作器之因"文例釐清銘文中作器者與受器者問題。第三、四章考釋呂簋、頌父鋪銘文,分別利用了金文賞賜文例和人名文例。在另一方面,新見銘文不僅擴充了辭例的數量,爲文例的歸納工作提供更堅穩的基礎,結論更爲準確全面。而且,新見金文資料的出現往往能爲研究帶來嶄新例證,有助於補苴或修正前人説法。例如,第六章探討"取△若干鋝"文例,便配合近見於簋銘文"𢼸"字,論證"徵"字形的發展演變。第八章討論黃器銘文文例"永某某",亦參考了近出郘公敲鎛"永耆是保"一語,説明"永某某"應當讀爲"永耆保"。

　　王國維《最近二三十年中中國新發見之學問》云"古來新學問起,大都由於新發見",陳寅恪《敦煌劫餘録序》復有"一時代之學術,必有其新材料與新問題"之名言。近年戰國簡牘大量發現,學者除了可在舊有的研究基礎上開拓新領域之外,楚簡文字更逐漸成爲金文考釋必不可少的參考資料。兩周金文上承殷墟契文餘緒,下迄年代又與楚簡相合,尤其是楚系銅器銘文的考釋,大多皆可取與戰國楚簡文字互相印證,比觀發明。例如,第六章通過近年新見包山簡、上博簡及清華簡等相關字形的比對,對金文偏旁"𡈼"與"徵"之關係作出綜合討論。第十章結合戰國楚簡所見"鳶"字的寫法,就兩周金文中幾個舊釋爲"鳶"的字作重新討論。因此,楚簡材料的湧現成爲金文研究的新契機,我們務應與時俱進,掌握學術研究的最新成果,正如湯之盤銘有謂"苟日新,日日新,又日新"(《禮記・大學》),切不能閉門造車,徒令望洋興嘆,中道而廢。

　　最後,筆者尚有三個問題,望與方家共討切磋。第一是有關銘文真僞的鑑辨。僞作古銅器最早可上溯至唐代,而歷代辨別銅器真僞的方法衆多,容庚《兩周彝器通考》及張師光裕《僞作先秦彝器銘文疏要》皆有詳細論述，當中，銘文字形是其重要依據之一。例如，第五章討論晉公盤銘文，提出當中部分文字寫法與春秋金文相異。然而，銅器真偽的鑑別必須配合實物摩挲與目驗，倘若單憑照片，亦難作最後定奪。筆者嘗於《古文字研究》第二十九輯發表《山西翼城大河口出土鳥形盉銘文考釋》一文，盉銘屬於科學考古發現，其真確性並無疑問，但當中如"某""再""無""出""報""朕"等字寫法，與習見金文有異。因此，辨偽工作必須建基於多角度的資料，實物觀察是必不可少的步驟。第五章是爲盤銘文字異常現象獻疑而作，亦暫不敢就其真偽遽作定論。

第二，古文字尚未定形，故於演變過程中譌混情況屢見，此乃考釋古文字必須注意的。例如，第二章再器銘文所見"付"字從二"又"，明顯與古文字偏旁"人""又"譌混相關。第六章解釋楚簡"徵"之所以從"各"，乃是由"升"下累增偏旁"口"譌變而成，且從"徵"的字形演變可知，古文字部件"弖""幺""丷""屮"互混現象多見。第七章考釋金文"𦥑"字，提出古文字偏旁"用""甫"間有譌變關係。第十章分析楚簡"鳶""民"兩字譌混的原因，提出除了由於兩字寫法近似之外，其實亦與讀音接近有關。

第三，古文字學者以釋讀文字作爲己責，但文字經過歷代傳承發展，大部分古文字雖然可與今日通用字對應，但當中仍有不少經過歷代演變，現今已經棄而不用，故文字考釋有時不必爲每字均作出牽強釋讀。例如，第七章認爲"㐅"上古屬於幽部字，其音義雖與"休"相同，但因金文中"休㐅"二字連用，故"㐅"亦不必強釋爲"休"。第十一章提出金文"盥""盬"兩字皆爲一字之異體，所從之"升""斗"及"皿"表示以斗從"皿"中取物，象徵祭祀儀式中的挹注動作，但此字於今日已難以找出與之對應的通用字。

筆者平日研習偶有所得，在此不忖淺陋，聊以爲之序，尚祈博雅君子，不吝賜正。本書順利付梓，承蒙上海古籍出版社的支持，以及編輯毛承慈老師辛勞協助，在此謹表謝忱。又本書部分研究成果得到香港特別行政區研究資助局傑出青年學者計劃（Early Career Scheme）資助（RGC Ref No 857813），亦一併致謝。

己亥年夏八月書於香江聽松廬舍

目　録

上編　新出青銅器銘文研究

下編　金文文例探討

上　編

新出青銅器銘文
研究

近年以來，隨著新材料的大量湧現，青銅器銘文的研究愈加蓬勃。在新見的金文材料中，除大部分屬於近年科學考古發掘的研究成果外，亦有不少是流散國內外的青銅珍品。自 20 世紀中葉開始，由於各種的客觀因素，大量中國青銅器流失世界各地，部分被公私營博物館購藏，但當中仍有不少輾轉流入拍賣行及私人收藏家的手中。這批流散的青銅器裏不乏國寶級重器，部分更載有銘文，爲考古學、文字學、史學、哲學、民族學等提供彌足珍貴的研究材料，具有重大的學術價值和意義。

　　20 世紀 80 至 90 年代間，中國社會科學院考古研究所出版《殷周金文集成》（以下簡稱《集成》），共 18 冊，集錄古今中外殷周金文資料達 12 000 餘號，收器下限爲 80 年代初，其體例嚴謹，所錄材料豐富全面，堪稱科學金文著錄始祖之作。[①] 然而，該書出版迄今已逾廿載，期間新出土及發現的有銘銅器不下千件，資料散見於國內外。有鑑於此，海峽兩岸學者先後編纂及出版幾部續補《集成》的金文著錄。例如，劉雨、盧岩於 2002 年出版《近出殷周金文集錄》（以下簡稱《近出》）4 冊，該書按《集成》的體例編輯，著錄未見《集成》的殷周金文資料 1 258 號，除了科學考古發掘成果之外，亦有私人收藏及拍賣行購入的銅器，收器始於《集成》各冊截稿之日，迄於 1999 年 5 月底。[②] 又其續編《近出殷周金文集錄二編》於 2010 年出版，器物始收銜接正編，截止時間爲 2007 年底，收器共 1 300 餘號。[③] 此外，臺北"中研院"歷史語言研究所金文工作室鍾柏生、陳昭容、黃銘崇及袁國華合編的《新收殷周青銅器銘文暨器影彙編》（以下簡稱《新收》）在 2006 年出版，全書分上、下兩編，上編收錄科學考古出土有銘青銅器 1 400 多號，

---

　　① 　中國社會科學院考古研究所編：《殷周金文集成》，北京：中華書局，1984—1994年。該書於 2007 年出版修訂增補本 8 冊，除了增補及訂正資料之外，亦附載張亞初《殷周金文集成引得》釋文，方便研究者使用。（中國社會科學院考古研究所編：《殷周金文集成》（修訂增補本），北京：中華書局，2007 年。）
　　② 　劉雨、盧岩編著：《近出殷周金文集錄》，北京：中華書局，2002 年。
　　③ 　劉雨、盧岩編著：《近出殷周金文集錄二編》，北京：中華書局，2010 年。

下編集録出土地不詳的流散有銘銅器約 600 號。① 2007 年,劉雨、汪濤編纂《流散歐美殷周有銘青銅器集録》,該書以蒐集流散歐美藝術品市場的中國殷周有銘青銅器爲宗旨,來源主要爲英國蘇富比(Sotheby's)及佳士得(Christie's)兩大拍賣行二百餘年的檔案資料,編排採取中英對照形式,排序先按器類,次爲銅器銘文字數,收器共 350 號。② 2012 年年底,吳鎮烽《商周青銅器銘文暨圖像集成》(以下簡稱《銘圖》)出版,該書規模宏大,分爲 35 册,集録傳世與出土商周有銘青銅器共 16 704 件,同時載有器影圖像及銘文拓本,爲古文字、考古及歷史學者提供完整的資料。該書除了考古出土的有銘銅器資料外,亦收録爲數不少的私家庋藏及拍賣行銅器資料,加上出版年代較近,許多銘文材料未見於以前著録,可謂是迄今所見最爲完備的金文集大成之作。③ 2016 年 9 月,吳鎮烽《商周青銅器銘文暨圖像集成續編》出版,共 4 册,收録《銘圖》出版後三年間蒐集所得的一批商周青銅器銘文資料,共 1 509 件,當中約一半爲尚未發表的公私藏品。④

　　綜上可見,除了考古發掘的有銘銅器外,當代學者對於私人收藏及拍賣市場所見的流散資料甚爲重視。近年以來,流散的有銘銅器迭見於文物市場,亦因其歷史及藝術價值不菲,成爲國内外各大博物館收購的對象。例如,上海博物館於 1992 年從香港購藏晉侯穌鐘 14 件,銘文共 339字,完整記録了晉侯奉王命討伐山東宿夷的史實,内容包括折首執訊、大獲全勝後周王勞師及嘉賞晉侯,此皆爲傳世古籍所闕載,而在同一件銅器上同時載有"初吉""既生霸""既望""既死霸"及"方死霸"五個記時詞語,亦爲前所未見,是探討西周曆法的重要材料。2002 年,中國保利藝術館購入西周中期青銅器豳公盨,銘文"天令(命)禹專(敷)土,隓(墮)山濬川"記載了大禹治水事迹,是治水傳説的最早文物例證,可與《詩》《書》等傳世文獻相參證,乃上古史研究的重要材料;2006 年,"國家重點珍貴文物徵

---

① 鍾柏生等合編:《新收殷周青銅器銘文暨器影彙編》,臺北:藝文印書館,2006 年。
② 劉雨、汪濤撰:《流散歐美殷周有銘青銅器集録》,上海:上海辭書出版社,2007 年。
③ 吳鎮烽編著:《商周青銅器銘文暨圖像集成》,上海:上海古籍出版社,2012 年。
④ 吳鎮烽編著:《商周青銅器銘文暨圖像集成續編》,上海:上海古籍出版社,2016 年。

集"工作項目徵收大師盧簋乙器，銘文70字，記載周王十二年正月既望甲午在師量宮册命師盧，當中許多宮名爲金文首見，且銘文中年數、月序、月相及日辰四項皆全，可以作爲推斷西周王世的標準器。

百年以來，金文研究與私家藏品皆有著不可分割之密切關係，不少青銅重器皆屬私人收藏，而近代金文研究大家如王國維、羅振玉、容庚等同時爲著名的吉金藏家，經常走訪知交故友，蒐集數以萬計的有銘私人銅器資料。例如，羅振玉《三代吉金文存》二十卷即收録羅氏蒐集的金文拓片共4 000多器，當中包含不少私家藏品，該書以收羅宏富及印刷精良而聞名。此外，吳大澂《愙齋集古録》《恒軒所見所藏吉金録》，陳介祺《簠齋吉金録》，于省吾《雙劍誃吉金圖録》等皆以私家藏青銅器作爲著録對象。長期以來，私人藏器爲金文研究提供重要的資料來源，向爲專家學者所重視。

流散於私家及拍賣市場的有銘青銅器數量極豐，價值尤高，當中不少屬於未發表的資料，學者間鮮有接觸研究的機會。本書前編考釋的新見銘文，除了部分是考古出土的新發現之外，亦有私人收藏家的資料，我們希望能將這些散失已久的珍貴材料公諸於同好，以供專家學者研究討論。

第一章　壽霥尊銘文所見"𢨋"

2017 年 10 月,香港翰海秋季拍賣會公布新見壽霥尊乙器(圖一)。該器通高 19.3 厘米,口徑 18.3 厘米,侈口束頸垂腹,圈足外撇。銅器紋飾共分三層,頸部是小獸首紋,中間爲卷尾鳥紋,腹部則飾大饕餮紋。根據形制及紋飾推測,壽霥尊的鑄製年代應該在西周早期至中期之際。[①]

圖一　壽霥尊器形

圖二　壽霥尊銘文圖片

---

① 上述資料見該拍賣會圖録:《青銅時代Ⅲ:香港翰海 2017 秋季拍賣會》。圖一、圖二亦來源于此。

器内底鑄有銘文凡 5 行 41 字(圖二):

佳(唯)九月初吉己亥,壽

㝅穑(蔑)曆于厌(侯)氏,睗(錫)傌

馬卅四,壽㝅揚對厌(侯)

休,用乍(作)乙厌(侯)寶宗彝,

子=(子子)孫=(孫孫)其萬年寶用。

銘文所記人物有三,分別爲作器者"壽㝅"、賞賜者"侯氏"及受祭者"乙侯",内容記載器主"壽㝅"受到"侯氏"賞賜,爲稱揚其美意而鑄作銅尊。整篇彝銘較爲淺顯易讀,由習見金文文例如"蔑曆""對揚""用作""子孫永寶"等連貫組成。值得留意的是,銘文所用的"對揚"格式較爲特殊,常見的"對揚"語句多是"對揚"連用,亦有個別例子"對"、"揚"二字拆開,構成"對……揚"格式。至於壽㝅銘文謂"壽㝅揚對厌(侯)","揚對"的例子於兩周金文較爲罕見,迄今大概僅存西周中期聞尊①及西周晚期敔簋②兩例。至於"揚……對"見於西周中期之趞觶,當中"揚"、"對"二字拆開使用。③"傌"字屬金文首見,我們以下將結合先秦禮制的研究,就該字釋讀及其相關問題作詳細討論。

第一節 "傌"的隸定問題

壽㝅尊銘文第二行末字書作"傌",拍賣圖録釋作"馹",讀"駙",並提出兩個可能的解釋:1.《説文·馬部》"駙,副馬也","駙馬"可以指駕轅之外之馬;2. 古書中"馹"可訓爲"疾""壯""急"等,"駙馬"可理解爲良馬騏驥。

"傌"字明顯从"卜"从"馬",宜隸定爲"傌"。該字屬金文首見,在兩周彝銘中,與其構形原理相近者有"㑊"字,見於西周晚期紀侯虩鐘

---

① 張光裕:《新見樂從堂馭尊銘文試釋》,見張光裕、黃德寬主編:《古文字學論稿》,合肥:安徽大學出版社,2008 年,頁 5-10。
② 孫慶偉:《從新出敔簋看昭王南征與晉侯燮父》,《文物》2007 年第 1 期,頁 64-68。
③ 詳參沈文倬:《對揚補釋》,《考古》1963 年第 4 期,頁 182-187。

14：①

　　己（紀）侯卜虎（虓）乍（作）寶鐘。

"卜虎"从"卜"从"虎"，學者多隸定爲"虓"，徐同柏認爲是"虢"之省形，②孫
詒讓利用金文"畏"字參證，提出"卜虎"所从之"卜"當是"爪之省"，並釋該
字爲"虐"。③ 但是，由於"虓"在銘文中用爲人名，現在僅可肯定是紀國國
君之名，具體意義難以考究。

　　在兩周金文中，與"嶲"相關的字應該尚有"畏"，乃金文常用字：

大盂鼎 2837　　　　　毛公鼎 2841　　　　　沈兒鎛 203　　　　　王子午鼎 2811
西周早期　　　　　　　西周晚期　　　　　　　春秋晚期　　　　　　春秋晚期

金文"畏"既可讀如字，亦可通作"威"，如大盂鼎云："敏朝夕入讕（諫），享
（享）奔走，畏天畏（威）。"毛公鼎："龏（肆）皇天亡斁（斁），臨保我有周，不
（丕）巩（鞏）先王配命，敃（旻）天疾畏（威）。"金文"畏"可表示畏懼及威嚴
之意，兩項意義存在引申關係。上溯"畏"的早期字形，甲骨文"畏"書作
"𩓿""𩓿""𩓿"等，④《説文・由部》嘗云：

　　　　畏（畏），惡也。从由，虎省鬼頭，而虎爪可畏也。畏（畏），古
文省。⑤

───────────────

　　① 本書器號悉據中國社會科學院《殷周金文集成》（修訂增補本）、鍾柏生等《新收殷
周青銅器銘文暨器影彙編》及吳鎮烽《商周青銅器銘文暨器影圖像集成》三書。爲便於區别，《新
收》彝銘器號前均以 NA 標示，《銘圖》則以 T 標示，無標示英文字母者則爲《集成》編號。
（中國社會科學院考古研究所編：《殷周金文集成》（修訂增補本），北京：中華書局，2007
年；鍾柏生等：《新收殷周青銅器銘文暨器影彙編》，臺北：藝文印書館，2006 年；吳鎮烽：
《商周青銅器銘文暨圖像集成》，上海：上海古籍出版社，2012 年。）
　　② ［清］徐同柏：《從古堂款識學》卷一〇，見《續修四庫全書》，上海：上海古籍出版
社，1995 年，頁 8。
　　③ ［清］孫詒讓：《古籀餘論》，香港：崇基書店，1968 年，頁 20—21。
　　④ 參劉釗等編纂：《新甲骨文編》第二版，福州：福建人民出版社，2014 年，頁 538。
　　⑤ ［漢］許慎撰，［宋］徐鉉校定：《説文解字（附檢字）》，北京：中華書局，2003 年，頁
189。

有關"畏"字之構形，古文字學家多解釋爲象鬼持"卜"，"卜"即"攴（攴）"所從之鞭杖，以示威嚴可畏之意，羅振玉曾經指出：

> 此則從鬼手持卜，鬼而持攴可畏孰甚。古金文或作"鬾"，既從卜又加攴，初形已失矣。①

大盂鼎"鬼"明確象鬼手持杖之形，而春秋晚期金文"畏"復增益"攴"作"鬾"，如沇兒鎛書作"鬾"，並且，從王子午鼎"鬾"字可知，"畏"所從之"卜"後來譌變作"𠂤"，戰國楚簡"畏"字書作"畏"（郭店《五行》34）、"畏"（郭店《成之聞之》5）、"畏"（上博《容成氏》5）等，所從之"止"應該是從"𠂤"再度譌變而來。

既然尊銘所見"鬾"之左偏旁與"畏"所從之"卜"大致相同，我們認爲，"卜"亦應分析爲"攴"形上部之"卜"，即鞭杖。而且，金文"攴"所從"卜"右側短畫方向頗具變化，可作"卜""𠂤"及"卜"，再次證明"鬾"所從"卜"爲"攴"之"卜"無疑：

故（故）	𣪘（敂）	政（政）	教（教）
班簋 4341	敂簋 3827	史墻盤 10175	散氏盤 203
西周早期	西周早期	西周中期	春秋晚期

"鬾"右側從"馬"，左側"卜"可視爲聲符，表示該字讀音。

除此之外，周原甲骨曾經出現"攴"字，共 3 例，構形原理與"鬾"相同：②

H11：73	H11：127	H11：128
□〜	乙卯〜	己酉〜

周原甲骨所見"攴"前皆置有干支。陳全方、徐錫臺隸定此字爲"攷"，讀

---

① 參于省吾主編，姚孝遂按語編撰：《甲骨文字詁林》，北京：中華書局，1996 年，頁361。

② 參劉釗等編纂：《新甲骨文編》，頁 556。

"隊"或"墜"。① 朱歧祥隸定爲"瓄"，並據契文文例指出此字應理解爲"從豕卜，卜亦聲"。② 李學勤認爲此字從"卜""豙"聲，疑讀爲"燧"，是記灼兆的日期，③其後復改釋作"豫"，從"卜"聲，讀"剝"。④ 事實上，西周金文所見"豕"書作"豗（豚）"（士上卣5421）、"豖（豕）"（函皇父鼎2548）、"𧰧（豕）"（函皇父鼎4141）等，寫法與"傌"所從"圶"不完全相同，陳劍已經清晰指出"傌"當從"卜"從"豙"釋作"豫"，並讀該字爲"鑽"，認爲即古書裏所謂的"鑽龜"。⑤ 陳劍釋該字爲"豫"甚是，"豙"亦可據裘錫圭解釋爲野豬，⑥然而，由於周原甲骨所見"豫"前僅存干支，其具體解釋似乎仍然較難確定。

第二節　傳世文獻所見"馱"與"駁"

至於"傌"相當於今日何字？ 或許，《左傳·宣公二年》能够爲此問題提供重要參考資料：

宋人以兵車百乘、文馬百駟以贖華元于鄭。⑦

所謂"文馬"，經學家曾提出兩種解釋：第一，"文馬"可以指身上畫有文彩的馬，此説最早由三國王肅提出，《史記·宋微子世家》云："宋以兵車百乘文馬四百匹贖華元。"裴駰《集解》引王肅曰："文馬，畫馬也。"⑧晉杜預《左傳注》沿襲其説，解釋"文馬百駟"爲"畫馬爲文四百匹"，唐孔穎達正義依

---

①　陳全方：《周原與周文化》，上海：上海人民出版社，1988年，頁110；徐錫臺編著：《周原甲骨文綜述》，西安：三秦出版社，1991年，頁54、78—79。

②　朱歧祥：《周原甲骨研究》，臺北：學生書局，1997年，頁29、44—45。

③　李學勤：《周易經傳溯源——從考古學、文獻學看〈周易〉》，長春：長春出版社，1992年，頁140—141。

④　李學勤：《周易溯源》，成都：巴蜀書社，2005年，頁203。

⑤　陳劍：《金文"豙"字考釋》，見《甲骨金文考釋論集》，北京：綫裝書局，2007年，頁261—262。

⑥　裘錫圭：《釋"求"》，見《古文字論集》，北京：中華書局，1992年，頁67。

⑦　《春秋左傳正義》，見《十三經注疏》，北京：北京大學出版社，2001年，頁681。

⑧　［漢］司馬遷撰：《史記》，北京：中華書局，1959年，頁1629。

從杜注,認爲"文馬"乃"謂文飾雕畫之,若朱其尾鬣之類也"。① 因此,"文馬"之"文"可以理解爲裝飾馬身之花紋、圖畫,即唐張守節《史記正義》所言之"裝飾其馬"。②

第二,"文馬"尚可理解爲馬毛色之文采似畫,此説是由唐丘光庭所提出,清洪亮吉《春秋左傳詁》援引其説云:

> 丘光庭曰:"文馬,馬之毛色有文采者。"蓋取賈義。今攷叔重既言:"馻馬,赤鬣縞身,目若黃金。"又云:"畫馬也。"則意亦言馬之文采似畫耳。《〈漢書·王莽傳〉注》晉灼曰:"許慎《説文》:'馮馬,縞身金精,周成王時西戎獻之。'"晉所引與今本《説文》異。③

洪亮吉認爲"文馬"乃指"馬之文采似畫","文"即相當於《説文》"馻"。雖然惠棟於丘光庭訓釋嘗有"此臆説也"之批評,④但不少經學家贊同此説,如明朱鶴齡引丘光庭説,並云:"愚謂後世剪馬鬣爲三花五花文馬,殆即此類。若云畫馬爲文,何足貴乎?"⑤洪亮吉以爲"文馬"之"文"相當於"馻","馻"字見於《説文·馬部》:

> 馻,馬赤鬣縞身,目若黃金,名曰馮。吉皇之乘,周文王時犬戎獻之。從馬從文,文亦聲。《春秋傳》曰:馮馬百駟。畫馬也。西伯獻紂,以全其身。⑥

倘若據此,"馻"是赤鬣白身黃目的馬,從"馬"從"文",以示其文采豐富如畫。

不過,值得注意的是,《左傳》"文馬百駟"之"文"尚有異文作"馻",清阮元《校勘記》云:

---

① 《春秋左傳正義》,頁 681。
② 司馬遷:《史記》,頁 1629。
③ [清] 洪亮吉撰,李解民點校:《春秋左傳詁》,北京:中華書局,1987 年,頁 395。
④ [清] 惠棟:《惠氏春秋左傳補注》,見《四庫全書》,上海:上海古籍出版社,1987 年,卷 2,頁 24。
⑤ [明] 朱鶴齡:《讀左日鈔》卷四,見《四庫全書》,上海:上海古籍出版社,1987 年,頁 28。
⑥ 許慎撰,徐鉉校定:《説文解字(附檢字)》,頁 200。

案今本《説文》引傳作"駮馬百駟"。①

阮元謂《説文》援引《左傳》"文馬百駟"作"駮馬百駟",惟現今所存大徐本卻皆作"馮",並未見有作"駮"者。事實上,"駮"在古籍文獻中較爲鮮見,或因"駮""駮"二字字形相當接近,容易混淆,北宋郭忠恕《佩觿》遂有以下論述:

> 駮駮:上,無分翻,駮馬百駟;下,步角、北角二翻,馬雜色,亦作駮。②

據郭氏所注反切可知,"駮"是文部字,相當於《左傳》"文馬百駟"之"文",而"駮"是覺部字,指雜色的馬,亦作"駮"。此外,"駮"字尚見於《玉篇·分毫字樣》:

> 駮駮:上武云反,馬名;下魚去反,駕也。③

《分毫字樣》記"駮"爲"武云反",其實應該是"駮"字之誤。

郭忠恕《佩觿》記"駮"通"駮","駮"是指毛色駮雜不純之馬,《説文·馬部》云:

> 𩣡(駮),馬色不純。从馬、爻聲。④

《爾雅·釋畜》云:"駵白,駮。"⑤郝懿行《義疏》:"此言馬赤色兼有白者名駮。"⑥"駮"字从"爻","爻"上古爲匣母宵部字,"駮"是幫母藥部,⑦兩字韻部不同,徐鉉以爲"爻非聲,疑象駮文"。⑧ 不過,上古宵、藥二部實質存

---

① 北京大學出版社《十三經注疏(整理本)》云:"'文馬百駟',阮校:'案今本《説文》引傳作駮馬百駟。'"(《春秋左傳正義》,頁 681。)然而,阮刻本所附校勘記作"駮馬百駟",此當以阮刻本爲準。([清] 阮元校刻:《十三經注疏》,北京:中華書局,1980 年,頁 1870。)

② [宋] 郭忠恕:《佩觿》,見《四庫全書》,上海:上海古籍出版社,1987 年,卷中,頁 29。

③ [梁] 顧野王:《大廣益會玉篇》,北京:中華書局,1987 年,頁 136。

④ 許慎撰,徐鉉校定:《説文解字(附檢字)》,頁 199。

⑤ 《爾雅注疏》,見《十三經注疏》,北京:北京大學出版社,2001 年,頁 377。

⑥ [清] 郝懿行:《爾雅義疏》卷五,上海:商務印書館,1943 年,頁 80。

⑦ 郭錫良:《漢字古音手冊》,北京:北京大學出版社,1986 年,頁 24、165。

⑧ 許慎撰,徐鉉校定:《説文解字(附檢字)》,頁 199。

在對轉關係，"駁"字有異體字作"駁"及"駮"，可證明"爻"具有表義兼聲的作用。例如，《爾雅·釋木》云："駁，赤李。"①陸德明《經典釋文》："駁，字亦作駁。邦角反。"②《集韻·覺韻》收錄"駁"字異體作"駮"，並云："《說文》：馬色。或从复。"③"爻"上古爲見母宵部字，"复"則屬並母覺部，入聲。④此外，甲骨文所見"駁"字書作"𤓷""𤕨"，姚孝遂云：

> 按：馬色不純爲駁，徐鉉以爲"爻非聲，疑象駁文"。爻可象馬色班駁之形，爻亦聲。爻之入聲爲學，亦从爻聲。⑤

《佩觿》認爲"攴"亦作"駁"，"攴"字从"攴"，"攴"上古音爲滂母屋部，⑥而"駁"則屬幫母藥部，幫、滂同屬雙唇音，屋、藥二部讀音甚爲接近。此外，古書注疏曾提出"攴"與"剝"同，而"剝""駁"二字可通假，能夠證明"攴"爲"駁"異體之說應可取信。例如，《詩·豳風·七月》云："六月食鬱及薁，七月亨葵及菽，八月剝棗。"毛傳："剝，擊也。"⑦段玉裁《說文解字注》謂"八月剝棗"乃"假剝爲攴"，⑧朱駿聲《通訓定聲》亦云："剝，假借爲攴。"⑨《集韻·屋韻》："攴，普木切。《說文》：小擊也。或作撲、扑、𣀔、𢻳、剝。"⑩"攴""剝"二字古同。又《後漢書·鄧張徐張胡列傳》云："若事下之後，議者剝異，異之則朝失其便，同之則王言已行。"⑪沈欽韓《後漢書疏證》嘗言："邵伯溫《聞見錄》：剝，當作駁。按古剝、駁字通用。"⑫邵伯溫以爲

---

① 《爾雅注疏》，見《十三經注疏》，北京：北京大學出版社，2001年，頁304。
② ［唐］陸德明撰：《經典釋文》，上海：上海古籍出版社，1985年，頁1682。
③ ［宋］丁度等編：《宋刻集韻》，北京：中華書局，1989年，頁188。
④ 郭錫良：《漢字古音手冊》，頁110、162。
⑤ 于省吾主編，姚孝遂按語編撰：《甲骨文字詁林》，北京：中華書局，1996年，頁1597。
⑥ 郭錫良：《漢字古音手冊》，頁106。
⑦ 《毛詩正義》，頁589。
⑧ ［漢］許慎撰，［清］段玉裁注：《說文解字注》，上海：上海古籍出版社，1981年，頁122。
⑨ ［清］朱駿聲撰：《說文通訓定聲》，武漢：武漢市古籍書店，1983年，頁369。
⑩ 丁度等編：《宋刻集韻》，頁182。
⑪ ［宋］范曄撰，［唐］李賢等注：《後漢書》，北京：中華書局，1965年，頁1506—1507。
⑫ ［清］沈欽韓：《後漢書疏證》，見《續修四庫全書》，上海：上海古籍出版社，1995年，頁88。

"剝""駁"通用，"駁"爲"駮"之異體，"剝異"即"駁異"。

再者，北宋沈括《夢溪補筆談·辨證》嘗言：

> 梓榆，南人謂之樸，齊、魯間人謂之駁馬。駁馬，即梓榆也。南人謂之樸，樸亦言駁也，但聲之謳耳。《詩》"隰有六駁"是也。陸璣《毛詩疏》："檀木，皮似繫迷，又似駁馬。人云：'斫檀不諦得繫迷，繫迷尚可得駁馬。'"蓋三木相似也。今梓榆皮甚似檀，以其班駁似馬之駁者。今解《詩》用《爾雅》之説，以爲"獸鋸牙，食虎豹"，恐非也。獸，動物，豈常止於隰者？又與苞櫟、苞棣、樹檖非類，直是當時梓榆耳。①

"隰有六駁"見於《詩·秦風·晨風》，阮刻本作"隰有六駁"。毛傳云："駁如馬，倨牙，食虎豹。"孔穎達正義據此指出"隰有六駁"是指"山有木，隰有獸，喻國君宜有賢也"。② 但是，陸璣認爲"駁"當指"梓榆"，木名，其皮班駁似"駮"，遂有"隰有六駁"之語。沈括提及齊、魯稱"梓榆"爲"駁馬"，而南方謂"駁馬"爲"樸"，從古書辭例可知，偏旁"業""卜"通用，如《禮記·檀弓上》云："扶君，卜人師扶右，射人師扶左。"鄭玄注："卜當爲僕，聲之誤也。"③又《説文·土部》云："墣，塊也。從土，業聲。圤，墣或從卜。"④至於"攴"從"卜"從"又"，"卜"在字中兼具表音功能，如《説文·攴部》云：

> 𢼄（攴），小擊也。從又，卜聲。⑤

金文"攴"書作"𢼄"，季旭昇認爲是自契文"𣥂"聲化而來："卜、攴皆在屋部合口一等，唯聲母有送氣不送氣之別而已。"⑥有關"卜""攴"之關係，段玉裁《説文解字注》有較清晰之解釋：

> 按此字從又、卜聲。又者，手也。經典隸變作扑，凡《尚書》、三

---

① 胡道靜著，虞信棠、金良年編：《胡道靜文集·新校正夢溪筆談、夢溪筆談補證稿》，上海：世紀出版集團，2011年，頁200—201。
② 《毛詩正義》，頁503—504。
③ 《禮記正義》，見《十三經注疏》，北京：北京大學出版社，2001年，頁361。
④ 許慎撰，徐鉉校定：《説文解字（附檢字）》，頁286。
⑤ 許慎撰，徐鉉校定：《説文解字（附檢字）》，頁67。
⑥ 季旭昇：《説文新證》，福州：福建人民出版社，2010年，頁241。

《禮》,鞭扑字皆作扑。①

王筠《説文釋例》亦持類近看法:

> 《尚書》"攴作教刑",《説文》無扑字,攴即是也。又手一物,卜有在上在右之別耳。其器名攴,以器擊之,亦曰攴。②

借助上述古書用例可知,既然"馭"字从"馬""攴"聲,"卜""攴"聲近,而"駁(駁)馬"在南方又名"扑",由是皆能證明"馭"當是"駁"之異體。③ 至於尊銘所見"馭(馭)"字,从"卜"从"馬",似乎亦可讀爲"駁","駁馬"乃指顏色駁雜不純之馬,銘文所記爲"侯氏"賞賜"壽𦈢"雜色馬共三十匹。④

第三節　先秦時期的用馬制度:"毛馬而頒之"與"物馬而頒之"

在西周的賞賜銘文中,賜馬的例子經常出現,馬匹是常見的賞賜物。根據黃然偉的研究,西周以車馬爲賞賜品時,既有車、馬同賜,亦有分別賞賜,賜馬數字以雙數爲常。⑤ 事實上,在西周賞賜銘文中,賜馬數量較少者有一匹、兩匹、四匹不等,當中以四匹出現最多,或與一乘四馬有關。有

---

① [漢] 許慎撰,[清] 段玉裁注:《説文解字注》,上海:上海古籍出版社,1981年,頁122。

② [清] 丁福保:《説文解字詁林》,臺北:鼎文書局,1977年,頁1182。

③ 裴駰《集解》嘗引賈逵訓釋"文馬"曰:"文,貍文也。"(司馬遷:《史記》,頁1629。)《楚辭·山鬼》有"文貍"一辭:"乘赤豹兮從文貍,辛夷車兮結桂旗。"洪興祖補注:"貍,一作貍。……貍有虎斑文者,有貓斑者。"([宋] 洪興祖撰,白化文等點校:《楚辭補注》,北京:中華書局,1983年,頁79。)"文貍"即"文貍",乃指身上有斑文之貍,而賈逵訓"文馬"之"文"爲"貍文",實將"文馬"解釋爲身上有斑文之馬。另外,既然"駁"字異體作"馭",指顏色之駁雜不純,倘據賈逵説法,或許,我們可將《左傳》之"文馬"理解爲"馭馬",即"駁馬",指毛色不純之馬。

④ 付强亦讀"馭"爲"駁",但其推論過程及結論與本文不同。(付强:《説壽𦈢尊銘文中的"駁"字》,復旦大學出土文獻與古文字研究中心網站發表文章,網址:http://www.gwz.fudan.edu.cn/Test/Web/Show/3119,2017年9月30日。)

⑤ 黃然偉:《殷周青銅器賞賜銘文研究》,香港:龍門書店,1978年,頁175—176。

關四馬爲一乘之記載,《詩·小雅·鴛鴦》云:"乘馬在廄,摧之秣之。"陸德明《釋文》:"乘馬,王、徐繩證反,四馬也。"①雖然一乘有四馬,但現存金文資料卻未見有賜馬八匹之例。至於賜馬十匹或以上者例子不多,僅存在以下三例,皆屬西周中期彝銘:

> 今余佳(唯)令女(汝)死嗣(司)莽宮莽人,女(汝)母(毋)敢不善,易(賜)女(汝)瓚章(璋)四、穀、宗彝一朁(肆),寶;易(賜)女(汝)<u>馬十匹</u>、牛十,易(賜)于乍一田,易(賜)于宔一田,易(賜)于隊一田,易(賜)于馭一田。(卯簋蓋 4327,西周中期)

> 易(賜)乓(厥)田,以<u>生馬十又五匹</u>、牛六十又九叙,羊三百又八十又五叙,禾二牆(廩)。(季姬尊 NA364,西周中期)

> 王召走馬雁(應)令取誰(雖)騆<u>馬卅二匹</u>易(賜)大,大拜頴首,對揚天子不(丕)顯休,用乍(作)朕刺(烈)考己白(伯)盂鼎,大其子子孫孫萬年永寶用。(大鼎 2807,西周中期)

現今賜馬數量最多的例子卅二匹,見於大鼎,共八乘之馬。而且,大鼎銘文不僅記載賜馬,"馬"前更置有修飾語"誰騆",清晰説明馬之顏色及性別。"誰",銘文書作"🔲",清人大多隸定爲"騾"。例如,吳榮光解釋"騾"即"駥",音"寶",乃石鼓文所見"騆"字,指有黑喙之黃色馬;②吳式芬亦認爲"騾"通"駒",③劉心源則指出"騾"相當於"駥",馬名。④ 清人於"🔲"字的釋讀意見分歧。至於郭沫若根據氽伯歸笔簋"🔲"釋"🔲"爲"縣",讀"駽",《爾雅·釋畜》所謂"驪白雜毛,駽"。⑤ 馬承源隸定"🔲"字爲"誰",讀"雖":

> 誰,讀爲雖,《説文·馬部》:"雖,馬蒼黑雜毛。"《爾雅·釋畜》"蒼

---

① 《毛詩正義》,頁1013。
② 〔清〕吳榮光:《筠清館金石文字》卷四,見《續修四庫全書》,上海:上海古籍出版社,1995年,頁8。
③ 〔清〕吳式芬:《攈古録金文》卷三之一,見《續修四庫全書》,上海:上海古籍出版社,1995年,頁77。
④ 〔清〕劉心源:《奇觚室吉金文述》卷一六,見《續修四庫全書》,上海:上海古籍出版社,1995年,頁16。
⑤ 郭沫若:《兩周金文辭大系圖録考釋》,臺北:大通書局,1971年,頁88。

白雜毛".①

雖然郭、馬二氏釋讀有所不同,但兩者皆以爲"![字]"指有雜毛之馬,我們認爲馬氏隸定爲"誰"之説應該較爲可取。金文"匋"字从"勹"从"缶",書作"![字]"(能匋尊 5984)、"![字]"(魯父盉 9416)、"![字]"(筍伯大父盨 4422)等,所从偏旁"缶"左右兩短筆皆朝下,與"![字]"中"![字]"兩筆朝上存在差異;而且,金文"言"字書作"![字]"(伯矩鼎 2456)、"![字]"(敔卣 5354)、"![字]"(鬲比盨 4466)等,寫法與"![字]"較爲接近。如卯簋蓋銘文"善"字書作"![字]",所从"言"有缺筆,益證"![字]"當屬省寫,故"![字]"宜隸定爲"誰",讀"騅",據《説文》可指毛色蒼黑而有雜毛的馬。又因其雜毛之故,馬之毛色駁雜而不純,正如《玉篇·馬部》嘗謂:"騅,馬蒼白雜毛色也。"②《急就篇》卷三"騂騩騅駮驪騮驢"下顔師古注:"蒼白雜色曰騅。"③至於"驒",郭沫若指出:"驒當與犝同意,犝爲特牛,則驒當牡馬。"④因此,大鼎言"王召走馬雁(應)令取誰(騅)驒馬卅二匹易(賜)大",大概是記載王命令"走馬應"擇取雄性蒼黑雜毛馬卅二匹賞賜器主"大"。

兩周賞賜銘文中賜馬卅匹以上者僅見於壽鼎尊及大鼎,兩者所記賞賜之馬匹皆屬雜色。許慎《説文·馬部》收録與"馬"相關的字共 115 個,當中不少屬於馬之專名,指涉不同年齡、毛色及種類。從其分類之鉅細靡遺可知,古人對於馬尤爲重視,此或與馬是先秦時期戰爭及禮儀活動的必需品有關。而且,《詩經》不少詩篇皆有與馬相關之描述,如《小雅》嘗有"比物四驪""我馬既同"之記載:

比物四驪,閑之維則。維此六月,既成我服。我服既成,于三十里。(《詩·小雅·六月》)⑤

我車既攻,我馬既同。四牡龐龐,駕言徂東。(《詩·小雅·

---

① 馬承源主編:《商周青銅器銘文選(三)》,北京:文物出版社,1990 年,頁 271。
② 顧野王:《大廣益會玉篇》,頁 107。
③ [漢] 史游:《急就篇》,長沙:岳麓書社,1989 年,頁 245。
④ 郭沫若:《兩周金文辭大系圖録考釋》,頁 88。
⑤ 《毛詩正義》,頁 742。

車攻》）①

毛傳："物，毛物也。"②"比物四驪"記驅車之四馬皆爲深黑顔色，③而"我馬既同"所言相若，形容四馬狀貌相同，毛傳云："同，齊也。"④從《詩經》之記述可知，古時一乘共四馬，四馬並非胡亂搭配，最理想者乃由四匹外貌、大小相同之馬組成。然而，實際的情況是，擇取完全相同的馬較爲困難，故古人亦會採用折衷做法：戰爭行旅以馬之大小爲先，取其力量相同；禮儀祭祀則以馬之顔色爲先，取其色之純。《周禮·夏官司馬》嘗記"校人"之職云：

> 凡大祭祀、朝覲、會同，毛馬而頒之，飾幣馬，執扑而從之。……凡軍事，物馬而頒之。⑤

鄭玄注："毛馬，齊其色也。""物馬，齊其力。"⑥此即毛傳所謂"宗廟齊豪，尚純也。戎事齊力，尚强也。"⑦《六月》雖記行軍出征，卻言"比物四驪"，四馬不僅大小相同，亦屬深黑毛色，此雖屬最理想的搭配，但卻不易多得，正如孔穎達正義云："然則比物者，比同力之物。戎車齊力尚强，不取同色，而言四驪者，雖以齊力爲主，亦不厭其同色也……。"⑧

戰爭行征尚力尚强，不一定要取同色之馬，《詩·秦風·小戎》復可作爲佐證：

> 四牡孔阜，六轡在手。騏駵是中，騧驪是驂。⑨

詩中馬車乃由四匹不同毛色的馬驅馳，"中服"爲"騏""駵"，兩"驂"分別是

---

① 《毛詩正義》，頁 758。
② 《毛詩正義》，頁 742。
③ 《説文·馬部》："驪，馬深黑色。"（許慎撰，徐鉉校定：《説文解字（附檢字）》，頁 199。）
④ 《毛詩正義》，頁 758。
⑤ 《周禮注疏》，頁 1014—1016。
⑥ 《周禮注疏》，頁 1014—1016。
⑦ 見《詩·小雅·車攻》"我馬既同"下毛傳。（《毛詩正義》，頁 758。）
⑧ 《毛詩正義》，頁 742—743。
⑨ 《毛詩正義》，頁 489。

"騧""驪"。有關"騏""騢""騧""驪"的顏色,毛傳云:"騏,騏文也。"①"黃馬黑喙曰騧。"②鄭箋亦曰:"赤身黑鬣曰騢。"③

至於先秦禮儀尚純,行禮用同色之馬,此與用牲制是一致的,《禮記·檀弓》云:

> 夏后氏尚黑,大事斂用昏,戎事乘驪,牲用玄。殷人尚白,大事斂用日中,戎事乘翰,牲用白。周人尚赤,大事斂用日出,戎事乘騵,牲用騂。④

鄭玄注:"騂,赤類。"⑤殷人用牲選用白色,周人用赤色。吳土法嘗就先秦文獻用牲制度指出:"考《詩經》《尚書》《左傳》以及西周彝銘等有關記載,諸如郊祭、廟享、社祀等較爲重大的祭祀典禮,其牛牲大都選用赤牛純色,這說明《禮記》《周禮》所述,大體上還是符合周禮史實的。"⑥犧牲須用純色,林素娟認爲與顏色之純隱喻德行之純粹有關,⑦孔穎達嘗言:"言犧當用純德之人,猶如祭犧,當用純色之牲。"⑧

不過,一乘共用四馬,純色馬不易多得,故在實際行禮時復可靈活變通,如《詩·豳風·東山》云:

> 我徂東山,慆慆不歸。我來自東,零雨其濛。倉庚于飛,熠燿其羽。之子于歸,皇駁其馬。⑨

《東山》爲行役之詩,"之子于歸,皇駁其馬"記載征夫歸家後之昏禮。毛傳

---

① 《毛詩正義》,頁 486。
② 《毛詩正義》,頁 489。
③ 《毛詩正義》,頁 489。
④ 《禮記正義》,頁 208。
⑤ 《禮記正義》,頁 208。
⑥ 吳土法:《先秦天子大祀犧牲考》,《浙江大學學報(人文社會科學版)》2004 年 3 期,頁 63。
⑦ 參林素娟:《以詩詮禮——先秦禮儀中〈詩〉所開顯的感通、達類與修身、倫理實踐》,《清華學報》2015 年新 45 卷 4 期,頁 546。
⑧ 《春秋左傳正義》,頁 1640。
⑨ 《毛詩正義》,頁 613—614。

云:"黃白曰皇,驪白曰駁。"①昏禮所用乃黃白及赤白之馬,毛色駁雜不純,或者屬於權宜之計。

壽觶尊言"賜(錫)駂(駁)馬卅匹","駂"宜讀爲"駁",指雜色馬。《爾雅·釋畜》云:"駵白,駁。"邢昺疏"馬有駵處、有白處者曰駁",②"駁"除了作爲泛指之外,亦可專指赤色兼有白色之馬。至於王引之《經義述聞》嘗提出"馬赤色謂之駁"之說,③認爲"駁"是指赤色馬,並非雜色馬之統稱;但是,在古書中"駁"可以作龐雜、駁雜解釋,如《莊子·天下》:"惠施多方,其書五車,其道舛駁,其言也不中。"成玄英疏:"駁,雜揉也。"④駁雜之意義大概自其義素"雜色"引申而來,所以我們認爲雜色馬爲其本義才是確詁。

總括而言,馬以純色爲貴,雜色馬較易獲得,壽觶尊及大鼎銘文所記賜馬數量較多;而且,或因雜色馬無法"毛馬而頒之",不能用於禮儀活動,其用途大多爲軍旅出征,甚或是家居代步工具,數量不受一乘四馬所限制,或許,此亦能够解釋壽觶尊賜馬爲何不用四之倍數。

後記:

本章初稿發表於香港嶺南大學"出土文獻:語言·古史與思想"學術研討會(2017 年 11 月 4 日),會議上學者曾經提出,或許可據《荀子·臣道》"若馭樸馬,若養赤子,若食餧人"讀"駂"爲"樸",並按楊倞注解釋"樸馬"爲"未調習之馬"。雖然出土文獻中從"卜"與從"菐"之字經常有互通之例,但古文字中構形原理相類近的字尚有"虠""豩"兩字。倘若將"駂"理解爲未經訓練之馬,"虠"則似乎是未經訓練之老虎,"豩"則是未經訓練之野豬,老虎與野豬無法訓練,故"樸馬"説似乎仍有問題。至於我們讀"駂"爲"駁",指雜色馬,據此推論,"虠"可能是强調虎身斑駁的顏色,而"豩"或指身上有雜色斑紋的野豬,或許較爲合理。

---

① 《毛詩正義》,頁 613—614。
② 《爾雅注疏》,頁 377—378。
③ 〔清〕王引之:《經義述聞》,上海:商務印書館,1935 年,頁 1130。
④ 〔清〕郭慶藩撰,王孝魚點校:《莊子集釋》,北京:中華書局,1961 年,頁 1102。

第二章　冉器銘文考釋

　　2004 年間，筆者有幸獲睹冉器照片數幀，有簋二及鼎一。簋乙對，有蓋，侈口束頸，鼓腹，兩側設獸耳，垂短珥，蓋面及頸飾鳳鳥紋，口沿下中央飾獸首。簋内底及蓋皆有銘文，器蓋對銘，計 7 行 49 字，合文 1 字：

　　　　趞（遣）白（伯）乍（作）冉宗彝，其
　　　　用夙夜盲卲（昭）文神，
　　　　用禱（萬）旂眉壽。朕
　　　　文考其巠（經），趞（遣）姬趞（遣）
　　　　白（伯）之德音其競，余
　　　　子（一子）朕文考其用乍（作）
　　　　辱身，念冉戋（哉），亡匄（害）。

至於鼎器形失載，僅知器内壁有銘，銘文與簋銘基本相同：

　　　　趞（遣）白（伯）乍（作）冉宗彝，其
　　　　用夙夜盲卲（昭）文神，
　　　　用禱（萬）旂眉壽。朕文
　　　　考其巠（經），趞（遣）姬趞（遣）白（伯）
　　　　之德音其競，余子（一子）
　　　　朕文考其用乍辱
　　　　身，念冉戋（哉），亡匄（害）。

隨後查檢相關資料,得見《史學集刊》2006 年第 2 期刊載吳振武《新見西周禹簋銘文釋讀》一文,①所録禹簋銘文内容與上述銅器所見者基本相同,但從鏽色及鏽斑位置可知,吳氏所見的簋銘應該與上述二簋有異,當屬另外一器。在吳文考釋的基礎上,筆者嘗於 2008 年 10 月吉林大學"中國古文字研究會第十七次年會"上發表《新見禹器銘文小議》一文,②該文定稿已經於《古文字論壇》第一輯正式出版。③

拙文發表後的幾年間,古文字學界陸續公布數件與以上禹器同組的器物,爲相關研究提供了極爲重要資料。張懋鎔、王勇於 2010 年發表《遣伯盨銘考釋》一文,所録禹盨(原文稱遣伯盨)銘文與禹簋相同。④ 2012 年,吳鎮烽《商周青銅器銘文暨圖像集成》出版,著録禹簋兩件,編號 05213 即吳振武所見器,編號 05214 則屬新著録銅器,而張懋鎔、王勇所記禹盨則見於《銘圖》編號 05666。⑤ 此外,中國國家博物館於 2014 年底出版中國國家博物館《百年收藏集粹》一書,當中著録 2005 年間新入藏的一件禹鼎與兩件禹簋,⑥從刊載的照片可知,此三器應即筆者早前獲睹的禹器。後來,翟勝利撰寫《中國國家博物館近藏禹鼎、禹簋試析》一文,就上述三器銘文作出詳細介紹。⑦ 綜合而言,在諸家著録的基礎上,現今確定爲同組禹器者應該共六件,包括鼎一、簋四及盨一。 由於禹簋共有四器,爲便於討論,本文按著録時

① 吳振武:《新見西周禹簋銘文釋讀》,《史學集刊》2006 年 2 期,頁 84—88。

② 鄧佩玲:《新見禹器銘文小議》,"紀念中國古文字研究會成立三十周年國際學術研討會(中國古文字研究會第十七次年會)"發表論文,長春:吉林大學,2008 年 10 月 11—12 日。

③ 鄧佩玲:《新見禹器銘文補説——與兩周金文所見文例參證》,《古文字論壇(第一輯):曾憲通教授八十慶壽專號》,廣州:中山大學出版社,2015 年,頁 95—112。

④ 張懋鎔、王勇:《遣伯盨銘考釋》,見清華大學出土文獻研究與保護中心編:《出土文獻》第一輯,上海:中西書局,2010 年,頁 133—139。

⑤ 吳鎮烽編著:《商周青銅器銘文暨圖像集成》,上海:上海古籍出版社,2012 年。

⑥ 吕章申主編:《中國國家博物館百年收藏集粹》,合肥:安徽美術出版社,2014 年,頁 72、88—89。

⑦ 翟勝利:《中國國家博物館近藏禹鼎、禹簋試析》,《中國國家博物館館刊》2016 年 3 期,頁 146—155。

間的先後簡稱各器如下：

著　　錄	簡　　稱
吴振武《新見西周冄簋銘文釋讀》	冄簋甲
鄧佩玲《新見冄器銘文小議》 吕章申《中國國家博館百年收藏集粹》	冄簋乙、丙
吴鎮烽《商周青銅器銘文暨圖像集成》器號 05214	冄簋丁

　　有關各冄器的斷代問題，吴振武根據冄簋銘文內容與字體風格判別爲西周中期，界乎穆王至懿王之間；吴鎮烽意見大致相同，斷定爲西周中期器；翟勝利透過器形、紋飾及銘文的分析，推定冄器的鑄製時間爲西周中期穆、恭之際；但是，亦有學者的斷代較晚，如張懋鎔、王勇認爲冄盨當鑄作於西周晚期厲、宣之時。事實上，冄簋的形制與西周中期廿七年衛簋 4256 及趞簋 4266 較爲接近，與冄盨類似的目紋亦曾經在西周早期的令盤 10065 出現，加上冄器銘文較長，間架自然，我們基於上述特徵大致贊同冄器的年代應該不會太晚，大致是西周中期器。

　　迄今所見的冄器共有六件，除了冄簋丁銘文較長之外，其餘各器的內容基本相同。冄簋丁銘文凡 6 行 61 字，合文 2 字（圖一）：

　　　　趙（遣）白（伯）趙（遣）姬易（賜）冄宗彝，
　　　　眔逆羋（小子）羕佣以付卅
　　　　人，其用夙夜喜卲（昭）文神，
　　　　用禣（萬）旂眉壽。朕文考
　　　　其翌（經），趙（遣）白（伯）趙（遣）姬之德
　　　　音其競，余孚（一子）朕文考
　　　　其用乍辱身，念冄戈（哉），亡匃（害）。

該銘文與其餘冄器的差異主要集中於前半部：除了首句多出人名“趙（遣）姬”及“乍”替易作“易”之外，次句“眔逆羋羕佣以付卅人”亦不見於他器。

圖一　再簋丁銘文拓本①

第一節　再簋丁銘文考釋

　　現今所見的再器雖然共有六件,但銘文内容卻非同時公布,其中,再鼎及再簋甲、乙、丙銘文公布在前,次爲再盨,而再簋丁發表最後。雖然再簋丁銘文最長,但因其公布時間稍晚,加上多出銘文用辭晦澀,不易通讀,所以過去學者討論不多。事實上,再簋丁銘文的出現能够爲再器的鑄作

---

　　① 拓本來源:吳鎮烽編著:《商周青銅器銘文暨圖像集成》第十一册,上海:上海古籍出版社,2012年,頁243。

背景，以至銘文中各人物間的關係提供極爲重要的研究資料。

1.“趞（遣）白（伯）趞（遣）姬易（錫）再宗彝”

此句於其餘再器作“趞（遣）白（伯）乍再宗彝”。有關“乍”字，吳振武、張懋鎔皆根據金文慣例讀“作”，解釋爲鑄作；但是，耿超提出不同的看法，認爲“乍”似讀爲“措”，訓“施”，即爲贈送之義，再爲受器者，乃本器器主，銘文大意爲“遣伯送給再宗廟内祭祀所用之器”。① 孫銀瓊、楊懷源雖然同意“乍”不應讀如字，但卻另闢蹊徑，讀“乍”爲“胙”，“胙”於傳世文獻中爲賞賜之祭肉，由是可表示賞賜的意思，整句乃言“遣伯賞賜再宗彝”。②

在兩周彝銘中，“作器者＋乍（作）＋受器者＋銅器自名”的文例非常習見，乃金文習用句式，“乍（作）”前後分置人名，表明銅器的作器者與受器者，類似例子如“白（伯）庸父乍（作）弔（叔）姬鬲”（伯庸父鼎 616）、“杜白（伯）乍（作）弔（叔）嬀（祁）隩彝”（杜伯鬲 698）及“魯中（仲）齊肇乍（作）皇考鷺貞（鼎）”（魯仲齊鼎 2639）等，例子甚多，不勝枚舉。再器銘文既云“趞（遣）白（伯）乍（作）再宗彝”，文例格式與之相同，部分研究者遂在此基礎上認爲遣伯乃再器的作器者，再則是受器者。

不過，自從再簋丁銘文出現後，此問題似乎有進一步的思考空間。再簋丁銘文云“趞（遣）白（伯）趞（遣）姬易（錫）再宗彝”，句中的人名“遣姬”除了可以作爲西周宗婦問題的研究資料之外，更爲重要的是，過去再器所見之“乍”於此件簋銘中書作“易”，“易”可據金文習見用法讀爲“錫”或“賜”，表示賜予、賞賜，整句可以理解爲“遣伯、遣姬賞賜再宗廟用的彝器”，“易”字的出現亦有助我們釐清再器銘文中的作器者與受器者問題。

兩周銘文中有上位者賞賜彝器給下位者的記載，大抵出現於賞賜銘文之中，例子甚多，不勝枚舉，例如：

---

① 耿超：《再簋銘文與西周宗婦地位》，見朱鳳瀚主編：《新出金文與西周歷史》，上海：上海古籍出版社，2011 年，頁 286—291。

② 孫銀瓊、楊懷源：《再簋、畲章鐘、畲章鎛、公鼎“乍”新釋》，復旦大學出土文獻與古文字研究中心網站發表文章，網址：http://www.gwz.fudan.edu.cn/SrcShow.asp? Src_ID=2167，2013 年 11 月 1 日。

　　小臣遌即事于西，休中（仲）易（賜）遌鼎，揚中（仲）皇，乍（作）寶。（小臣遌鼎 2581，西周早期）

　　尹賞史獸鄩（祼），易（賜）豕鼎一、爵一，對揚皇尹不（丕）顯休，用乍（作）父庚永寶障彝。（史獸鼎 2778，西周早期）

　　女（汝）靜（靖）京自（師），易（賜）女（汝）圭瓚一、湯鐘一㔶，鐈鋞百匀（鈞）。多友敢對揚公休，用乍（作）障鼎，用倗（朋）用奢（友），其子子孫永寶用。（多友鼎 2835，西周晚期）

　　公易（賜）靐宗彝一隙（肆），易（賜）鼎二，易（賜）貝五朋。靐對揚公休，用乍（作）辛公𣪘，其萬年孫子寶。（靐簋 4159，西周早期）

　　白（伯）屖父休于縣改曰：戲，乃任縣白（伯）室，易（賜）女（汝）婦爵、趴之戈周（琱）玉、黃𢓜。……誖敢隊于彝曰：其自今日，孫孫子子母（毋）敢塱（忘）白（伯）休。（縣改簋 4269，西周中期）

在上述彝銘中，器主因爲獲得上位者的賞賜，遂鑄製青銅器報答其美意（即"揚某休"），祈求後世子孫永寶用。

　　陳英傑嘗就彝銘所見"用作"文例作出全盤考察，歸納有"作器之因＋用作＋作器對象＋器名"一類，具體例子有鼒作又母辛鬲 688、伯矩鬲 689 及瀨事鬲 643 等，作器對象可再分爲受祭者及生人。① 此格式的銘文大致是先敘述器主作器的具體背景，然後再申明作器對象。在西周銘文中，因爲答謝上位者之賞賜而鑄作銅器的例子時見，例如：

　　‖才（在）戊辰，匽（燕）侯易（錫）白（伯）矩貝‖（作器之因），用乍（作）父戊障彝。（伯矩鬲 689，西周早期）

　　‖公易（錫）靐宗彝一隙（肆），易（錫）鼎二，易（賜）貝五朋。‖（作器之因），靐對揚公休，用乍（作）辛公𣪘，其萬年孫子寶。（靐簋 4159，西周早期）

　　‖辛未，王各于康，焭（榮）白（伯）内（入）右雁（應）侯見工，易（錫）彤（彤弓）一、矤（彤矢）百、馬四匹‖（作器之因），見工敢對揚天子休，用乍（作）朕皇且（祖）雁（應）侯大䵼鐘，用易（錫）眉壽永命，子子

────────────────

①　陳英傑：《西周金文作器用途銘辭研究》，北京：綫裝書局，2008 年，頁 45。

孫孫永寶用。(應侯見工鐘107—108,西周中期)

‖王蔑曆,易(錫)矩鬯一卣、貝廿朋‖(作器之因),對揚王休,乍(作)安公寶障彝。(伯唐父鼎 NA0698,西周中期)

上述金文記錄的人名多數涉及三人,分別是賞賜者、作器者及受器者。賞賜者見於"作器之因"部分,身份有別於作器者及受器者。例如,鼄簋記公賜宗彝予鼄,鼄爲了答謝其美意,爲辛公鑄作銅器,賞賜者是公,作器者是鼄,辛公是銅器的受器者;又伯矩鬲記燕侯賞錫貝給伯矩,伯矩爲父戊作銅鬲,賞賜者是燕侯,作器者是伯矩,受器者是父戊;應侯見工鐘記王賞賜應侯見工弓、矢及馬,應侯見工爲了答謝天子美意,爲祖先鑄作銅鐘;伯唐父鼎記王賞賜伯唐父矩鬯及貝,伯唐父爲先輩安公鑄作銅鼎。①

同樣的,在再簋丁銘文中,除了次句"小子夰倗"之外,簋銘記錄有遣伯、遣姬、再及"朕文考"四人,我們因而懷疑銘文中自"遣(遣)白(伯)遣(遣)姬"至"用禕(萬)旂眉壽"首段,可以歸入陳英傑文例分析中"作器之因"的部分,旨在交代鑄作此銅器的原因與背景——器主再因爲受到遣伯、遣姬的賞賜,遂鑄作此器表示感謝。倘若如此,銘文中的遣伯、遣姬大致可以理解爲賞賜者,再則是爲答謝遣伯、遣姬的賞賜而鑄作銅器的作器者,銘文後半部記載的"朕文考"則可能是受器者。

至於耿超、孫銀瓊等曾經讀再器銘文之"乍"爲"措"或"阼",解作賞賜,其說法在表面上雖然能與再簋丁所見"易(錫)"字相胭合,但我們認爲將"乍"逕讀爲"作"似乎亦可文從字順,無礙於意義的理解,所以並不一定需要借助通假解釋。

西周賞賜銘文記載了不少器主因吉金之賜而鑄作銅器的例子,如:

公違省自東,才(在)新邑,臣卿易(賜)金,用乍(作)父乙寶彝(臣卿鼎 2595,西周早期)

乍(作)册麥易(賜)金于辟侯,麥揚,用乍(作)寶障彝(麥尊 6015,西周早期)

---

① 劉雨認爲銘中之"王"是指穆王。(參劉雨:《伯唐父鼎的銘文與時代》,《考古》1990年8期,頁741—742。)

王伐荅(蓋)侯,周公某(謀),禽祝,禽又(有)敗祝,王易(賜)金百
寽(鍰),禽用乍(作)寶彝。(禽簋4041,西周早期)

"金"指青銅,是鑄製彝器的原材料。然而,除了賞賜青銅之外,兩周金文
亦有上位者直接將彝器作爲賞賜物的例子,如小臣邅鼎銘中之鼎、曶簋銘
之鐘及縣改簋之爵等。而且,周代金文亦記有賞賜祭酒"鬯"的例子,如
"易(賜)女(汝)曷(秬)鬯一卣"(伯晨鼎2816)、"余易(賜)女䙮(矩)鬯一
卣"(录伯戎簋蓋4302)、"易(賜)女䙮(矩)鬯一卣"(師兑簋4318)等,"卣"
既然作爲"鬯"的量詞,同時表明祭酒應該是與酒器一併賞賜。

因此,我們認爲,上述銘文雖言"趞(遣)白(伯)趞(遣)姬易(錫)冉宗
彝",但其具體意思卻應該與"趞(遣)白(伯)乍(作)冉宗彝"無異,因爲部
分賞賜的彝器可能是賞賜者特意爲賞賜儀式而鑄製。倘若按此解釋,則
冉器銘文"趞(遣)白(伯)乍(作)冉宗彝"與"某乍(作)某寶隣彝"文例中所
反映的作器與受器關係應該是有所分別的,前者僅言遣伯爲了賞賜冉而鑄
作銅器,後者則是爲了紀念或頌揚某人功德而鑄作禮器。從此角度推論,冉
器銘文"趞(遣)白(伯)乍(作)冉宗彝"雖然在冉簋丁銘文作"趞(遣)白(伯)
趞(遣)姬易(錫)冉宗彝",但兩者的具體含義卻不矛盾,而且,銘文中"乍
(作)"字的使用更明確了獲賞賜的彝器乃是遣伯特意爲賞賜冉而鑄製的。

2. "眔逆岁(小子)𦥯佣以付卅人"

冉簋丁續云"眔逆岁(小子)𦥯佣以付卅人",此句續記器主追述獲得
遣伯、遣姬賞賜一事,句子主語承上省略。首字"眔"乃殷周金文的常用
詞,前人雖於其語法性質的意見不一致,但其意義大抵與"和""暨"相當。

至於銘文所見"🅰",吳鎮烽釋作"付",翟勝利隸爲"友"。此字與金
文習見之"付"字作"🅱"(蠱鼎2765)、"🅲"(爾攸比鼎2818)、"🅳"(衛
鼎2831)及"🅴"(永盂10322)等不完全相同。有關"付"的字形,《説
文·人部》云:"付,與也。从寸,持物對人。"[1]"付"首見於西周中期金文,

---

① 〔漢〕許慎撰,〔宋〕徐鉉校定:《説文解字(附檢字)》,北京:中華書局,1963年,頁
164。

從"人"從"又",會以手持物予人之意,部分字例中"又"旁添加飾筆,[1]隸變後成爲今日從"人"從"寸"之"付"字。

再簋丁所見"■"似從二"又",但是,我們認爲該字仍然應釋讀爲"付"。兹列曶鼎 2838 及散氏盤 10176 所見"付"字作爲佐證:

再簋丁 西周中期	曶鼎 西周中期	散氏盤 西周晚期

在表面上,再簋丁似從二"又",與從"人"從"又"之"付"字截然有別;但是,細審再簋丁"■"字,其右偏旁"又"的飾筆依然清晰可見。散氏盤銘文"付"字共兩例,其中一例明顯從"人"從"寸",另一所從之"人"卻已經出現與"又"譌混的迹象。至於曶鼎銘文所見"■",學者多釋爲"付",字形卻明顯不從"人",反而與再簋丁"■"的寫法相當類近,僅是左右偏旁位置互換。

爲何金文"付"可以從二"又"?"人"於甲骨文中書作"■"(合 21099),象人側面垂手之形,但部分字形已經變化爲"■"(合 6170 正))、"■"(合 7277)及"■"(合 7306)等,金文更演變爲"■"(髍簋 4215)、"■"(善夫克盨 4465)及"■"(散氏盤 10176)等。在此類"人"形中,倘若第二筆的起端處凸出,則會容易造成與"■(又)"譌混的情況。而且,從詞義角度來說,"付"是會手持物交予人之意,倘若將"人"易爲"又",仍然能起交付的表意作用。西周晚期裘比盨 4466 銘文所見"友"字亦似乎有助説明"付"與二"又"之間的譌變關係:

> 章(賞)厽■夫吒裘比田,其邑■、叢、■、復友裘比其田,其邑复■、言二邑。……復限余裘比田,其邑兢、楸、甲三邑,州、瀘二邑,凡復友,復友裘比田十又三邑。

裘比盨銘文雖然艱澀難懂,但大致可理解爲記録土地交換之事。"復友"

---

① 黄德寬主編:《古文字譜系疏證》,北京:商務印書館,2007 年,頁 1070。

出現共三次,"友"字分別書作"▨""▨"及"▨",明顯皆從二"又"。有關"復友"的解釋,郭沫若讀"友"爲"賄",用作動詞,表示還付之意,"言既釣其田則還報以邑也";①陳夢家意見相若,以爲"復友"是指償付貨賄;②馬承源則將"友"直譯爲"賄贈"。③ 諸家雖然從通假角度讀"友"爲"賄",解作賄贈、贈送,但就字形而論,倘若將以上三個"友"字視爲"付"的譌變,並解作給予、付予,似乎仍能通讀銘文,於文意上可與前人保持一致的理解。

兩周金文中"付"除了表達給予的意思之外,部分更隱含"取自[某]以付予[某]"的意思,例如:

> 佳(唯)三月初吉,鹵來遘(覯)于妊氏,妊氏令鹵:"叀(事)倗(保)乇家。"因付乇且(祖)僕二家,鹵拜頴首,曰:"休朕皇君,弗醒(忘)乇寶(保)臣。"(鹵鼎 2765,西周中期)

> 顙,履付裘衛林晉里,則乃成夆(封)四夆(封),顔小子具叀夆(封)。(九年衛鼎 2831,西周中期)

> 乇逆(朔)彊(疆)眔屬田,乇東彊(疆)眔散田,乇南彊(疆)眔散田,眔政父田,乇西彊(疆)眔屬田。邦君屬眔付裘衛田。(五祀衛鼎 2832,西周中期)

> 公迺命酉(鄭)嗣(司)辻(徒)迺父、周人嗣(司)工(空)屖(師)、史、師氏、邑人奎父、畢人師同付永乇田。(永盂 10322,西周中期)

> 致敢弗具付爾匕(比),其且射分田邑,則殺。(爾比簋蓋 4278,西周晚期)

> □弗具付爾匕(比),其且射分田邑,則殺。(爾攸比鼎 2818,西周晚期)

> 至于伊班,長榜,截(捷)首百,執訊卌,奪孚(俘)人四百,啻于焚(榮)白(伯)之所,于忿衣聿,復付乇君。(敔簋 4323,西周晚期)

---

① 郭沫若:《兩周金文辭大系》,臺北:大通書局,1971 年,頁 125。
② 陳夢家:《西周銅器斷代》,北京:中華書局,2004 年,頁 268。
③ 馬承源主編:《商周青銅器銘文選(三)》,北京:文物出版社,1990 年,頁 295。

我既<u>付</u>散氏田器,有爽,實余有散氏心賊……我既<u>付</u>散氏湆(隰)
田、牆田,余又爽變,爰千罰千。(散氏盤 10176,西周晚期)

<u>龘</u>(申)剌(厲)王令(命),取吳龘舊疆<u>付</u>吳虎,氒北疆窘人眔疆,
氒東疆官人眔疆,氒南疆畢人眔疆,氒西疆姜人眔疆。(吳虎鼎
NA0709,西周晚期)

盠鼎"因付氒且(祖)僕二家"乃指從妊氏祖之分内取僕二家給予盠;①九
年衛鼎及五祀衛鼎皆記土地交易之事,前者言矩命令壽商與盈劃明疆界
後,把晉里交付予裘衛,後者記邦君厲把已劃分好的田地給裘衛;永盂則
指司徒、司空等六人把監理王所賜的田付給永;②鬲比簋蓋與鬲攸比鼎銘
文相同,裘錫圭云:"如敢不把鬲比所應得的都付給他,而沮止破壞分田邑
之事的話,就應被殺。"③敔簋"復付氒君"之"付"有交付、歸還之意,陳連
慶解釋其大意作:被俘之人先在榮伯處接受廩食,然後在烅地得到衣著,
再交付予其君長領回。④ 散氏盤言土地交換之事,"付"字先後出現兩次,
"田器"乃農具,"湆田""牆田"分別指低窪地與原田;⑤吳虎鼎則記把其先
世吳龘的土地交付予吳虎。⑥

由是可見,金文"付"字的慣常用法其實有別於給予的意思,"付"大多
是指把東西從某人手中取得後,然後再交付另一人。再簋丁銘文既云"逆
孚(小子)縣倗以付卅人","付"亦可以作如是理解。當中,動詞"付"的賓
語乃"卅人",是交付動作所涉及的内容。銘文"卅"字書作"▉",吳鎮烽
隸定作"凷",讀"凶",但"▉"實與金文習見之"▉"(大鼎2807)、"▉"

---

① 馬承源云:"因付予盠祖之僕二家與盠,是盠之祖亦爲妊氏家臣,曾有庸僕之錫,大
約所錫的僕只有使用權,而没有佔有權,故妊氏得以在其祖之份内分出僕二家予盠。"(上海
博物館商周青銅器銘文選編寫組:《商周青銅器銘文選(三)》,北京:文物出版社,1986年,
頁104。)

② 馬承源主編:《商周青銅器銘文選(三)》,頁141。

③ 裘錫圭:《釋叏》,見《裘錫圭學術文集·第三卷·金文及其他古文字卷》,上海:復
旦大學出版社,2012年,頁79。

④ 陳連慶:《敔殷銘文淺釋》,見山西省文物局、中國古文字研究會、中華書局編輯部
編:《古文字研究》第九輯,北京:中華書局,1984年,頁312。

⑤ 參王輝:《商周金文》,北京:文物出版社,2006年,頁234—235。

⑥ 李學勤:《吳虎鼎考釋——夏商周斷代工程考古學筆記》,《考古與文物》1998年第
3期,頁29。

（倗生簋4263）、""（善夫山鼎2825）大致沒有分別，而且，從文意角度來說，釋該字爲"卅"仍然比較合適。至於"付"前"孚（小子）喬倗"一語，乃表明"卅人"本來的擁有者，當中"小子"二字合文作"孚"。"小子某"的稱名格式在金文中屢次出現，如"奠（鄭）大師小子侯父"（侯父甗937）、"大師小子白（伯）蒐父"（伯蒐父鼎2580）、"小子夔"（小子夔鼎2648）、"小子省"（小子省卣5394）、"遣小子鉐"（遣小子鉐簋3848）、"顔小子具"（九年衛鼎2831）等，"喬倗"應該是人名，"小子"爲其修飾語。

究竟銘文"逆孚（小子）喬倗以付卅人"應當如何解釋？我們認爲，"逆……以付……"的結構其實可與西周中期曶鼎"逆付"一辭相參證：

> 井（邢）弔（叔）曰："才（在）王人，迺賣（贖）用不逆付！曶母（毋）卑（俾）成于眡。"

曶鼎共分三段，上述文字見於銘文的第二段，記曶以匹馬、束絲向效父購買五夫，但眡卻違背信約，要求改以百乎交易，曶因而提出訴訟，邢叔最後判決曶可得五夫，而眡需以五束矢賠罪。上述引文乃邢叔判決之辭，用辭較爲費解，前人於其斷句及"逆付"的理解上意見分歧。"曶"於較早期著作多隸定爲"旨"，例如，郭沫若嘗將"旨"字連上讀，解釋邢叔之判辭作"才（載）王人迺賣用□不逆付旨，母（毋）卑（俾）式于眡"，意思爲"眡乃王室之人，不應賣旣成而不付，應毋使眡有貳言"。[1] 陳夢家斷句相同，解釋"不逆"爲"不許反復"，"付旨"即"應償付旨"。[2] 譚戒甫另闢蹊徑，認爲"逆付"是先付、預交的意思，整段文意爲"此因邢叔對于眡一班人的狡詐有所鑑誡，故主張先交五夫，後付百乎，如不先交五夫，將不使眡結案"。[3] 然而，孫常敘認爲"曶"字該連下讀，"逆"有迎受、接受之意，"付"通"傅"，即《周禮・秋官・士師》所記之"傅別"，相當於"中別手書"，乃"把對雙方起約束作用之事寫在札上，再把已寫了字的札從中間一劈兩半，每扇各有半行字，兩方各執其一，以爲日後對證的凭據"，故"逆付"即"受付"，乃指"接

---

① 郭沫若：《兩周金文辭大系》，頁98。
② 陳夢家：《西周銅器斷代》（上），北京：中華書局，2004年，頁200。
③ 譚戒甫：《西周"旨"器銘文綜合研究》，《中華文史論叢》第三輯，北京：中華書局，1963年，頁82。

過質人給他發下的一扇'付別'"。① 馬承源同樣以爲"昏"字當連下讀,"逆"有受義,"逆付"即受與付,"不逆付"乃指"不辦好雙方受與付的手續"。② 王輝以"昏"連上讀,"不逆"指順,引申指合法,但於"付"字無解。③

由是可見,前人於"不逆付"的釋讀甚爲分歧。值得注意的是,周鳳五在2015年發表《昏鼎銘文新釋》一文,爲"逆付"的解釋提供重要意見。首先,周氏援引《説文》"迎也"的訓釋,指出"逆"引申爲收受之意,"付"爲"逆"之反,即付出,故"逆付"乃謂在貨幣交易中"銀貨兩訖""收支兩抵";然後,周氏語譯邢叔的判辭爲:"身爲王人,卻不以銀貨兩訖原則交易。昏你不必還錢給氏了。"④事實上,周氏所言甚是,古文獻確有不少訓"逆"爲"受"之例,如《周禮·天官·小宰》云:"掌邦之六典、八灋、八則之貳,以逆邦國、都鄙、官府之治。"鄭玄注:"逆,迎受之。"⑤《儀禮·聘禮》:"宰命司馬戒衆介,衆介皆逆命,不辭。"鄭玄注:"逆猶受也。"⑥"逆命"即"受命","受命"於《儀禮》一書中習見,如"阼階上受命于主人"(《鄉射禮》)、⑦"東楹之東受命于公"(《大射禮》)、⑧"司正受命,皆命"(《大射禮》)⑨等。"逆"通"迎",本有迎接之意,後引申爲迎受、接受,故"逆命"即"受命",乃指接受命令,如《左傳·昭公二十五年》云:"有司逆命,公之使速殺之。"杜預注:"執夜姑之有司,卻迎受殺生之命。"⑩

再簋丁銘文"逆孕(小子)斈佣以付卅人"前既有"眔"字,可以視爲前句"趙(遣)白(伯)趙(遣)姬易(賜)再宗彝"賞賜內容的延續。因此,"逆孕

---

① 孫常敘:《昏鼎銘文通釋》,見孫屏、張世超、馬如森編校:《孫常敘古文字學論集》,長春:東北師範大學出版社,1998年,頁241—242。
② 上海博物館商周青銅器銘文選編寫組:《商周青銅器銘文選(三)》,頁171。
③ 王輝:《商周金文》,北京:文物出版社,2006年,頁167—175。
④ 周鳳五:《昏鼎銘文新釋》,《故宮學術季刊》2015年33卷2期,頁1—17。
⑤ 《周禮注疏》,見《十三經注疏》(整理本),北京:北京大學出版社,2000年,頁63。
⑥ 《儀禮注疏》,見《十三經注疏》(整理本),北京:北京大學出版社,2000年,頁413—414。
⑦ 《儀禮注疏》,頁178。
⑧ 《儀禮注疏》,頁370。
⑨ 《儀禮注疏》,頁322。
⑩ 《春秋左傳正義》,見《十三經注疏》(整理本),北京:北京大學出版社,2000年,頁1678。

(小子)霁倗以付卅人"的大概含義應該是指遣伯、遣姬從小子霁倗處接收卅人付給再管理,而下文"其用夙夜亯郘(昭)文神,用禕(萬)旃眉壽",亦與首兩句賞賜內容有關。根據兩周金文習見文例可知,受賜者無論是得到彝器、吉金抑或職位的賞賜,大多會答謝在上位者的美意而鑄製銅器,用以追念先祖或祈求福祉,只不過此銘中鑄作銅器一語有所省略。綜合來説,銘文首段乃追述再受到遣伯、遣姬彝器及職位的賞賜後,曾經鑄製銅器,用來日夜享祭已故的祖輩,以祈長壽。

3."余子(一子)朕文考其用乍辵身"

銘文末段"余子(一子)朕文考其用乍辵身"一語,過去研究者大多跟從吳振武釋讀以"余子(一子)"連上讀,通讀銘文爲"朕文考其巠(經)趙(遣)白(伯)趙(遣)姬之德音,其競余子(一子)",當中,"巠(經)"解釋爲遵循之意,"競"則指強盛,兩句意思可大致譯作:"我的亡父能遵行趙姬、趙伯夫婦之德言,強盛我這一個兒子。"然而,再器銘文具有韻文特徵,斷讀宜參考入韻字。[1]因此,我們據此判斷"余子(一子)"似乎宜連下讀,現將銘文中的入韻字及其上古音列出,以資參考:[2]

入韻字	人	神	經	競	身	再
韻部	真	真	耕	陽	真	蒸
上古擬音	njin	filin	keeŋ	graŋs	qhjin	thjɯɯ

再器銘文當以上述各字作爲斷句標誌,故"余子(一子)"與"朕文考其用乍(作)辵身"應該連讀爲一句。

至於"余子(一子)朕文考其用乍(作)辵身"該如何理解?吳振武讀"乍"爲"措",訓"置","朕文考其用乍(作)辵身"是指"再希望亡父能將強盛置於再身"。陳英傑以爲"乍"當讀"祚",具賜福之義,[3]耿超從其説。

①　參鄧佩玲:《新見再器銘文補説——與兩周金文所見文例參證》,頁96。
②　上古擬音據鄭張尚芳:《上古音系》,上海:上海教育出版社,2013年2版。
③　陳英傑:《西周金文作器用途銘辭研究》,頁571。

　　張懋鎔、王勇指出，"朕文考其用乍（作）乓身"是說朕文考用祖先的德行來塑造器主。翟勝利贊同陳說，解釋句意爲"再希望其亡父在天之靈降福於其身"。

　　我們之前曾經將銘文"余子（一子）朕"視爲代詞連用情況，①但是，自從再簋丁銘文出現後，此看法似乎有修訂的空間。首先，"乓"爲金文習見的第三身人稱代詞，相當於傳世文獻之"厥"，用法與"其"相同；②"身"在古漢語中亦可用作代詞，相當於自身、自己。因此，兩周金文中"乓身""其身"結構大致可翻譯爲"他自己"，例如：

　　　　烏虖（乎），朕文考甲公、文母日庚，弋（式）休則尚，安永宕乃子彧心，安永襲（襲）彧身，乓復盲于天子，唯乓事（使）乃子彧萬年辟事天子，母（毋）又（有）眈于乓身。（彧鼎 2824，西周中期）

　　　　公逆其萬年又（有）壽，以樂其身，孫子其永寶。（楚公逆鐘 106，西周晚期）

　　　　夆弔（叔）乍（作）季改盥般（盤），其眉壽萬年，永儠（保）其身。（夆叔盤 10163，春秋早期）

　　　　天不斁（斁）其又（有）忘（愿），迷（使）得睪（賢）在（才）良猹（佐）賵，以輔相乓身。（中山王𦉢壺 9735，戰國晚期）

張玉金曾經指出，金文"厥""其"所指可分爲內指和外指兩種，內指是指所指對象在語篇中可以找到，外指則指所指對象不見於語篇中。③在以上例子中，"厥"和"其"所指的對象均曾經在彝銘中出現，部分是指器主自己，如彧鼎、楚公逆鐘、夆叔盤，但亦有稱代器主以外的其他人，如中山王𦉢壺記敘器主𦉢頌讚先祖大德，並得上天保祐，能有賢人輔助，"輔相乓身"之"乓"應該是指稱銘文中"皇褪（祖）文武，趄（桓）祖成考"所記的桓、

――――――――――

　　①　鄧佩玲：《新見再器銘文補說——與兩周金文所見文例參證》，頁 105—108。

　　②　唐鈺明認爲代詞"厥""其"有歷時的先後關係。（參唐鈺明：《其、厥考辨》，見《著名中年語言學家自選集・唐鈺明卷》，合肥：安徽教育出版社，2002 年，頁 180—188。）錢宗武更指出，今文《尚書》中"厥"與"其"作爲副詞、代詞、助詞和連詞的四種用法中，兩者基本是可以互換的。（錢宗武：《今文尚書語言研究》，長沙：岳麓書社，1996 年，頁 272—282。）

　　③　張玉金：《西周漢語代詞研究》，北京：中華書局，2006 年，頁 188—202。

成二公。①

　　既然"乓身""其身"不僅可指器主本身,也可稱代彝銘中的其他人,那麼,究竟"余子(一子)朕文考其用乍(作)乓身"中之"乓"應當指涉銘文中何人? 我們認爲"乓"應該是稱代爯的先父,即銘文中的"朕文考"。在商周金文中,"用乍(作)乓文考寶障彝"的文例經常出現,如:

　　　　斿乍(作)<u>乓文考</u>寶障彝。(斿鼎 2347,商代晚期)

　　　　乃牆子乍(作)<u>乓文考</u>障彝,其萬年用盪祀。(乃牆子鼎 2532,西周早期)

　　　　白(伯)陶乍(作)<u>乓文考</u>宮弔(叔)寶鷺彝。(伯陶鼎 2630,西周中期)

　　　　俞則對揚乓德,其乍(作)<u>乓文考</u>寶貞(鼎)。(師俞鼎 2723,西周中期)

　　　　盨(許)中(仲)趁乍(作)<u>乓文考</u>寶障彝。(許仲卣 5369,西周晚期)

　　　　𦟼(滕)侯穌(蘇)乍(作)<u>乓文考</u>𦟼(滕)中(仲)旅叚。(滕侯蘇盨 4428,春秋早期)

我們由是推測,"余子(一子)朕文考其用乍(作)乓身"或許可以理解爲"用乍(作)乓文考寶障彝"的變式,語序變更之目的在於使其與銘文"經"(耕部)、"競"(陽部)、"爯"(蒸部)等字能够諧協押韻,故受器者"朕文考"移前,"余子(一子)"指稱"我","乓身"則可翻譯爲"他自己",複指"朕文考",該句大概蘊含我(即爯)爲我的先父鑄作此件銅器的意思。

第二節　爯器銘文所反映的人物關係

　　基於上述的考察,銘文大致可翻譯爲:

---

　　① 參李仲操:《中山王嚳行年考》,見《中國考古學研究論集》編委會編:《中國考古學研究論集——紀念夏鼐先生考古五十周年》,西安:三秦出版社,1987 年,頁 346。

遺伯、遺姬曾經賜予冉宗廟用的彝器,並從小子秦倗接收卅人交付冉管理,(冉爲了答謝遺伯、遺姬的美意曾經鑄作銅器,)用以早晚享祭先祖,祈求長壽。我(冉)的先父亦遵循遺伯、遺姬的盛大德音,故爲先父鑄製此件銅器,希望他能長念冉,没有禍害。

按此解釋,銘文共涉及五個人物,分別爲遺伯、遺姬、冉、小子秦倗及冉的先父。過去學者曾經對上述人物的關係作出不同解釋。例如,吳振武認爲遺伯是作器者,即出資作器之人,冉是器主,並從“余一子”的自稱可知其身份不低,可能是小宗之長,遺伯、遺姬則是家族中的宗君(大宗宗子)、宗婦。但是,張懋鎔、王勇認爲遺伯是作器者,冉爲受器者,是遺伯死去的父親,即“朕文考”。耿超在吳、張二説的基礎上提出新解,認爲遺伯、遺姬是家族中的宗子、宗婦,冉可能是遺族中的家臣。

事實上,我們比較偏向耿超的宗子與家臣之説,主要原因在於銘文第二句記錄有小子秦倗一名,“小子”可視爲明確秦倗身份的標誌。“小子”是兩周金文習見的稱呼,前人曾經有不少研究,但見解分歧,大致可歸納爲三種説法:第一,部分學者認爲“小子”即小宗之長,如裘錫圭指出商代晚期有幾件銅器乃“小子”受到“子”賞賜而鑄作,由是推斷“子”與“小子”應該是相對的稱呼,當中,“子”顯然是地位最高的族長,即大宗宗子,“小子”是屬於他的小宗之長。① 第二,有學者認爲“小子”僅是一種稱呼,與宗法制度無關,如王暉認爲在宗法制度已經完善的西周春秋時代,文獻中“小子”稱謂大多不能用小宗宗子的意思去理解,故“小子”只是長輩與年長者稱晚輩之詞,或是晚輩在長輩與年長者之前的自稱之詞。② 第三,有學者認爲“小子”的含義較多,不能一概而論,如許倬雲指出:“西周金文中每見小子之稱,其中有的是國王自己的謙稱,有的是官名。但也有一些‘宗小子’、‘小子某’、‘某小子某’,則可能都是小宗對大

---

① 裘錫圭:《關於商代的宗族組織與貴族和平民兩個階級的初步研究》,見《裘錫圭學術文集·第五卷·古代歷史、思想、民俗卷》,上海:復旦大學出版社,2012年,頁129—131。

② 王暉:《商周文化比較研究》,北京:人民出版社,2000年,頁296—300。

宗的自稱。宗小子是大宗,小子某是王室的小宗,某小子某則是王臣家的小宗。"①又朱鳳瀚曾經歸納西周金文與文獻所見"小子"的用法爲四類:a. 對年幼者之稱或老人對年輕人之稱;b. 自我之謙稱;c. 輕賤之稱;d. 家族中的小宗。②

日本學者木村秀海曾經指出,"某小子某"是以前以"某"作爲本宗而獨立出去另立家户者的稱謂。③ 朱鳳瀚在此基礎上通過"衛小子"與"散人小子"的考察,明確提出金文"某小子"指小子隸屬於"某",是貴族家族成員,身份與家臣有別,在宗法關係上乃是相對於大宗的小宗,在親屬組織上各有其分族,可以説是另立門户。④ 因此,銘文云"孚(小子)齊倗",我們推測"小子"可能是表明齊倗的小宗身份,名字前雖没有隸屬家族的説明,但從銘文開首遣伯、遣姬二名可知,遣伯是長子,乃家族的宗子,齊倗則應該是隸屬於遣氏家族的小宗。

遣氏規模雖然有限,但根據兩周金文的記載可知,其族人曾經率領軍隊征伐、傳達王命、並與周王室通婚,由是均能反映遣氏家族於西周時期頗具實力。至於遣伯作爲家族的嫡長子,地位更爲顯赫。既然遣伯與齊倗是大、小宗的關係,但宗主遣伯爲何會從小宗手中收取卅人交付冉管理?此問題可從西周宗族的財産支配權角度嘗試解釋。

朱鳳瀚曾經指出,作爲小宗的"小子"雖然在家族上可以説是另立門户,但於居住形式及經濟政治生活上未必皆獨立出去:

> 那麽,在貴族家族以宗族形式存在的情況下,其佔有生産資料(土地及手工業生産工具、原料等)與組織生産的基本單位是甚麽?是以整個宗族爲一個整體,還是諸小宗分支亦有自己的獨立經濟?筆者傾向於這樣一種看法,即聚居共處的宗族成員是不分財的,家族

---

① 許倬雲:《西周史》增訂本,北京:生活·讀書·新知三聯書店,1993年,頁157。
② 朱鳳瀚:《商周家族形態研究》增訂本,天津:天津古籍出版社,2004年,頁310—314。
③ 木村秀海:《西周金文に見える小子について——西周の支配機構の一面》,《史林》1981年64卷6號,頁62—83。
④ 朱鳳瀚:《商周家族形態研究》,頁312—313。

經濟的主管權歸於大宗,由大宗通過家臣實現對直接生產者的管理,諸小宗分支在生活上雖相對獨立,但並非是獨立的經濟單位。①

裘錫圭亦持類近的意見,雖然西周器銘有家族長賜土田予小宗的記載,但這類的財產獨立只是相對的:"小宗之長對他所得到的那部分土田等生產資料的支配權,無疑是要服從於大宗宗子對整個宗族的財產的支配權。"②小宗在財產上的不獨立亦可以體現於西周家臣制度上,朱鳳瀚、楊寬對此問題均有詳細論述。③ 朱氏認爲西周貴族已容許沒有血緣關係的非本族成員擔任家族官吏,如金文裏的卯(卯簋蓋 4327)、獻(獻簋 4205)及蠤(蠤鼎 2765)等,並且就家臣的職務指出:

> 其職務多是充當貴族家族事務的管家,特別是管理家族私屬與奴僕。地位較高者甚至可以管理家主的諸小宗家室。④

家臣可以管理小宗家室之事,逆鐘 60—63 銘文具清晰説明:

> 弔(叔)氏若曰:逆,乃且(祖)考許政于公室,今余易(錫)女(汝)毌五、錫戈彤尾,用飄于公室,僕庸臣妾,孚(小子)室家,母(毋)有不聞智(知),敬乃夙夜,用鞸(屏)朕身,勿灋(廢)朕命,母(毋)衆乃政。逆敢拜手賢(頣)。

除了僕傭、臣妾之外,逆還管理"小子室家",朱氏認爲是指諸小宗的家室,但逆既爲家臣,固然不可能控制小宗貴族成員的人身,故所治理的應該僅是家務事,乃是從家族長受權去安排諸小宗家族的經濟生活,可作爲小宗家族非經濟單位的證據。⑤ 所以,從逆鐘銘文可知,貴族家族成員的經濟

---

① 朱鳳瀚:《商周家族形態研究》,頁 328。
② 裘錫圭:《從幾件周代銅器銘文看宗法制度下的所有制》,見《裘錫圭學術文集·第五卷·古代歷史、思想、民俗卷》,上海:復旦大學出版社,2012 年,頁 203—204。
③ 參朱鳳瀚《商周家族形態研究》第二章"西周家族形態"第四節(二)"家臣制度的出現"。(朱鳳瀚:《商周家族形態研究》,頁 309—322。)楊寬《西周史》第六章"西周春秋宗法制度和貴族組織"七、家臣制度(楊寬:《西周史》,上海:上海人民出版社,2003 年,頁 446—450。)
④ 朱鳳瀚:《商周家族形態研究》,頁 320。
⑤ 朱鳳瀚:《商周家族形態研究》,頁 330。

並不獨立,大宗有權力安排家臣管理小宗的生活。

　　細審再簋銘文的記載,再有可能是遣伯的家臣,"逆孚(小子)絭倗以付卅人"雖然是説從小子絭倗處取卅人付予再,但因小宗没有財産擁有權,故銘文實質是指委派再去管理小宗絭倗付予的卅人,這卅人可能包括奴隷和傭僕。誠如耿超所言,西周金文不時見有宗子對家臣賞賜宗彝的例子,而再不僅獲賜宗彝,更受遣伯託付管理小宗家室,而迄今所見再器已有六件,數量不少,此等資料皆可證明再在當時遣氏家族中地位不低。

　　此外,再器銘文尚有遣姬之名,乃遣伯之妻,是遣氏家族的宗婦。再器銘文中遣姬之名排列於遣伯之前,耿超曾就當中所反映的西周宗婦地位問題作出詳細討論,可資參考。至於再的先父"朕文考"乃是此套再器的受器者。再器主要是再爲頌揚和感謝遣伯、遣姬的德音而鑄作,銘文言"朕文考其巠(經),趞(遣)白(伯)趞(遣)姬之德音其競",反映再的先父可能曾經擔任遣伯、遣姬的家臣。事實上,家臣的職位可以是世襲的,父子相繼,[①]如西周中期卯簋蓋 4327 云:

　　　　焂(榮)白(伯)乎(呼)令卯曰:䚄乃先且(祖)考死嗣(司)焂(榮)公室,昔乃且(祖)亦既令,乃父死嗣(司)莽人,不盉(淑)取我家窨用喪。

此記榮伯誥命卯之辭,榮伯命令卯繼承其先祖職務管理榮公室。除此之外,類似例子亦見於前述的蠚鼎及逆鐘銘文。蠚鼎記妊氏將蠚先祖所管理的二家僕人給蠚掌管,蠚先祖亦是妊氏家臣;逆鐘則記逆的先輩曾經"許政于公室","許"可讀作"御","許政"即治政,指治理叔氏家政,[②]由是可知,逆的家族從其祖父輩開始,世代擔任叔氏家臣。又家臣世襲制度在春秋時期應該仍然存在,如南遺、南蒯便是連續兩代擔任費邑宰。[③] 因此,再器之所以記再的先父遵循遣伯、遣姬的德音,有可能是因爲其先父同樣擔任遣伯家臣,而現在再承襲其職位,繼續服務遣氏家族。

---

① 朱鳳瀚:《商周家族形態研究》,頁 320。
② 朱鳳瀚:《商周家族形態研究》,第 319 頁。
③ 參邵維國:《周代家臣制述論》,《中國史研究》1999 年第 3 期,第 47 頁。

　　綜上所述，夨器所記人物雖然有著錯綜複雜的關係，但透過仔細分析與考察，夨器銘文確實爲西周時期家族形態研究——甚至是宗族財産權、宗婦地位及家臣制度等問題——提供至爲重要的資料。

第三章　吕簋铭文探讨

　　新見呂簋乙器(圖一)，有蓋，上有圓形抓手，直腹，兩側置獸耳銜環，圈足下設三獸形短足，蓋面及器頸皆飾竊曲紋，器、蓋皆有銘，內容大致相同，僅記日之異。銘文凡 7 行 62 字，器銘(圖二)云：

圖一　呂簋器形

> 隹九月初吉乙亥，王各（各）
> 大室，册命呂。王若曰：呂，
> 更乃考㪅嗣莫（旬）師氏，易（賜）
> 女（汝）玄衣黹屯（純）、載市同黃（衡）、
> 戈琱𢦏𢦏必（柲）彤（彤）沙、旂繼，
> 用事。呂對揚天子休，用
> 乍（作）文考陞殷，萬年寶用。

"乙亥"，蓋銘（圖三）作"丁亥"，據干支排序推算，兩者相距有 12 天。銘文記九月初吉乙亥（丁亥）之日，王在大室册命呂，命令呂繼承其父考的官職，並賞賜服飾、兵器、車馬飾等。呂對揚天子美德，爲先父鑄作銅簋，萬年永寶用。

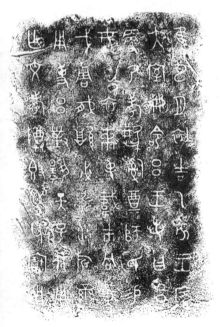

照片　　　　　　　　　　　拓本

圖二　呂簋器銘

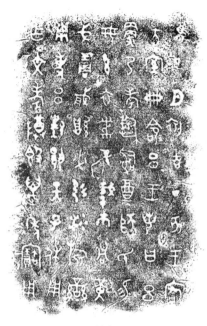

照片　　　　　　　　　　　　　　　拓本

圖三　呂簋蓋銘①

第一節　"庲"字考釋

　　"各",銘文从"广"从"各",書作"庲(庲)"。"庲"字未嘗見於兩周金文,金文"各"多書作"![char]",从"![char]"从"![char]",羅振玉解釋殷墟卜辭所見"![char]""![char]""![char]"諸形云:

　　　　《説文解字》:"各,異辭也。从口、夂。夂者,有行而止之,不相聽也。"案"各"从"![char]",象足形自外至,从口,自名也,此爲來格之本字。②

---

　　①　呂簋照片及銘文拓本由張光裕教授提供,謹此致謝。

　　②　羅振玉:《增訂殷虛書契考釋》,見《殷虛書契考釋三種》,北京:中華書局,2006年,頁512。

"各"本謂足自外而至,即古書文獻所見之"格",有"來""至"之意,如《書·舜典》云:"十有一月朔巡守,至于北岳,如西禮。歸,格于藝祖,用特。"①《大禹謨》:"帝乃誕敷文德,舞干羽于兩階,七旬,有苗格。"②《吕刑》:"伯父、伯兄、仲叔、季弟、幼子、童孫,皆聽朕言,庶有格命。"③蔡沈集傳:"格,至也。"④除了"各"字之外,兩周彝銘所見"各"復有書作"彳各"(師虎簋4316)及"辵各"(庚嬴卣5426),兩字分別增益偏旁"彳"及"辵"。"彳""辵"的本義皆與步走有關,"彳(彳)"象道路之形,古文字"辵(辵)"則从"彳"从"止",即"止"步走於道上,具有行走之意。因此,形符"彳""辵"的增添,應該是有助彰顯"各"具有"來""至"意義的作用。⑤ 至於吕簋銘文"各"之所以从"广",其原因大概與此相當。古文字中偏旁"广"與房屋、居室有關,如《説文·广部》云:"广,因广爲屋,象對剌高屋之形。"⑥部首"广"收録以下諸字:

> 廬,寄也,秋冬去,春夏居。从广,盧聲。
>
> 庭,宫中也。从广,廷聲。
>
> 廇,中庭也。从广,留聲。
>
> 庉,樓牆也。从广,屯聲。
>
> 庖,廚也。从广,包聲。⑦

諸字俱以"广"作爲形符,意義皆與房屋有關,如"廬"爲春夏兩季居住的處所,"庭"即室之中庭,"廇"乃指"庭"的中部,"庉"是重屋之牆,"庖"則指廚房。"各"字既具有"到""來"的意思,彝銘中凡稱爲"各"多指某人來臨、到

---

① 《尚書正義》,見《十三經注疏(整理本)》,北京:北京大學出版社,2000年,頁71—72。
② 《尚書正義》,頁119。
③ 《尚書正義》,頁639。
④ [宋]蔡沈:《書經集傳》,見《四庫全書》,上海:上海古籍出版社,1987年,卷1,頁29。
⑤ 陳初生云:"各借爲各别字後,復加彳、辵、走等形符,使其本義更顯。"(陳初生編纂,曾憲通審校:《金文常用字典》第二版,西安:陝西人民出版社,2004年,頁123。)
⑥ [漢]許慎撰,[宋]徐鉉校定:《説文解字(附檢字)》,北京:中華書局,1963年,頁192。
⑦ [漢]許慎撰,[宋]徐鉉校定:《説文解字(附檢字)》,北京:中華書局,1963年,頁192。

達某個處所,又因金文鑄作多與祭祀、册命等儀節有關,故到臨的地方亦多屬宮室、宗廟。例如,頌鼎 2827"王各大室",小盂鼎 2839"王各周廟",免簋 4240"王各于大廟"。至於吕簋所稱的"王厇(格)大室",辭例與頌鼎"王各大室"相同,"大室"即典籍中的"太室",如《書‧洛誥》"王入太室祼"一語,孔穎達疏引王肅云:"太室,清廟中央之室。"①吕簋銘文的"各"書作從"广"之"厇","广"既然與房屋有關,形符的添增實在具有彰顯詞義的作用,乃用以加强表達到臨、來到某個處所的意思。

第二節　簋銘"奠師氏"與《周禮》所見"甸師氏"

吕簋銘文記載王命令器主"吕"繼承父考的官職"更乃考觏嗣奠師氏","觏嗣"一辭屬西周金文的習見文例,例如:

> 佳(唯)王九月既望乙巳,趞中(仲)令宁觏嗣奠田。(宁鼎 2755,西周中期)

> 先王既命女(汝)觏嗣王宥,女(汝)某不又聞,母(毋)敢不善。(諫簋 4285,西周晚期)

> 今余佳(唯)𤱶彖乃令=(令,令)女(汝)觏嗣走馬。(師兌簋 4318,西周晚期)

細審上述辭例,"觏嗣"後多緊接有受任命的官位或職務名稱。雖然迄今古文字學家於"觏"字的釋讀仍未取得一致的見解,但大抵均以爲"觏嗣"有管治、職掌之意,用爲動詞。② 其中,宁鼎云"觏嗣奠田","奠田"可讀爲

---

① 《尚書正義》,頁 494—495。

② 有關"觏嗣"二字的釋讀問題,近年較爲重要的論文包括:何琳儀、胡長春:《釋攀》,見中國文字學會、河北大學漢字研究中心編:《漢字研究》第一輯,北京:學苑出版社,2005 年,頁 422—428;陳劍:《甲骨文舊釋"智"和"盤"的兩個字及金文"觏"字新釋》,復旦大學出土文獻與古文字研究中心編:《出土文獻與古文字研究》第一輯,上海:復旦大學出版社,2006 年,101—154 頁;劉桓:《重釋金文"播"字》,中國古文字研究會、中華書局編輯部編:《古文字研究》第二十八輯,北京:中華書局,2010 年,頁 284—288。

“鄭田”，“飌嗣奠田”是指“職司鄭地的田”；①諫簋云“飌嗣王宥”，“王宥”應該是指周王的苑囿；師兌簋云“飌嗣走馬”，“走馬”是職官名，即典籍所見的“趣馬”，如《詩·小雅·十月之交》云：“棸子內史，蹶維趣馬，楀維師氏，豔妻煽方處。”鄭玄箋：“趣馬，中士也，掌王馬之政。”陸德明《釋文》：“趣馬，官名。”②又《周禮·夏官·司馬》云：“趣馬掌贊正良馬，而齊其飲食，簡其六節。掌駕說之頒，辨四時之居治，以聽馭夫。”③因此，呂簋稱“飌嗣奠師氏”，借助上述文例的參證，我們可知“奠師氏”應該是官職名稱。事實上，“師氏”一職在西周金文中曾經多次出現，如：

> 澅公令䍬眔旟（旅）曰：以嗣（司）師氏眔有嗣（司）後或（國）烖伐
> 腺。（䍬鼎2740，西周早期）

> 王射，有嗣（司）眔師氏、小子卿射。（令鼎2803，西周早期）

> 隹（唯）六月初吉乙酉，才（在）堂𠂤，戎伐馭，馘達有嗣（司）、師氏
> 奔追卸（襲）戎于賦林。（馭簋4322，西周中期）

> 命女（汝）飌嗣（司）公族，雩（與）參有嗣（司）、小子、師氏、虎臣，
> 雩（與）朕褻事，以乃族干（扞）吾（敔）王身。（毛公鼎2841，西周
> 晚期）

> 備于大𠂇（左），官嗣（司）豐還𠂇（左）又（右）師氏，易（賜）女（汝）
> 赤市、同黃、麗般（鞶），敬夙夕用事。（元年師旋簋4279—4282，西周
> 晚期）

在傳世典籍中，《周禮》《尚書》及《詩經》均有“師氏”的記述。其中，《周禮》載述“師氏”的職責最爲詳盡，《地官·司徒》云：

> 師氏：中大夫一人，上士二人。④
> 師氏：掌以媺詔王。以三德教國子：一曰至德，以爲道本；二曰

---

① 參陳佩芬：《夏商周青銅器研究：上海博物館藏品》，上海：上海古籍出版社，2004年，頁239。
② 《毛詩正義》，見《十三經注疏》（整理本），北京：北京大學出版社，2000年，頁848。
③ 《周禮注疏》，見《十三經注疏》（整理本），北京：北京大學出版社，2000年，頁1016。
④ 《周禮注疏》，頁269。

敏德，以爲行本；三曰孝德，以知逆惡。教三行：一曰孝行，以親父母；二曰友行，以尊賢良；三曰順行，以事師長。居虎門之左，司王朝。掌國中失之事，以教國子弟，凡國之貴遊子弟學焉。凡祭祀、賓客、會同、喪紀、軍旅，王舉則從。聽治亦如之。使其屬帥四夷之隸，各以其兵服守王之門外，且蹕。朝在野外，則守內列。①

所謂"掌以媺詔王"，鄭玄注："告王以善道也。"賈公彥疏："媺，美也。師氏掌以前世美善之道，以詔告於王，庶王行其美道也。" ②"師氏"以"三德""三行"教國子，可知其職責除了執諫王室朝儀得失之外，亦掌三德三行之教，並管理祭祀、賓客、會同、喪紀、軍旅等王室朝儀；另外，"師氏"亦掌管國家的兵事，即"使其屬帥四夷之隸"。因此，師氏職掌的範圍廣泛，應該是朝廷的重臣，官位較高，正如孔穎達所言："師氏，亦大夫，其官掌以兵守門，所掌尤重，故別言之。"③此外，《詩·小雅·十月之交》亦云：

聚子內史，蹶維趣馬，楀維師氏，豔妻煽方處。④

毛傳："師氏，亦中大夫也，掌司朝得失之事。"⑤又《周南·葛覃》云：

言告師氏，言告言歸。薄汙我私，薄澣我衣。害澣害否？歸寧父母。⑥

毛傳："《葛覃》，后妃之本也。后妃在父母家，則志在於女功之事，躬儉節用，服澣濯之衣，尊敬師傅，則可以歸安父母，化天下以婦道也。"⑦毛氏以爲《葛覃》言女功之事，訓詩中之"師氏"爲女師："師，女師也。古者女師教以婦德、婦言、婦容、婦功。祖廟未毀，教于公宮三月。祖廟既毀，教于宗室。"⑧由是可知，"師氏"除了用作官職名之外，亦可指女師。

① 《周禮注疏》，410—415。
② 《周禮注疏》，頁410。
③ 見《書·牧誓》"師氏"下孔穎達《疏》。（《尚書正義》，頁336。）
④ 《毛詩正義》，頁848。
⑤ 《毛詩正義》，頁848。
⑥ 《毛詩正義》，頁40。
⑦ 《毛詩正義》，頁36。
⑧ 《毛詩正義》，頁40。

不過，倘若細審出土青銅彝銘資料，我們發現，金文所見“師氏”的職責似乎與《周禮》存在差異，如窎鼎云“以嗣(司)師氏眔有嗣(司)後或(國)戠伐腺”，師氏與有司率軍伐“腺”；令鼎云“有嗣(司)眔師氏、小子卿射”，有司與師氏、小子進行射禮；戏簋云“戏遢有嗣(司)、師氏奔追劉(襲)戎于鬮林”，戏率領有司、師氏襲擊“鬮林”這個地方。① 上述的金文記載均反映西周時期“師氏”的職責多與兵戎有關，張亞初、劉雨嘗據此提出“師氏”應該屬武職，是周王的近臣，《周禮》的記載可能屬於後人竄改：

> 師氏之見於彝銘者乃武職，在王之側近，是則師氏之名蓋取諸師戎也。《周官》屬師氏於司徒，其職文亦頗有異……案此文至肝腺“德教行教”及“以教國子弟”下十四字，乃視師氏爲師保之師；“居虎門之左”云云及“凡祭祀”以下，則又視師戎之師，文辭文義均不相水乳，即此一職已可斷言《周官》一書塙曾經後人竄改也。②

至於呂簋銘云“奠師氏”，在“司氏”前復添“奠”字。“奠”在殷周金文中多讀爲“鄭”，地名，《說文·邑部》云：“鄭，京兆縣，周屬王子友所封。从邑，奠聲。宗周之滅，鄭徙潧洧之上，今新鄭是也。”③又《史記·鄭世家》云：“鄭桓公友者，周屬王少子而宣王庶弟也。宣王立二十二年，友初封于鄭。”④根據古書的記載，周宣王之弟友在二十二年封於鄭，鄭國由是建立。⑤ 呂簋銘文稱“奠師氏”，我們當然可以理解該器與鄭國有關，“更乃考鮮嗣奠師氏”可以指呂繼承其先父的冊封，在鄭擔任師氏一職。然而，我們嘗試再爲銘文中“奠師氏”的釋讀提出另一個可能性：“奠”或許不宜逕讀爲“鄭”，或可通假作“甸”，“奠師氏”應該讀爲“甸師氏”。

《周禮》記有“甸師”一職，《天官·冢宰》云：

---

① 裘錫圭以爲“鬮林”即《左傳·襄公十六年》“夏六月，次于械林”之“械林”，地望在今河南葉縣。(裘錫圭：《說戏簋的兩個地名——“械林”和“胡”》，見《裘錫圭學術文集·第三卷·金文及其他古文字卷》，上海：復旦大學出版社，2012年，頁36。)
② 張亞初、劉雨：《西周金文官制研究》，北京：中華書局，1986年，頁162—163。
③ 許慎撰，徐鉉校定：《說文解字(附檢字)》，頁132。
④ ［漢］司馬遷：《史記》，北京：中華書局，1959年，頁1757。
⑤ 有關鄭地與鄭國的問題，詳參李峰：《西周金文中的鄭地和鄭國東遷》，《文物》2006年9期，頁70。

　　甸師：下士二人。①

　　甸師：掌帥其屬而耕耨王藉，以時入之，以共齍盛。祭祀，共蕭
　茅，共野果蓏之薦。喪事，代王受眚烖。王之同姓有辠，則死刑焉。
　帥其徒以薪蒸，役外內饔之事。②

鄭玄注：“師猶長也。甸師，主共野物官之長。”③“甸師”的其中一項重要
職責乃是提供王室食用及祭祀所需的農作物。此外，《秋官・司寇》亦有
“甸師氏”的記載：

　　掌囚：掌守盜賊，凡囚者。上罪桎梏而桎，中罪桎梏，下罪梏，王
　之同族拲，有爵者桎，以待弊罪。……凡有爵者與王之同族，奉而適
　甸師氏，以待刑殺。④

　　掌戮：掌斬殺賊諜而搏之。……唯王之同族與有爵者，殺之于
　甸師氏。⑤

《天官・冢宰》記甸師負責“王之同姓有罪，則死刑焉”，《秋官・司寇》則云
“凡有爵者與王之同族，奉而適甸師氏，以待刑殺”“唯王之同族與有爵者，
殺之于甸師氏”，從上述記載我們可以推斷，“甸師”及“甸師氏”應該是同
一官職的別稱。

　　綜合《周禮》上述兩段記述，“甸師”或“甸師氏”的職務包括以下五項：

　　一、耕耘王室的藉田，隨時進獻祭祀用的穀類

　　二、凡有祭享，供麃蕭、茅、野果等祭品

　　三、遇有喪事，代王接受過失與災禍

　　四、執行王族的死刑

　　五、供應內、外饔所用之薪柴

除了“甸師”與“甸師氏”之外，《禮記》及《儀禮》尚有“甸人”的記述：

———————

① 《周禮注疏》，頁13
② 《周禮注疏》，頁114—118。
③ 《周禮注疏》，頁13。
④ 《周禮注疏》，頁1124—1125。
⑤ 《周禮注疏》，頁1126—1127。

《禮記·文王世子》:"公族其有死罪,則磬于甸人。其刑罪,則纖<u>劓</u>,亦告于甸人。"鄭玄注:"甸人,掌郊野之官。"①

《儀禮·士喪禮》:"<u>甸人</u>掘坎于階間,少西;爲垼于西牆下,東鄉。"鄭玄注:"甸人,有司主田野者。"②

《儀禮·公食大夫禮》:"甸人陳鼎七,當門,南面,西上,設扃鼏。鼏若束若編。設洗如饗。"鄭玄注:"甸人,冢宰之屬,兼亨人者。"③

《儀禮·燕禮》:"宵,則庶子執燭於阼階上,司官執燭於西階上,<u>甸人</u>執大燭於庭,閽人爲大燭於門外。"鄭玄注:"甸人,掌共薪蒸者。"④

《禮記·文王世子》記"公族其有死罪,則磬于甸人",可與《周禮·天官·冢宰》及《秋官·司寇》的載述相互印證。此外,鄭玄訓釋"甸人"的職責與前述的"甸師"有相似之處,可知鄭氏認爲"甸人"大致相當於"甸師"。因此,無論是"甸師""甸師氏"抑或"甸人",三者都應該是同一官職的別稱。

呂簠銘文稱"奠師氏",《周禮》"甸師"亦稱爲"甸師氏"。"奠"上古屬定紐耕部字,"甸"則是定紐真部,⑤兩字聲紐相同,真、耕二部通轉。在出土文獻中,"奠""甸"二字存在通假的例子,如王襄《簠室殷契徵文考釋》釋讀殷墟卜辭所見"正(征)于我奠"一語云:"奠,疑即《周禮·地官》'四丘爲甸''甸'之叚字。"⑥此外,董作賓更直接指出"奠"字在甲骨文中具有兩義,一爲地名,即"鄭",另一則通假作"甸":

奠字在卜辭中有兩義:其一爲地名……其一則假借爲甸。《禹貢》:"禹敷土,隨山刊木,奠高山大川。"《小雅》:"信彼南山,維禹甸之。"傳一云"定也",一云"治也",是奠甸通用之一證。《周禮·天官·甸師》注"郊外曰甸",卜辭中亦多假爲郊外之甸,如云"我奠受

① 《禮記正義》,見《十三經注疏》(整理本),北京:北京大學出版社,2000年,頁752。
② 《儀禮注疏》,見《十三經注疏》(整理本),北京:北京大學出版社,2000年,頁771。
③ 《儀禮注疏》,頁551—552。
④ 《儀禮注疏》,頁330。
⑤ 郭錫良:《漢字古音手冊》,北京:北京大學出版社,1986年,頁209。
⑥ 王襄:《簠室殷契徵文考釋》,見《甲骨文研究資料彙編》第五册,北京:北京圖書館出版社,2008年,頁278。

年”，言殷王畿之郊甸受年也，云“在云，奠河邑”（金七二八）言王在云，此云者，乃郊甸演河之邑也。①

陳夢家亦列舉卜辭辭例，明確指出甲骨文“奠”可讀爲“甸”：

　　“邛方畾于我奠”“邛方畾于我示”與“土方畾于我東鄙”是其文例的，所以奠、示、鄙都指區域。卜辭有“我奠受年”，則奠當在殷王國範圍之內，疑即郊甸之甸。②

殷墟卜辭有“我奠”“我奠某”等語，饒宗頤認爲當中的“奠”即“甸”。③除此之外，金文“奠”字屢見，除了大部分讀爲“鄭”之外，亦有不少例子讀爲“甸”，如宜侯矢簋4320載述王冊命宜侯矢之辭，當中有“易（賜）奠七白（伯）”的記載：

　　易（賜）土：氒（厥）川三百□，氒（厥）□百又廿，氒（厥）宅邑卅又五，氒（厥）□百又卌，易（賜）才（在）宜王人□又七生，易（賜）奠七白（伯），氒（厥）盧□又五十夫，易（賜）宜庶人六百又□六夫。

過去不少學者認爲“易（賜）奠七白（伯）”之“奠”是地名，指鄭地，如陳夢家的釋文在“奠”字下加上專名號，大致是將“奠”理解爲地方名稱；④唐蘭亦指出“奠”應該是鄭地，銘文是指“由鄭地的七伯所率領的旅寄在宜地的農業奴隸”。⑤唐蘭認爲宜侯矢簋是吳器，但在鄭地位於南方，吳、鄭在位置上有一定的差距。⑥所以，自從郭沫若改釋“奠”爲“甸”之後，不少學者採用其説：

----

① 董作賓：《殷曆譜》下編卷九，臺北：“中研院”歷史語言研究所，1992年，頁38。
② 陳夢家：《殷虛卜辭綜述》，北京：中華書局，1988年，頁324。
③ 饒宗頤主編，沈建華編輯，沈之瑜校訂：《甲骨文通檢》第二冊，香港：香港中文大學出版社，1989年，前言頁9。
④ 陳夢家：《宜侯矢殷和它的意義》，《文物參考資料》1955年5期，頁63—64。
⑤ 唐蘭：《宜厌矢殷考釋》，《考古學報》1956年2期，頁80。
⑥ 正如黃盛璋云：“其次，銘文記王賞賜，有‘錫在宜王人十又七生（姓），錫鄭七伯，錫宜庶人六百又□□六夫。’‘王人’既有姓，又僅有十七，必爲周之貴族。宜必與鄭（華縣東）相近，錫鄭七伯，明爲貴族。據此兩點，宜必在東方而不可能遠在南方丹徒一帶，因周初勢力尚未遠達此地，此處不可能有‘在宜王人’，而將鄭之七伯遠錫至此地，亦不合情理。”（黃盛璋：《銅器銘文宜、虞、矢的地望及其與吳國的關係》，《考古學報》1983年3期，297頁。）

"錫奠七白",奠假爲甸,即《君奭篇》"小臣屛(並)侯甸"之甸,亦即所謂甸人。鄭玄以爲"主爲公田者"(《禮·文王世子》注),韋昭以爲"掌薪蒸之官"(《國語·周語》注),大率即《詩》所見田畯之類。白通伯,官之單位以伯言,與大盂鼎同。大盂鼎銘云"錫汝邦司四伯",又"錫夷司王臣十又三伯"。①

李學勤亦認爲銘文中的"奠"讀爲"鄭"很難講通,"奠"應讀"甸",郊外爲"甸",故諸侯郊外也可稱"甸"。② 此外,師晨鼎 2817 有銘文"邑人"與"奠人"的記載,楊寬認爲"奠人"之"奠"當讀"甸","邑人"與"奠(甸)人"有"國"與"野"之别,前者相當於《周禮》的鄉大夫,後者相當於《周禮》的遂人。③ 基於上述古文字材料所見"奠""甸"相通的例子,裘錫圭提出畿甸之"甸"本字可能就是"奠",是由於被奠者一般都奠置在這一地區内而得名。④

綜上所述,"鄭""甸"二字上古音相近,殷墟卜辭及金文時有相通之例,再加上《周禮》中亦有"甸師氏"的記載,基於上述的資料,我們懷疑吕簋之"奠師氏"應該當讀爲"甸師氏",亦即三《禮》所記之"甸師"或"甸人"。

第三節　賞賜物"旆"與"絲"的分析

吕簋記述吕繼承其先父"奠(甸)師氏"之職,然後敘述王對於吕的賞賜:"易(賜)女(汝)玄衣黹屯(純)、載市冋黄(衡)、戈珛戚敻必(柲)彤沙、旆絲"。在上述賞賜物中,最後一項爲"旆絲"。"旆""絲"之賜在西周

① 郭沫若:《矢段銘考釋》,《考古學報》1956 年 1 期,頁 8。
② 李學勤云:"'奠'字,前人多讀爲'鄭',很難講通。……'奠'當讀'甸',郊外爲甸。王與諸侯都有甸人,可見諸侯郊外也可稱甸。'伯'訓爲長。"(李學勤:《宜侯矢段與吳國》,《文物》1985 年 7 期,頁 15。)
③ 楊寬:《試論西周春秋間的鄉遂制度和社會結構》,見《古史新探》,北京:中華書局,1965 年,頁 157。
④ 裘錫圭:《説殷墟卜辭的"奠"——試論商人處置服屬者的一種方法》,《中研院歷史語言研究所集刊》1993 年 64 本 3 分,頁 659—686。

金文中頗爲習見，但彝銘多作“䜌旂”，作“旂䜌”者爲金文首見，例如：

> 旅邑人、善（膳）夫，易（賜）女（汝）玄衣黹屯（純）、赤市朱黄、<u>䜌旂</u>。（此鼎 2821—2823，西周晚期）
>
> 王乎（呼）命女（汝）赤市、朱黄、玄衣黹屯、<u>䜌旂</u>。（即簋 4250，西周中期）
>
> 王乎（呼）内史册易（賜）趩玄衣（純）黹、赤市、朱黄、<u>䜌旂</u>、攸（鋚）勒，用事。（趩鼎 2815，西周晚期）

吕簋銘文稱“旂䜌”，與金文常見之“䜌旂”在語序上存有差異。“旂”，器銘書作“”，蓋銘則作“”，《説文・㫃部》云：“旂，旗有衆鈴以令衆也。从㫃，斤聲。”①《爾雅・釋天》：“有鈴曰旂，錯革鳥曰旟，因章曰旃。旌旂。”郭璞注：“旂，懸鈴於竿頭，畫交龍於旒。”②由是可知，先秦時期“旂”上可懸掛銅鈴。此外，《詩・小雅・出車》云：“王命南仲，往城于方。出車彭彭，旂旐央央。”毛傳：“彭彭，四馬貌，交龍爲旂。央央，鮮明也。”③倘若根據古書的記載，凡有懸鈴及飾交龍圖案的旗幟，皆可稱爲“旂”。

不過，我們注意到，西周金文亦有單稱“旂”而不作“䜌旂”者，如：

> 易（賜）載市、冋黄、玄衣黹屯（純）、戈琱𢦏、<u>旂</u>，用嗣乃父官友。”（師奎父鼎 2813，西周中期）
>
> 王乎（呼）乍（作）册内史册令師𩛥，𩁹嗣保氏，易（賜）赤市、朱黄、<u>旂</u>。”（師𩛥簋蓋 4277，西周晚期）
>
> 王乎（呼）内史册令趩：更𠂤（厥）且（祖）考服，易（賜）趩戠衣、載市、冋黄、<u>旂</u>。（趩觶 6516，西周中期）

在金文部分用例中，“旂”前或後更增添有修飾語，表示顔色、圖案等，如師克盨 4467 有“朱旂”，乃指朱紅色的旂，陳漢平認爲“朱”爲顔色等級中最高一等，其他賜旂不言“朱”，即不是“朱旂”。④ 又輔師嫠簋 4286 記有“旂

---

① 許慎撰，徐鉉校定：《説文解字（附檢字）》，頁 140。
② 《爾雅注疏》，見《十三經注疏（整理本）》，北京：北京大學出版社，2000 年，頁 207。
③ 《毛詩正義》，頁 701。
④ 陳漢平：《西周册命制度研究》，上海：學林出版社，1986 年，頁 252。

五日",張政烺認爲古代旂幟多畫有日形,"旂五日"是指繪有五日圖案之旂幟。①

　　至於"絲"字,吕篹銘文書作"🐦"。"絲"乃金文中常見的賞賜物,過去學者多以爲"絲"即古書所見"鑾"或"鷥"字之初文。例如,黄然偉指出:"絲,經傳從金作鑾;鑾即鈴。"②"鑾"字從"絲"從"金",古書多訓作"鈴",《説文·金部》云:"鑾,人君乘車,四馬鑣,八鑾鈴,象鷥鳥聲,和則敬也。從金,從鷥省。"③《廣雅·釋器》云:"鑾,鈴也。"④《玉篇·金部》:"鑾,鑾和,以金爲鈴也。"⑤至於"鷥",《説文·鳥部》云:"鷥,亦神靈之精也。赤色,五采,雞形,鳴中五音,頌聲作則至。從鳥,絲聲。周成王時氐羌獻鷥鳥。"⑥"鷥"字從"鳥",本是神鳥之一種,身赤色,有五彩紋。張政烺嘗援引水陸攻戰紋銅器爲證明,指出畫像所見旗似畫有"鷥",故"絲"亦有可能通讀作"鷥",乃畫有鷥鳥之旗。⑦事實上,有關金文中"絲旂"的釋義,陳夢家嘗析之甚詳,可資參考:

　　　　凡此絲字,自然是鑾或鷥之初形,但其意義可有三解:(1)讀作鑾和旂,是二物,故所賜可有鷥無旂,《漢書·郊祀志》上"賜爾旂鷥";(2)鷥旂是畫鳥之旗,《文選·東京賦》"鷥旗皮軒"薛注云"鷥旗謂以象鷥鳥也",則似旗一類;(3)是有鑾鈴之旗,猶有鈴之刀爲鷥刀。《詩·信南山》"執其鷥刀",鄭箋云"鷥刀,刀有鷥者言割中切也";《公羊傳》宣公十二年"右執鷥刀",何注云"鷥刀,宗廟割切之刀,環有和,鋒有鷥";《郊特牲》"割刀之用而鷥刀之貴,貴其義也",正義云"必用

　　①　張政烺:《王臣篹釋文》,見《古文字研究論文集》。(《四川大學學報叢刊》第十輯),成都:四川大學出版社,1982年,頁34—35。)
　　②　黄然偉:《殷周青銅器賞賜銘文研究》,香港:龍門書店,1978,頁173。
　　③　許慎撰,徐鉉校定:《説文解字(附檢字)》,頁298。
　　④　[清]王念孫:《廣雅疏證》,北京:中華書局,1983年,頁267。
　　⑤　[梁]顧野王著:《大廣益會玉篇》,北京:中華書局,1987年,頁83。
　　⑥　許慎撰,徐鉉校定:《説文解字(附檢字)》,頁79。
　　⑦　張政烺:《王臣篹釋文》,《古文字研究論文集》(《四川大學學報叢刊》第十輯),1982年,頁35。

鸞刀取鸞鈴之聲”。①

在上述三項説法中，陳氏以爲（2）見於《文選》薛注，年代稍晚，較不可取，由是提出“絲旒”當即是有鈴的旒。陳氏的意見甚具影響力，其後學者多從其説，如陳漢平云：“是賜物之稱絲旒者，因旒上懸有鸞鈴，鈴響若鸞鳥之鳴，故名絲旒。”②汪中文亦認爲：“（絲旒）是旒上皆有鈴也。因古之旒有鈴，故亦通名之曰絲旒。”③鄭憲仁指出從金文來檢驗，陳氏的説法大致合理，於文獻亦有據。④

事實上，倘若解釋“絲旒”爲繫有鑾鈴之旒，“絲”便應該是“旒”的修飾語，“絲旒”屬於偏正結構；但是，吕簋銘文稱作“旒絲”，“旒”與“絲”二字前後位置互易。當然，“旒絲”可以視爲“絲旒”的倒裝，修飾語置於中心詞之後，金文賞賜物中修飾語倒置的情況亦非罕見，如吕簋銘文中“㡱屯（純）”及“戈珊戚毗必（柲）彤（彤）沙”均屬這類例子。但是，我們在此嘗試提出另一個可能性——“絲”“旒”可否視爲兩種截然不同的賞賜物？金文習見的“絲旒”之所以在吕簋銘中書作“旒絲”，或許是由於兩種賞賜物前後敘述次序不同所致。因此，新見材料吕簋“旒絲”辭例的出現，似乎能夠爲過去有關“絲旒”的解釋帶來重新思考的材料。

在西周金文中，“絲”可以不作爲修飾成分而單獨使用，有關辭例能夠作爲“絲”乃獨立賞賜物的重要證據，例如：

> 王乎（呼）史年册令望：死嗣（司）畢王家，易（賜）女（汝）赤🔣市、絲，用事。（望簋4272，西周中期）

> 佳（唯）三月既生霸乙卯，王才（在）周，令免乍（作）嗣（司）土（徒），嗣（司）奠（鄭）還（縣）歗（林）吳（虞）眔牧，易（賜）戠衣、絲。”（免簋4626，西周中期）

<hr />

① 陳夢家：《西周銅器斷代·虢國考·賞賜篇》，《燕京學報》（新一期），1995年，頁287。
② 陳漢平：《西周册命制度研究》，頁253。
③ 汪中文：《西周册命金文所見官制研究》，臺北：國立編譯館，1999年4月，頁302。
④ 鄭憲仁：《西周銅器銘文所載賞賜物之研究——器物與身的詮釋》（上），臺北：花木蘭文化出版社，2011年，頁224—225。

除了吕鐘銘文之外,我們在《漢書·郊祀志》中亦找到"旂鸞"的記載:

> 今鼎出於郊東,中有刻書曰:"王命尸臣:'官此栒邑,賜爾旂鸞黼黻琱戈。'尸臣拜手稽首曰:'敢對揚天子丕顯休命。'"①

漢代出土的青銅彝銘有"旂鸞"一辭,顏師古注:"交龍爲旂。鸞謂有鸞之車也。"②顏氏將"旂""鸞"視爲兩種賞賜物,"旂"指繪有交龍圖案的旗,此説法大致是參考毛傳"交龍爲旂"及郭璞《爾雅注》中"畫交龍於旒"的訓釋;至於顏氏以爲"鸞"是"有鸞之車",但車上之"鸞"究竟是指何物? 顏氏似乎没有進一步的説明。事實上,從古書的記載可知,車上之"鸞"往往指車鈴,如《荀子·正論》云:"和鸞之聲,步中《武》《象》,驟中《韶》《護》以養耳。"楊倞注:"和、鸞,皆車上鈴也。"③又《大戴禮記·保傅》云:"居則習禮文,行則鳴佩玉,升車則聞和鸞之聲,是以非僻之心無自入也。"王聘珍《解詁》:"和鸞,皆鈴也,所以爲車行節者。"④屈原《離騷》云:"揚雲霓之晻藹兮,鳴玉鸞之啾啾。"⑤《文選》李周翰注:"鸞,車鈴也。"⑥不過,有關"鸞"於車上所繫的位置,過去經學家意見分歧較大,大致可歸納爲以下三種説法:

其一,"鸞"繫於"鑣"上。《詩·小雅·蓼蕭》云:"既見君子,鞗革沖沖。和鸞雝雝,萬福攸同。"毛傳:"在軾曰和,在鑣曰鸞。"⑦又《小雅·采芑》云:"方叔率止,約軝錯衡,八鸞瑲瑲。"朱熹集傳:"鈴在鑣曰鸞。"⑧《説文·金部》:"鑣,馬銜也。从金,鹿聲。"⑨"鑣"即馬銜,乃放在馬嘴的金屬條狀物。

其二,"鸞"繫於"軛"上。《漢書·司馬相如列傳》云:"於是歷吉日以

---

① [漢] 班固撰,《漢書》,北京:中華書局,1962年,頁1251。
② 班固撰:《漢書》,頁1252。
③ [清] 王先謙撰,沈嘯寰、王星賢點校:《荀子集解》,北京:中華書局,1988年,頁335。
④ [清] 王聘珍撰,王文錦點校:《大戴禮記解詁》,北京:中華書局,1983年,頁61。
⑤ [宋] 洪興祖撰,白化文等校點:《楚辭補注》,北京:中華書局,1983年,頁43—44。
⑥ [梁] 蕭統編,[唐] 李善、吕延濟、劉良、張銑、吕向、李周翰注:《六臣注文選》,北京:中華書局,1987年,頁615。
⑦ 《毛詩正義》,頁724—725。
⑧ [宋] 朱熹集注:《詩集傳》,北京:中華書局,1958年,頁116。
⑨ 許慎撰,徐鉉校定:《説文解字(附檢字)》,頁298上。

齋戒,襲朝服,乘法駕,建華旗,鳴玉鑾,游于六藝之囿,馳騖乎仁義之塗,覽觀春秋之林。"郭璞注:"鑾,鈴也。在軌曰鑾,在軾曰和。"①古書所見"軌"多指軌道、道路,但就車馬飾而言,則可作爲車軸端的專名,如《禮記·少儀》云:"其在車,則左執轡,右受爵,祭左右軌、范,乃飲。"鄭玄注:"《周禮·大御》:'祭兩軹,祭軌,乃飲。'軌與軹於車同謂轊頭也。"孔穎達疏:"《周禮·大馭》:'祭兩軹,祭軓。'此云'祭左右軌、范',兩文不同,則左右軌與兩軹是一。"②鄭、孔二氏皆以爲"軌"即"軹",《説文·車部》:"軹,車輪小穿也。从車、只聲。"③可知車軸之兩端謂之"軹",亦稱"軌",郭璞謂"在軌曰鑾"乃指車軸端兩邊的"軌"繫有"鑾"。

　　其三,"鑾"乃繫於"衡"上。《禮記·玉藻》云:"故君子在車則聞鑾、和之聲,行則鳴佩玉,是以非辟之心無自入也。"鄭玄注:"鑾在衡,和在式。"④又《楚辭·離騷》云:"揚雲霓之晻藹兮,鳴玉鑾之啾啾。"蔣驥注:"鑾,鈴之在衡者。"⑤"衡"指轅頭上之橫木,《釋名·釋車》云:"衡,横也。横馬頸上也。"⑥阮元《考工記車制圖解》嘗謂:"衡與車廣等,長六尺六寸,平横輈端,直木也。"⑦《莊子·馬蹄》有"夫加之以衡扼"一語,陸德明《釋文》云:"衡,轅前横木,縛軛者也。扼,又馬頸者也。"⑧

　　雖然經學家對"鑾"於車上所繫的位置有不同看法,但卻一致視"鑾"爲車馬飾。從今日所見考古出土實物可知,青銅鑄作的鈴時有發現;不過,如果作較細緻的區分,其形制大致可分爲兩類:第一類呈橢圓形式,頂上有半環形小鈕,鈕下有孔,鈴内有舌,此類鈴的形體通常較小,通高多在 10 厘米以下,且出現很早,在二里頭遺址已有發現,學者一般稱之爲"鈴"。朱鳳瀚

---

①　班固撰:《漢書》,頁 2573—2574。

②　《禮記正義》,頁 1214—1215。

③　許慎撰,徐鉉校定:《説文解字(附檢字)》,頁 302。

④　《禮記正義》,頁 1065。

⑤　[清]蔣驥撰:《山帶閣注楚辭》,上海:上海古籍出版社,1958 年,頁 48。

⑥　[清]畢沅:《釋名疏證》卷七,見《續修四庫全書》,上海:上海古籍出版社,1995年,頁 16。

⑦　[清]阮元:《考工記車制圖解》卷二,見《續修四庫全書》,上海:上海古籍出版社,1995 年,頁 11—12。

⑧　[清]郭慶藩撰,王孝魚點校:《莊子集釋》,北京:中華書局,1961 年,頁 339—340。

認爲,此類鈴可佩帶於人身上或懸於旗上作裝飾物,並不具演奏作用,但自從西周中期以後,鈴開始組爲編鈴,才從早期形態直接發展爲樂器。①

　　另一種銅鈴爲下方有銎,上爲似球形之鈴,周邊有輪,鈴内有彈丸,早期學者曾經稱此類鈴爲"舞鐃"或"銅和",現今考古學家則普遍稱爲"鑾"或"鑾鈴"。② "鑾鈴"曾經在長安張家坡西周墓地大量出土,共 137 件,見於 26 座墓,出土時一般爲偶數,中間有鈴丸,鈴體周圍鏤空。③ "鑾鈴"基本上都有銎,明顯與衡、軛等構件相接,應該是安裝於車上的裝飾品,如山西北趙晉侯墓地一號車馬坑曾經出土球形銅鈴,位於馬車之銅軛首,可證明"鑾鈴"在當時是用爲車馬飾。④ 由是可知,借助出土實物與傳世古書的參證,先秦馬車確實有懸鈴作爲裝飾。

　　根據古書的載述,"鑾"爲懸於車上之鈴,屬車馬飾的一種,但金文中卻多"緣旂"連言。綜觀過去學者對於册命賞賜物的分類,大多將"緣旂"歸入"旂"類,可見古文字研究者一般不將"鑾"或"旂"視爲車馬飾。然而,從上文的論述可知,我們基本能夠肯定"緣"是屬於車飾的一種,並非用於旂旗上的裝飾物;至於"旂",汪中文曾經指出"旂"乃插置於車上,用於明辨身份,⑤而在出土的畫像紋銅器中,山東長島王溝東周墓銅鑑及江蘇淮陰高莊村戰國墓刻紋銅器殘片上均刻畫有馬車,車上均有類似"旂"的裝飾,⑥可以證明"旂"確實用於車上。從此角度觀之,"緣""旂"都應該是馬車上的裝飾物,可以理解爲車馬飾。而在賞賜銘文中,凡屬同類的賞賜物

---

　　① 朱鳳瀚:《中國青銅器綜論》,上海:上海古籍出版社,2009 年,頁 326—327。此外,有關青銅鈴的問題,可參考容庚:《商周彝器通考》,臺北:大通書局,1941 年,頁 489;馬承源:《中國青銅器》(修訂本),上海:上海古籍出版社,2003 年,頁 285—286。
　　② 參黃銘崇:《商代的鑾及其相關問題》,《古今論衡》(第十七期),2007 年,頁 3—40;馬承源:《中國青銅器》,頁 303;朱鳳瀚:《中國青銅器綜論》,頁 476—479。
　　③ 中國社會科學考古研究所編著:《張家坡西周墓地》,北京:中國大百科全書出版社,1999 年,頁 208—209。
　　④ 國家文物館主編:《2006 中國重要考古發現》,文物出版社,2004 年 4 月,68 頁。
　　⑤ 汪中文曾經指出:"《儀禮·覲禮》言諸侯朝覲時,'乘墨車載龍旂',又言會同之際,上介'奉其君之旂'。'諸侯各就其旂而立',可知旗幟正爲身分表徵,故爵命不同,則其所建旂旗自有差異矣。"(汪中文:《西周册命金文所見官制研究》,305 頁。)
　　⑥ 烟臺市文物管理委員會:《山東長島王溝東周墓群》,《考古學報》1993 年 1 期,頁 70;淮陰市博物館編著:《淮陰高莊戰國墓》,北京:文物出版社,2009 年,頁 161—162。

多連言列出,過去論者雖然將"綫旃"及車馬飾分爲二類,但金文中凡述及"綫""旃"的時候,儘管其先後次序偶有倒置,但卻一定與車馬飾連言,並無例外。因此,我們可推斷"旃""綫"應該同屬車馬飾。

山東長島王溝東周墓 M2 鎏金刻紋銅鑑殘片(M2:1)

江蘇淮陰高莊村戰國墓 HGM1 刻紋銅器殘片(1:0155)

官嗣(司)穆王遼側虎臣,易(賜)女(汝)玄衣黹屯(純)、戈琱㦰鈠必(柲)彤沙、攸勒、綫旃。(無叀鼎2814,西周晚期)

王乎(呼)内史册易(賜)趞玄衣(純)黹、赤市、朱黄(衡)、綫旃、攸(鋚)勒,用事。(趞鼎2815,西周晚期)

易(賜)女(汝)鬯(秬)鬯一卣、赤市五黄(衡)、赤舄、牙僰、駒車、㭘鞁(較)、朱虢(鞹)、靣新、虎冟、熏裏、畫轉(轓)、畫轄、金甬、朱旃、

馬四匹、攸勒、素戈，敬夙夕，勿（廢）朕（朕）令。（師克盨 4467，西周晚期）

無吏鼎中的"玄衣黹屯（純）"乃衣飾，"戈珤戲鈒必（柲）彤沙"則是兵器，馬飾"攸勒"後緊接有"綵旂"；又趞鼎先述"綵旂"，復述馬飾"攸勒"；至於師克盨"朱旂"更位於車飾"駒車、奉較（較）、朱虢（鞹）、㒳靳、虎冟、熏裏、畫轉（轉）、畫輴、金甬"之後，但置於"馬四匹"與馬飾"攸勒"之前。

有關"鈴"的問題，兩周銘文有"朱旂二鈴（鈴）"及"朱旂旛（旆）金芳二鈴"的記載，大概由此可確定"鈴"乃繫於旂上，如：

易（賜）女（汝）矩鬯一卣、……、馬四匹、攸勒、金𪘏、金雁（膺）、朱旂二鈴（鈴）。（毛公鼎 2841，西周晚期）

易（賜）朱市悤黃、鞞鞍、……、魚蒲、朱旂旛（旆）金芳（枋）二鈴。（番生簋蓋 4326，西周晚期）

馬國權認爲毛公鼎"朱旂二鈴（鈴）"之"鈴"是"旂"上的飾物，《爾雅·釋天》有"有鈴曰旂"的記載，鼎銘的"鈴"作爲"旂"的量詞；[1]至於番生簋蓋"朱旂旛金芳二鈴"，郭沫若讀"朱旂旛"爲"朱旂旆"，乃"朱旂之綵旆同色者"，"金芳"即"金枋（柄）"，指"朱旂之杠以金色之錦韜"，[2]"二鈴"乃言朱旂下繫有兩鈴作爲裝飾物。過去學者多據上述例子説明"旂"與"鈴"的關係，由此証明"旂"上確有懸鈴。[3]

《説文·金部》云："鈴，令丁也。从金从令，令亦聲。"[4]朱駿聲《通訓

---

[1] 馬國權：《兩周銅器銘文數詞量詞初探》，見吉林大學古文字研究室編：《古文字研究》第一輯，北京：中華書局，1979 年，頁 133。

[2] 郭沫若：《釋朱旂旛金芳二鈴》，《金文餘釋》，北京：人民出版社，1954 年，頁 187—188。

[3] 黃然偉："古之旂有鈴……毛公鼎有'朱旂二鈴'之辭，二鈴即二柄，以鈴爲單位，足見旂與鈴之關係。"（黃然偉：《殷周青銅器賞賜銘文研究》，頁 173。）陳漢平："毛公鼎賜物之'朱旂二金命'即朱旂柄端懸有二鈴者，番生簋賜物之'朱旂金芳二鈴'即朱旂旆有金飾或錦纏之旗柄，其頂端懸有二鈴者。"（陳漢平：《西周冊命制度研究》，頁 252。）朱鳳瀚云："西周青銅器銘文中記載鈴作爲旗上飾物，如毛公鼎銘曰'朱旂二鈴'，是旗端有鈴故以鈴稱旗。"（朱鳳瀚：《中國青銅器綜論》，頁 325—326。）

[4] 許慎撰，徐鉉校定：《説文解字（附檢字）》，頁 296。

定聲》：“鈴，即觸也，有柄有舌，古謂之丁寧，似鐘而小。”①朱氏認爲“鈴”有柄及舌，形似鐘，與考古實物相對照，其形制應該與前述的第一類銅鈴相類。從古書的記載可知，“鈴”多繫於旂上，與“鑾”宜有分別，如《左傳·桓公二年》云：“錫、鸞、和、鈴，昭其聲也。”杜預注：“鈴，在旂。”②又《詩·周頌·載見》云：“龍旂陽陽，和鈴央央。鞗革有鶬，休有烈光。”毛傳：“鈴在旂上。”③“鑾”“鈴”雖然同樣是銅鈴，但兩詞所指實質有頗大差異：“鑾”是懸於車上之鈴，而“鈴”則繫於旂上，兩者無論於形制或大小上均有所不同。

總括而言，我們的意見是，“旂”“絲”分別是兩種賞賜物，“旂”指旗幟，“絲”則是懸於車上的銅鈴，通“鑾”，此與舊説認爲“絲”“旂”爲一物並不相同。我們之所以提出“旂”“絲”分屬兩種賞賜物，主要基於以下六個原因：

第一，新見吕簋銘文有“旂絲”一辭，與過去所見“絲旂”在語序上有所差異；

第二，金文有單言賜“絲”的例子，可知“絲”應該是一種獨立的賞賜物；

第三，古書以爲“絲”爲車上的鈴，但卻從未指出“絲”是旂上的裝飾；

第四，考古出土實物確實有與車馬構件相接的鈴，可與古書的記載相參證，説明“絲”是車上之鈴；

第五，“旂”既然能插於車上，故可視爲車馬飾的一種，册命銘文中凡言賜“絲”或“旂”，多與車馬飾連言，可證明“絲”“旂”皆是車馬飾；

第六，毛公鼎及番生簋蓋分別有“朱旂二鈴”及“朱旂旜(旃)金荓(枋)二鈴”的記載，可證明凡旂上所懸掛的銅鈴，金文皆稱作“鈴”，與“絲”並不相同。

① 〔清〕朱駿聲撰：《説文通訓定聲》，武漢：武漢市古籍書店影印，1983年，頁838。
② 《春秋左傳正義》，頁170。
③ 《毛詩正義》，頁1570—1571。

第四章　頌父鋪銘文與杜國古史

　　2009 年，筆者有幸得見頌父鋪器形及銘文照片共兩幀（圖一、圖二），銅鋪折沿淺盤，直壁平底，盤下有粗壯束腰圈足。細審其紋飾，盤邊及圈足上部皆飾變形獸體紋，圈足下部縷空，飾以波曲紋，束腰處有兩圈重環紋。鋪盤中心處鑄有銘文 4 行，凡 16 字：

圖一　頌父鋪器形①

①　頌父鋪器形及銘文照片由張光裕教授提供，謹此致謝。

圖二　頌父鋪銘文照片

𝍤弔(叔)頌父

乍(作)杜孟嫊(祁)

鏄甫(鋪),子=(子子)孫=(孫孫)

永寶用亯。

頌父鋪未見於前人著録,形制與西周晚期𝍤公鋪、張家坡窖藏 39 號出土
鋪及上海博物館藏透雕波曲紋鋪近同。① 在兩周金文人名中,以"杜"爲
氏者僅見於西周晚期銅器,且配合其器形及花紋特徵,我們可推斷頌父鋪
的年代當屬西周晚期。鋪銘所記人名有二,分別爲"𝍤弔(叔)頌父"及"杜
孟嫊(祁)",皆未見於已著録之金文資料。以下將配合兩周金文稱名通

---

　　① ［宋］吕大臨:《考古圖》卷三,見《四庫全書》,上海:上海古籍出版社,1987 年,頁
48;中國科學院考古研究所編輯:《長安張家坡西周銅器群》,北京:文物出版社,1965 年,
頁 21;陳佩芳:《夏商周青銅器研究:上海博物館藏品(西周篇)》,上海:上海古籍出版社,
2004 年,頁 530。

例,分析頌父鋪所見人名問題,並且參考傳世古書及兩周金文的記述,對西周杜國古史作進一步的整理探討。①

第一節　頌父鋪所見人名

1.“𢎵弔(叔)頌父”

“𢎵弔(叔)頌父”,人名。首字“𢎵”未能辨識,次字“弔”當據金文通例讀爲“叔”,言其行次,正如《儀禮·士冠禮》云:“‘伯某甫。’仲、叔、季,唯其所當。”②而金文中所見人物名“頌”者尚見於西周晚期頌鼎 2827:

> 佳(唯)三年五月既死霸甲戌……宰引右頌,入門,立中廷,尹氏受王令(命)書,王呼(呼)史虢生册令(命)頌。

王册命“頌”掌管成周賈廿家,監司新造,賈用宮御,並賞賜玄衣黹屯、赤市、朱衡、鑾旗及鐋勒。此外,因“頌”曾經擔任周王史官,彝銘亦稱之爲“史頌”,如史頌鼎 2788 云:

> 佳(唯)三年五月丁子(巳),王才(在)宗周,令史頌遑(省)穌(蘇),湎友里君、百生(姓),帥鬝(偶)敦于成周,休又(有)成事。

銘記“史頌”奉周王之命視察蘇國,最終事成而還。

雖然頌父鋪銘文與以上頌器皆記有人名“頌”,兩者在年代上又相當接近,但是,倘若從金文人名通例的角度考察,則知頌父鋪之“頌”與“史頌”應該是截然不同的兩個人。“史頌”之“史”是指其擔任周王的史官,乃其官職,“頌”爲其名。至於頌父鋪銘文所見“𢎵弔(叔)頌父”,“父”表示性别,是男子的美稱,③如《公羊傳·隱公元年》云:“父猶傅也,男子之美稱

---

① 本銘作器者爲“𢎵弔(叔)頌父”,首字未識,爲了行文方便,暫簡稱爲“頌父鋪”。
② 《儀禮注疏》,見《十三經注疏(整理本)》,北京:北京大學出版社,2000 年,頁 1571。
③ 吳鎮烽編撰:《金文人名彙編》(修訂本),北京:中華書局,2006 年,頁 475。

也。"①《廣韻·麌韻》云:"父,尼父、尚父,皆男子之美稱。"②明梅膺祚《字彙·父部》:"父,古者以字配父,造父、慶父是也。"③然而,與"史頌"不同的是,"𢆶弔(叔)頌父"之"頌"應該是其字,並非其名,王國維嘗提出"女子之字曰某母""男子之字曰某父"之説:

> 男子字曰某父,女子曰某母,蓋男子之美稱莫過於父,女子之美稱莫過於母。男女既冠笄,有爲父母之道,故以某父某母字之也。④

在人名"某父"中,前一字是字,並非名;傳世古書中"父"或作"甫",但金文皆稱"父",並不見有作"甫"之例。此外,楊寬曾經就先秦時期"某父"的稱名方式作出討論,其意見與王國維接近:

> 西周、春秋史料中,有稱某父的,有連同官名稱某父的,有連同官名、氏或稱號而稱伯、仲等行輩的,都是"字"的簡稱。⑤

楊氏更援引古書及金文所見"白丁父"(作册矢令簋 4301)、"白懋父"(小臣謎簋 4238、4239)、"白家父"(伯家父簋 3856、3857)等爲例證,説明先秦人名中冠於"父"前者當屬字而非名。吳鎮烽亦指出,男子的字一般由一個表義的字和一個"父"字組成,如"安父""來父""駒父"等。⑥ 因此,頌父鋪銘文之"頌"既然冠於"父"之前,由是可推知"頌"應該並非器主之名,而是其字,我們據此可判斷頌父鋪所見之"頌父"與頌鼎、史頌鼎所見之"史頌"並非同一人。

頌父鋪的作器者爲"𢆶弔(叔)頌父",分別由氏、行次和字三個部分組成:"𢆶"是其氏,"弔(叔)"表示其於兄弟姊妹中排行第三,"頌"則是其字。

---

① 《公羊傳注疏》,見《十三經注疏》(整理本),北京:北京大學出版社,2000 年,頁 3。
② 〔宋〕陳彭年等重修:《校正宋本廣韻(附索引)》,臺北:藝文印書館,1986 年,頁216。
③ 〔明〕梅膺祚:《字彙》卷六,見《續修四庫全書》,上海:上海古籍出版社,1995 年,頁 65。
④ 王國維:《女子説》,見《觀堂集林》,北京:中華書局,1961 年,頁 165。
⑤ 楊寬:《冠禮新探》,見《古史新探》,北京:中華書局,1965 年,頁 240—241。
⑥ 吳鎮烽編撰:《金文人名彙編》,頁 454。

在兩周金文中,相類的稱名方式尚有"散伯車父""南仲邦父""鬲興叔父"等。①

2."杜孟媨(祁)"

"杜孟媨",女子名,由國氏、行次及姓三個部分組成,金文中類近格式的稱名例子尚有"畢季嫣""鄧孟媿""毛仲姬"等。② "杜",國名;"孟",言其行次最大,《方言》卷十二云:"娟、孟,姊也。"郭璞注:"今江東山越間呼姊聲如市,此因字誤遂俗也。"③《説文·子部》云:"孟,長也。"④至於"媨",鋪銘書作"媨",从"女"从"壽"。"媨"字尚見於杜伯鬲及公鋪:

　　杜白(伯)乍(作)弔(叔)媨(祁)陳鬲,其萬年子子孫孫永寶用。(杜伯鬲 698,西周晚期)

　　公乍(作)杜媨(祁)陳鋪,永寶用。(公鋪 4684,西周晚期)⑤

杜伯鬲所見"媨"字,王國維釋爲"媨",⑥但郭沫若援引《左傳》爲例證,指出"媨"當隸定爲"媨",讀"祁":

　　考杜及陶唐氏之後,《左傳》襄二十四年晉士匄曰:"昔匄之祖,自虞以上爲陶唐氏……在周爲唐杜氏。"其姓爲祁,晉襄公第四妃曰杜祁。……是則若散乃祁之本字矣。⑦

郭氏所言甚是。燕侯載器有"媨敬禱祀"一語,可與《尚書·皋陶謨》"日

①　吳鎮烽編撰:《金文人名彙編》,頁 457。
②　吳鎮烽編撰:《金文人名彙編》,頁 464。
③　[漢]揚雄著,周祖謨校:《方言校箋及通檢》,北京:科學出版社,1956 年,頁 72。
④　許慎撰,徐鉉校定:《説文解字(附檢字)》,頁 310。
⑤　《考古圖》《嘯古集金録》《博古圖》及《歷代鐘鼎彝器款識法帖》皆釋""爲"劉",郭沫若《釋媨》則認爲該字當釋爲"襄","公"即晉襄公。(郭沫若:《釋媨》,見《金文餘釋之餘》,北京:人民出版社,1954 年,頁 222。)
⑥　王國維:《鬼方昆夷玁狁考》,見《觀堂集林》,北京:中華書局,1959 年,頁 590。
⑦　郭沫若:《釋媨》,頁 219。

嚴祇敬六德"①及《禮記‧月令》"祇敬必飭"②相互參證,由是能够肯定燕侯載器所見之"𤔲"當讀爲"祇",而"𤔲"亦即杜伯鬲所見"𤔲"字形中之左偏旁,"祇""祁"二字上古同屬脂部,音近可以相通。③此外,《左傳‧文公六年》有"杜祁"一名,乃晉文公夫人,可知杜國姓"祁",杜預注:"杜祁,杜伯之後祁姓也。"④因此,杜伯鬲所見"弔𤔲"應該讀爲"叔祁",而𤔲公鋪之"杜𤔲"則讀爲"杜祁"。至於頌父鋪所見"𤔲"字,字形與杜伯鬲及𤔲公鋪所見"祁"字相類,偏旁"𤔲"應該是"𤔲"的省寫,故銘文人名"杜孟𤔲"亦應讀爲"杜孟嬀(祁)"。

有關頌父鋪、杜伯鬲及𤔲公鋪所記祁姓女子的關係,𤔲公鋪之"杜嬀(祁)"的國氏及姓雖然與頌父鋪所見"杜孟嬀(祁)"基本相同,但兩者卻皆未配有私名,所以難以判斷兩銘所記是否同一人。至於杜伯鬲銘文云"弔(叔)嬀(祁)",頌父鋪的作器者既是"杜白(伯)",由是可知"弔(叔)嬀(祁)"亦應該屬於杜氏。而頌父鋪謂"杜孟嬀(祁)","孟"猶"伯",指兄弟姊妹中行次最大,"叔"則是排行第三,所以,"杜孟嬀(祁)"與"弔(叔)嬀(祁)"亦有可能是姊妹的親屬關係。

3. "𤔲弔(叔)頌父"與"杜孟嬀(祁)"的關係

頌父鋪銘文云"𤔲叔頌父乍(作)杜孟嬀(祁)隣甫(鋪)",此乃男子爲女子所作器,但二人的關係似乎可作更深入討論。從彝銘所記可知,我們有兩點是基本可以肯定的:第一,頌父鋪並非媵器,因銘文中並無明言"媵"字;第二,"𤔲叔頌父"與"杜孟嬀(祁)"的國氏有別,由是可推斷兩者不是父女。事實上,在兩周彝銘中,男子爲異氏女子作器之例並不鮮見,例如:

函皇父乍(作)琱娟(妘)隣兔鼎,子子孫孫其永寶用。(函皇父鼎

①《尚書正義》,見《十三經注疏》(整理本),北京:北京大學出版社,2000年,頁127。
②《禮記正義》,見《十三經注疏》(整理本),北京:北京大學出版社,2000年,頁624。
③"祁"上古屬群母脂部,"祇"屬章母脂部。(郭錫良:《漢字古音手册》,北京:北京大學出版社,1986年,頁49、73。)
④見《左傳‧文公六年》"杜祁以君故"下杜預注。(《春秋左傳正義》,見《十三經注疏(整理本)》,北京:北京大學出版社,2000年,頁592。)

2548，西周晚期)

　　虢中(仲)乍(作)虢改隥彝，其萬年子子孫孫永寶用。(虢仲鬲 561，西周晚期)

　　佣白(伯)乍(作)畢姬寶旅鼎。(佣伯鼎 T01821，西周中期)

函皇父鼎是函皇父爲琱妘所作器，"琱"是族氏，銘文"娟"讀"妘"，乃姓。有關函皇父與琱妘的關係，董珊提出兩個可能性：一是函皇父與琱妘爲父女，此器乃函皇父爲出嫁於琱族女兒所作的媵器；二是函皇父與琱妘是夫妻，此乃函皇父爲自己來自琱族的妘姓夫人所作的器物。[1] 由於器銘中並無"媵"字，我們比較偏向後一種説法，函皇父鼎大致可理解爲丈夫爲妻子所作之銅器。類似例子亦見虢仲鬲，虢仲爲厲王時期重臣，其爲異姓女子虢改作器。虢本爲姬姓國，虢改之"改"爲族姓，由是可知虢改應該是虢仲的夫人，因其嫁與虢仲而冠以夫家國氏，故這件銅器乃虢仲爲其夫人虢改所作。[2] 至於佣伯鼎乃佣伯爲畢姬所作之彝器，畢姬應該是畢國的女子嫁到佣國，乃佣伯夫人。[3] 由是可見，西周金文存在不少丈夫爲夫人作器的例子。頌公鋪既云"𤔲叔頌父乍(作)杜孟嬭(祁)隥甫(鋪)"，我們因而懷疑其器用性質與上述的函皇父鼎、虢仲鬲、佣伯鼎大致相同，乃"𤔲(叔)頌父"爲來自杜國的妻子"杜孟嬭(祁)"所作的銅器。

第二節　杜國古史考

　　有關西周杜國的地望，《水經注·渭水》云："沇水又西北逕下杜城，即

---

　　① 董珊：《試論殷墟卜辭之"周"爲金文中妘姓之琱》，《中國國家博物館館刊》2013 年 7 期，頁 61。

　　② 吳鎮烽：《金文人名彙編》，頁 462。

　　③ 吉琨璋等云："畢姬是佣伯的夫人。在晉侯墓地晉穆侯次夫人墓中，出土楊姞壺。學者們多認爲，楊姞是楊國的女子，而楊國是姞姓。以此類推，畢姬是畢國的女子嫁到佣國，其母國是畢國，姬姓。"(參吉琨璋、宋建忠、田建文：《山西橫水西周墓地研究三題》，《文物》2006 年 8 期，頁 48。)

杜伯國也。"①張守節《史記正義》亦曾經引《括地志》云："下杜故城在雍州長安縣東南九里,古杜伯國。"②清顧棟高《春秋大事表》認爲杜國在"今陝西西安府治東南十五里",③陳槃指出此地即杜陵故城,④楊寬亦以爲古杜國當約在今陝西西安市東南。⑤ 可惜的是,在已著録的銅器資料裏,可確定爲杜器且出土地點明晰者僅存杜伯盨一例。根據《陝西金石志》的記載,杜伯盨乃光緒二十年於陝西韓城澄城交界處出土,⑥而韓城及澄城均位於西安市東北面,出土地點似乎與陳槃及楊寬所言的西安東南面未能盡合。雖然如此,我們基於上述資料,大概可以推斷古杜國應該位於現今陝西一帶。

在傳世古籍裏,有關杜國歷史的記載不多,其分封事迹可參考杜預《左傳注》,襄公二十四年《左傳》云:

> 昔匄之祖,自虞以上爲陶唐氏,在夏爲御龍氏,在商爲豕韋氏,在周爲唐杜氏,晉主夏盟爲范氏,其是之謂乎?⑦

杜預注:"唐杜,二國名。殷末,豕韋國於唐。周成王滅唐,遷之於杜,爲杜伯。杜伯之子隰叔奔晉,四世及士會,食邑于范氏。杜,今京兆杜縣。"⑧杜氏以爲《左傳》中的"唐杜"分指"唐""杜"二國。不過,孫詒讓《唐杜氏攷》卻據《史記》"蕩杜"即"唐杜",提出"唐杜"乃杜國別稱:

> 既分二國,則唐自爲唐,杜自爲杜。宣子爲杜伯之後,自述家世,

---

① ［北魏］酈道元,陳橋驛校證:《水經注校證》,北京:中華書局,2007,頁 450。

② 見《史記·秦本紀》"初縣杜、鄭"下張守節正義。(［漢］司馬遷:《史記》,北京:中華書局,1959 年,頁 182。)

③ ［清］顧棟高:《春秋大事表》卷五,見《四庫全書》,上海:上海古籍出版社,1987年,頁 22。

④ 陳槃:《春秋大事表列國爵姓及存滅表譔異》(三訂本),上海:上海古籍出版社,2009 年,頁 868。

⑤ 楊寬:《西周列國考》,見《楊寬古史論文選集》,上海:上海人民出版社,2003 年,頁 175。

⑥ 中國社會科學院考古研究所編:《殷周金文集成》(修訂增補本),北京:中華書局,2007 年,頁 3433。

⑦ 《春秋左傳正義》,頁 1149—1152。

⑧ 《春秋左傳正義》,頁 1150—1151。

但數杜氏足矣，何必更援唐耶？今以《左傳》《周書》諸文參互校繹，迺知成王所滅以封叔虞者，自爲晉陽之唐，劉累之後所封者，自爲杜縣之唐杜。竊意杜本唐之別名，若楚之亦言荆也，累言之，楚曰荆楚，故唐亦曰唐杜。①

陳槃同意孫説，認爲杜本以唐爲氏，其後封國於杜，故曰唐杜氏。② 杜本爲陶唐氏之後，立國於成王之時，其國君曰"杜伯"。③

至於杜國滅於何時？清人顧棟高曾經指出杜國於"春秋前已絶封"。④ 其實，根據古書記載可知，杜國應該是爲周宣王所滅，相關史事可參考《國語・周語》"杜伯射王於鄗"下韋昭注引《周春秋》的一段説話：

> 鄗，鄗京也。杜國，伯爵，陶唐氏之後也。《周春秋》曰："宣王殺杜伯而不辜，後三年，宣王會諸侯田於圃，日中，杜伯起於道左，衣朱衣，冠朱冠，操朱弓朱矢射宣王，中心折脊而死也。"⑤

《周春秋》記杜伯爲宣王所殺，其鬼魂三年後回來復仇，在鄗京射殺宣王，相關記載亦見於《墨子・明鬼》：

> 子墨子言曰：若以衆之所同見，與衆之所同聞，則若昔者杜柏是也。周宣王殺其臣杜伯而不辜，杜伯曰："吾君殺我而不辜，若以死者爲無知，則止矣。若死而有知，不出三年，必使吾君知之。"其三年，周宣王合諸侯而田於圃田，車數百乘，從數千，人滿野。日中，杜伯乘白馬素車，朱衣冠，執朱弓，挾朱矢，追周宣王，射之車上，中心折脊，殪車中，伏弢而死。當是之時，周人從者莫不見，遠者莫不聞，著在周之《春秋》。⑥

---

① ［清］孫詒讓：《籀膏述林》卷一，見《續修四庫全書》，上海：上海古籍出版社，1995年，頁13。

② 陳槃：《春秋大事表列國爵姓及存滅表譔異》（三訂本），頁864。

③ 楊伯峻認爲唐杜並非二國名，實乃杜國之別稱。《春秋左傳注》云："唐杜，杜注謂'二國名'，誤。實一國名，一曰杜，一曰唐杜，猶楚之稱荆楚。"（楊伯峻：《春秋左傳注》，北京：中華書局，1990年，頁1088。）

④ 顧棟高：《春秋大事表》卷五，頁22。

⑤ 徐元誥撰，王樹民、沈長雲點校：《國語集解》，北京：中華書局，2002年，頁30。

⑥ 吳毓江撰，孫啟治點校：《墨子校注》，北京：中華書局，1993年，頁337。

杜國立於成王,滅於宣王,其間歷史僅約二百年。不過,宣王殺杜伯後,其子孫嘗逃難於晉,《國語·晉語》韋昭注:

> 爲范氏者,杜伯爲宣王大夫,宣王殺之,其子隰叔去周適晉,生子輿,爲晉理官,其孫士會爲晉正卿,食邑於范,是爲范氏。①

據史傳所載,杜伯之子隰叔、孫子輿及重孫士會皆曾避難於晉,並歷任晉獻公、文公、景公等的重臣,其後,士會更因輔景公有功而分封於范,是爲范武子。由是可見,自杜伯奔晉以來,杜、晉二氏關係尤爲密切。此外,《左傳·文公六年》曾經記載杜晉間有姻親關係:"杜祁以君故,讓偪姞而上之;以狄故,讓季隗而己次之,故班在四。"②晉文公重耳嘗以杜女杜祁爲妻,杜預注:"杜祁,杜伯之後祁姓也。偪姞,姞姓之女,生襄公爲世子,故杜祁讓,使在上。"③杜祁乃公子雍之母,襄公爲偪姞之子。④

綜上可知,史傳可考的杜國古史皆屬分封前及滅國後的事迹,但有關其封國之後二百多年間的歷史,古書記載闕如。不過,由於新見材料的出現,我們可利用地下材料補苴史籍所未備,從而對杜國古史有較深入的瞭解。而且,正因西周杜國歷史較短,從立國到滅國間僅約二百年,傳世的杜器並不多。除了前文所述的杜伯鬲之外,尚有杜伯盨 4448—4452 器蓋銘文:

> 杜白(伯)乍(作)寶盨,其用亯(享)孝于皇申(神)且(祖)考、于好倗(朋)友,用柔壽,匄永令(命),其萬年永寶用。

---

① 見《國語·晉語》"周卑,晉繼之,爲范氏"下韋昭注。(徐元誥撰,王樹民、沈長雲點校:《國語集解》,頁 423。)

② 《春秋左傳正義》,頁 592。

③ 《春秋左傳正義》,頁 592。

④ 另一説法是杜伯雖爲周宣王所殺,但其祀未絕,最終在春秋初爲秦寧公所滅。陳槃討論《括地志》所載杜伯子孫附於秦國之事云:"今案《括地志》:'蓋宣王殺杜伯以後,子孫微弱,附於秦。及春秋後,武公滅之爲縣'。《括地志》謂武公初縣杜即滅杜,如其説,武公滅杜在其即位之十一年,是謂春秋秦寧公二年滅杜,而其後二十七年,尚有杜國也。二説互異,此何也? 曰:《地志》之説,蓋不然也。《秦紀》云武公初縣杜,不必即是初滅杜。滅是一事。而以爲縣,又是一事。滅之而以其地賜予大夫,是大夫食其也。而縣不然。……以是言之,則所謂初縣杜者,始收以爲縣,不以爲封邑。如穰侯封於陶,後穰侯卒於陶,'秦復收陶爲郡',亦其例也。然則《地志》以秦武初縣杜爲初滅杜之説蓋誤。孫氏謂秦寧公滅之者是也。"(陳槃:《春秋大事表列國爵姓及存滅表譔異》(三訂本),頁 870—871。)

值得注意的是，🔲叔頌父鋪及🔲公鋪雖然皆非杜人鑄作，但當中記有杜國女子名，可以作爲研究杜國古史的材料。而諸銘的年代皆屬西周晚期，所記内容亦屬於杜滅國以前的事迹。因此，由於出土材料的補充，除了史傳所見"杜伯"之外，與杜國相關的人名其實尚有"杜伯""弔（叔）媿（祁）""杜孟媿（祁）"及"杜媿（祁）"三人。

"杜伯"一名在兩周金文出現共兩次，根據傳世古籍如《國語》《墨子》《左傳注》等記述，西周初年建立杜國之人名爲"杜伯"，西周晚年被宣王所殺者亦名"杜伯"。古代有所謂五等爵位之分，即"公、侯、伯、子、男"，"伯"位居其三。但是，"杜伯"之"伯"是否一定就其爵位而言？其實，金文中稱爲"伯"者甚爲習見，然而，有關"伯"的用法，王國維曾經有"以伯而稱王"之説，指出"夨伯"即"夨王"，"彔伯"即"彔王"。① 郭沫若贊同其説，提出"公侯伯子無定稱"之説：

> 準上，可知公、侯、伯、子、男實古國君之通稱。……是知五等爵禄，實周末儒者託古改制之所爲，蓋因舊有之名稱賦之以等級也。②

楊樹達更遍考彝器銘文，發現金文所見國君名不但與《春秋》歧異，就算在彝銘本身，同一國君的稱名亦往往彼此互殊，從而印證"古爵名無定稱"之説。③ 現在，我們從"杜伯"的用法大概可以得知，"伯"有可能並非特就爵位而言，或許是古代君主的通稱。因此，我們認爲，杜伯鬲及杜伯盨所見之"杜白（伯）"亦應該泛指杜國君主，並不涉及特定的爵位。

此外，兩周金文中諸侯君主人名的稱名方式，既有配以私名，亦有僅以國氏配"伯"者，杜國君主之名在傳世古書及西周彝銘凡數見，但均只稱"杜伯"，並不見有配以私名之例。至於杜國女子如"杜媿（祁）"及"杜孟媿（祁）"，皆未有配以私名，我們由是懷疑不配私名可能是古杜國稱名的通例。或者，因杜於西周時期屬於小國，王族人數不多，鑄銘時就算不配以私名，亦大致可理解實際所指是何人。

---

① 王國維：《古諸侯稱王説》，見《王觀堂先生全集》，臺北：文華出版公司，1968 年，頁 1254。
② 郭沫若：《金文所無考》，見《金文叢考》，北京：人民出版社，1954 年，頁 107。
③ 楊樹達：《古爵名無定稱説》，《嶺南學報》1949 年 10 卷 2 期，頁 35—41。

第五章　晉公盤銘文韻讀及其文字問題

　　2014 年 8 月，吳鎮烽於復旦網發表《晉公盤與晉公𥂴銘文對讀》一文，公布新見春秋中期晉公盤器形及銘文照片。該器淺腹平底，折沿附耳，圈足下連三人形支足，較爲特別的是，盤內底除了鑄有常見的龍紋之外，尚裝飾多隻水禽浮雕，包括水鳥、烏龜、游魚、青蛙等，造型風格與上海博物館藏子仲姜盤相當類近。據吳氏描述："這些圓雕動物都能在原處 360 度轉動，鳥嘴可以啟閉，栩栩如生，頗富情趣。"①2016 年，《商周青銅器銘文暨圖像集成續編》出版，收録了晉公盤器影與銘文資料，器號爲 0952。②

　　新出晉公盤內壁刻有銘文七處，每處三行，共 184 字，內容大致能與傳世晉公盆相對應。吳先生嘗對銘文作詳細考釋，茲列出其所作釋文如下，以供參考：

　　　　佳（唯）王正月初吉丁亥，𣆚（晉）公

　　　　曰：我皇且（祖）𤔲（唐）公，雝（膺）受大命，

　　　　左右武王，𣪘（𣪘—教）畏（畏—威）百絲（蠻）

　　　　廣𨶚（闢）三（四）方，至于不（丕）廷，莫

　　①　吳鎮烽：《晉公盤與晉公𥂴銘文對讀》，復旦大學出土文獻與古文字研究中心網站刊發文章，網址：http://www.gwz.fudan.edu.cn/old/SrcShow.asp? Src_ID=2297，2014 年 6 月 22 日。
　　②　吳鎮烽編著：《商周青銅器銘文暨圖像集成續編》，上海：上海古籍出版社，2016年，頁 308—312。

［不］秉**㭪**。王命<ruby>鼍</ruby>（唐）公，建庀（宅）京
自（師），君百乇乍（作）邦。我剌（烈）

考憲公，克□亢猷，彊（疆）武
魯宿，霝（靈—令）名不□，虢=才（在）
［上］，台（以）厰（嚴）襫（龏）<ruby>龏</ruby>（恭）天命，台（以）召譽（乂）

朕（朕）身，孔静晉（晉）邦。公曰：余
雉（唯）今小子，叡（敢）帥井（型）先王，秉
德齨（秩）［秩］，昔（協）燮萬邦，諒（哀）［哀］莫

不日頓（卑）<ruby>龏</ruby>（恭），余咸畜胤（俊）
士，乍（作）馮（朋）左右，保辥（大）王國，
剌<ruby>龠</ruby>霝厰，台（以）厰（嚴）虢若

否。乍（作）元女孟姬宗彝般（盤），
繡（將）廣啟邦，虔<ruby>龏</ruby>（恭）盟（盟）祀，卲（昭）
<ruby>亯</ruby>（答）皇卿（卿），昔（協）勪（順）百<ruby>嗇</ruby>（職）。雉（雖）

今小子，<ruby>敫</ruby>（敕）辥（大）爾家，宗婦
楚邦，烏（於）屈（昭）萬年，晉（晉）邦佳（唯）
鞈（翰），永康（康）寶。

至於傳世晉公<ruby>盆</ruby>，①又稱周敦、②周晉公<ruby>盦</ruby>壺、③晉邦<ruby>盦</ruby>、④晉公<ruby>盘</ruby>

---

① 《殷周金文集成》稱此器爲晉公盆，器號爲 10342。（中國社會科學院考古研究所：《殷周金文集成》（修訂增補本），北京：中華書局，2015 年，頁 5577。）
② ［清］吳榮光：《筠清館金文》，見劉慶柱、段志洪主編：《金文文獻集成》，頁 70—72。
③ ［清］徐同柏：《從古堂款識學》，見劉慶柱、段志洪主編：《金文文獻集成》，頁 360—361。
④ ［清］吳式芬：《攈古録金文》，見劉慶柱、段志洪主編：《金文文獻集成》，頁 399—400；羅福頤：《三代吉金文存釋文》卷一八，香港：問學社，1983 年，頁 5。

簋、①楚邦元女盦壺、②晉公盞③等，原器已佚，現僅存全形拓及銘文拓片。
該器最早著錄見於清鄒安《周金文存》，拓片可見劉體智《小校經閣金石文
字》《善齋金文拓片餘存》、羅振玉《三代吉金文存》、中國社會科學院《殷周
金文集成》等，銘文摹本則保存於徐同柏《從古堂款識學》、吳榮光《筠清館
金石文字》、吳式芬《攈古錄金文》及方濬益《綴遺齋彝器考釋》。④ 由於
《集成》所載銘文拓片有所闕漏，缺第五行文字，倘若需要翻查完整拓片，
則要參考《周金文存》《小校經閣金石文字》《兩周金文辭大系》《三代吉金
文存》及《商周青銅器銘文選》等。爲便於我們討論，現列出晉公盆銘文釋
文如下：

> 佳（唯）王正月初吉丁亥，
> 晉公曰：我皇且（祖）䪞（唐）公，
> 雁（膺）受大令，左右武王，▨
> ▨百絲（蠻），廣嗣四方，至于
> 大廷，莫不▨王。王命䪞（唐）公，
> ▨宅京自（師），▨▨晉邦，我
> 剌（烈）考▨
> 彊（疆）武，▨
> 虩=（虩虩）才（在）［上］▨
> 召㹜▨
> 晉邦。公曰：余雖今小子，敢

---

① 上海博物館商周青銅器銘文選編寫組：《商周青銅器銘文選》，北京：文物出版社，1986 年，頁 587。

② 劉體智主編：《小校經閣金石文字：引得本》，臺北：大通書局，1979 年，頁 1793—1794。

③ 鄒安《周金文存》及郭沫若《兩周金文辭大系》均稱此器作晉公盞。〔清〕鄒安編著：《周金文存》，臺北：臺聯國風出版社，1978 年，頁 945—948；郭沫若：《兩周金文辭大系攷釋》，臺北：大通書局，1971 年，頁 231。方濬益隸定器名爲晉公盦。〔清〕方濬益：《綴遺齋彝器考釋》，見劉慶柱、段志洪主編：《金文文獻集成》，香港：香港明石文化國際出版有限公司，2004—2005 年，頁 431—432。）

④ 有關晉公盆的流傳與著錄情況，詳參雷晉豪：《失傳古物的古物研究：晉公盆及其方法論意義——兼論中國史上第一個美人計》，《中國考古學》（第十六號），2016 年，頁 197—220。

　　　　帥井(型)先王,秉德嬻_(嬻嬻),䣈

　　　　燮萬邦,諫莫不日頓

　　　　龏(恭)。余咸畜胤士,乍(作)

　　　　馮左右,保辥(乂)王國,剌

　　　　暴(?)虩弦,□攻虩者

　　　　否。乍(作)元女☑

　　　　媵蠱四酉,□□□□,

　　　　虔夆盟祀,以龠(答)□

　　　　皇鄉,䣈新百嘼。隹今

　　　　小子,整辥(乂)爾家(?),宗

　　　　婦楚邦,烏(於)卲萬

　　　　年,晉邦佳(唯)鞽(翰),

　　　　永庚(康)寶。

根據銘文記載,晉公盆乃晉君遠嫁女兒於楚國時所鑄製的媵器,除了戒勉女兒之外,内容尚包括晉君追述先祖顯赫光明的事迹,以及自述謹遵先祖遺訓、保乂王國等。春秋晉君器出土數量不多,此器的發現具有特殊的歷史意義。過去雖然不少學者如楊樹達、①郭沫若、②唐蘭、③李學勤、④謝明文⑤等均曾就晉公盆銘文内容作詳細討論,但因部分銘文爲鏽所掩,拓本缺字較多,許多内容至今仍然有待進一步探討。晉公盤銘文既能與晉公盆對照,兩者似乎可作互相校補,從此角度來説,晉公盤的發現能爲晉

---

　　① 楊樹達:《晉公蠱跋》,見《積微居金文説》(《考古學專刊甲種第一號》),北京:中國科學院,1952 年,頁 73—74。

　　② 郭沫若:《兩周金文辭大系攷釋》,頁 231—232;郭沫若:《韻讀補遺》,見《金文叢考》(《郭沫若全集·考古編》),北京:科學出版社,1954 年,頁 157。

　　③ 唐蘭:《晉公𦈴蠱考釋》,見故宫博物院編:《唐蘭先生金文論集》,北京:紫禁城出版社,1995 年,頁 15—16。

　　④ 李學勤:《晉公蠱的幾個問題》,見文化部文物事業管理局、古文獻研究室編:《出土文獻研究》,北京:文物出版社,1985 年,頁 134—137。

　　⑤ 謝明文:《晉公蠱銘文補釋》,見復旦大學出土文獻與古文字研究中心編:《出土文獻與古文字研究》第五輯,上海:上海古籍出版社,2013 年,頁 236—257。

公盆銘文考釋提供至爲重要的參考資料。①

第一節　晉公盆與晉公盤銘文韻讀

除了銘文内容之外,晉公盆的韻讀問題亦是一向備受學者關注的。器銘雖然鏽蝕嚴重,不少字詞難以辨識,但是,徐同柏很早已注意到晉公盆爲有韻銘文:

> 銘文凡兩章,首章"公、王、方、邦"韻,"命、蠻、廷"韻,"皐、遂"韻,"虩、業"韻,次章"王、邦"韻,"子、士、右、彝、婦"韻,"國、舍、歠"韻,"季、甯"韻。②

此外,郭沫若嘗對器銘用韻情況作較詳細的考察,《兩周金文辭大系攷釋》云:

> 本銘雖殘泐過甚,然細審實是有韻之文。"王、方、王、邦、疆、□、上、□、邦、王、邦、戲",陽東合韻。"士、右、國",之韻。"傻、者、女",魚部。"□、嵩",脂部。"容、邦",東韻。"年、輇",真元合韻。③

郭氏《韻讀補遺》更清晰標注整篇銘文韻腳所在,惟當中部分分析與《大系攷釋》存有差異,現列出該書所示的韻腳位置及韻部如下:

陽東合韻　：王、方、王、邦、上、疆、邦、王、邦、戲

之　　部　：士、右、國

魚　　部　：傻、者、女

幽侯合韻?：酉、□、嵩

東　　部　：容、邦

---

① 除了吳鎮烽論文之外,張崇禮亦曾撰專文討論《晉公盤》銘文。(張崇禮:《晉公盤銘文補釋》,復旦大學出土文獻與古文字研究中心網站刊發文章,網址:http://www.gwz.fudan.edu.cn/Web/Show/2301,2014 年 7 月 3 日。)
② 徐同柏:《從古堂款識學》,頁 362。
③ 郭沫若:《兩周金文辭大系攷釋》,頁 232。

真元合韻 ：年、䡈

《韻讀補遺》較《大系攷釋》多出"幽侯合韻"，但其後卻標誌問號（?），説明"酉、囗、鼒"三字是否入韻仍然有待確定。

近年來，不少學者曾經討論兩周金文的用韻問題，其中，楊懷源、孫銀瓊標示晉公盆韻腳及其位置如下：

A. 王、方、王、疆、上，陽部 aŋ/aŋ；公、邦、邦，東部 ɔŋ/uŋ。陽東合韻。

B. 子、士、右、祀，之部 ə/əg；國、職，職部 ək/ək；酋，幽部 u/əgw。之職幽合韻。

C. 王、鑄，陽韻 aŋ/aŋ；邦，東部 ɔŋ/uŋ。東陽合韻。

D. 迮，鐸部 ak/ak；者、女，魚部 a/ag；卿，陽部 aŋ/aŋ。魚鐸陽通韻。

E. 子，之部 ə/əg；寶，幽部 u/əgw。之幽合韻。

F. 容、邦，東部 ɔŋ/uŋ。

G. 年，真部 en/in；䡈，元部 an/an。真元合韻。①

從上述資料可知，諸家所標誌的晉公盆韻腳及韻部皆大同小異。銘文除了數次換韻之外，更出現交韻、抱韻等情況。雖然如此，我們認爲，該銘用韻仍是複雜錯落中有一定規律。根據內容，整篇銘文可以分爲三部分，其用韻亦大概能與此相對應。現將整篇銘文的用韻位置標示如下：②

【第一部分】

隹（唯）王正月初吉丁亥，晉公曰：我皇且（祖）𤲞（唐）公（A. 東），雁（膺）受大令，左右武王（A. 陽），囗囗百絲（蠻），廣嗣四方（A. 陽），至于大廷，莫不囗王（A. 陽）。王命𤲞（唐）公（A. 陽），囗宅京𠂤（師），囗囗晉邦（A. 東），我剌（烈）考☒彊（疆）（A. 陽），武☒，

_____

① 楊懷源、孫銀瓊：《兩周金文用韻考》，北京：人民出版社，2014 年，頁 329—330。
② 入韻字分部主要依據王力的上古音系。

虩_(虩虩)才(在)[上](A. 陽)☒召鼗☒晉邦(A. 東)。

A. 東陽合韻：公、王、方、王、公、邦、疆、[上]、邦

【第二部分】

公曰：余雖今小子(B. 之)，敢帥井(型)先王(A. 陽)，秉德嬛嬛，

乿燮萬邦(A. 東)，諫莫不曰顨叡(恭)(A. 東)。余咸畜胤士(B. 之)，

乍(作)馮左右(B. 之)，保辥(乂)王國(B. 職)，刺暴(?)戁鼗，□攻虩

者否(B. 之)。

B. 之職合韻：子、士、右、國、否

A. 東陽合韻：王、邦、叡(恭)

【第三部分】

乍(作)元女☒滕薑四酉(B. 幽)，□□□□，虡曅盟祀(B. 之)，以

酓(答)□皇鄉(A. 陽)，乿新百斄。雖今小子(B. 之)，整辥(乂)爾家

(?)，宗婦楚邦(A. 東)，烏(於)卲萬年(C. 真)，晉邦佳(唯)鞥(翰)

(C. 元)，永康(康)寶(B. 幽)。

B. 之幽合韻：酉、祀、子、寶

A. 東陽合韻：鄉、邦

C. 真元合韻：年、鞥(翰)

第一部分是晉君對於先祖光榮事迹的追述與回顧。此部分押韻較有規律，大致是隔句用韻，東陽合韻。第二部分是晉公自述其慎遵先祖遺訓，燮理萬邦，保乂王國。此部分開始出現換韻，第一句用之職韻，但其後換回東陽韻，隨後才再繼續用之職韻，造成交韻的現象。[①] 第三部分述説作器原因，並且記載晉公勉戒女兒之辭。此部分開首仍然繼續與前面韻段押韻，但換之幽合韻，後半部分則兩次換韻，分別用東陽合韻、真元合韻，用韻情況是三個部分中最複雜的。

總括而言，晉公盆銘文雖然多次換韻，但入韻字大致上可歸納爲

---

① 王力指出："所謂交韻，就是兩韻交叉進行，單句與單句押韻，雙句與雙句押韻。"（王力：《詩經韻讀》，上海：上海古籍出版社，1980 年，頁 70。）但我們這裏所謂的"交韻"，只是指"以兩個韻部的字爲韻腳，但韻腳互相交錯"，所採用的定義較王力爲廣。（夏征農主編：《大辭海·語言學卷》，上海：上海辭書出版社，2003 年，頁 88。）

三類：

    A. 東陽合韻

    B. 之職幽合韻

    C. 真元合韻

晉公盆整篇銘文基本上都有用韻，中段開始多次換韻，大抵以 A 東陽合韻及 B 之職幽合韻爲主，C 真元合韻僅見於篇末數句。而且，就用韻疏密度而言，銘文大致是隔句押韻，部分地方更連續兩句押韻，用韻較密，頗見規律。

晉公盆銘文殘泐嚴重，不少字詞無法辨識。在韻讀問題上，晉公盤銘文相對完整，借助兩銘的比較，或許能够爲銘文用韻情況的探討提供資料。因兩者內容基本相同，多數字詞能够對應，我們遂以晉公盆爲基礎，取與晉公盤銘文作出對照。晉公盆部分銘文因鏽蝕嚴重而無法辨認，不少涉及用韻位置。我們以下將晉公盤銘文的韻脚標示如下，而原於晉公盆銘文殘缺或兩銘文字有所差異之處，皆以 ☐☐ 標示，以供參考：

【第一部分】

    隹（唯）王正月初吉丁亥，晉（晉）公曰：我皇且（祖）𠭯（唐）公（A. 東），膺（膺）受大命，左右武王（A. 陽），叡（叙—教）毆（畏—威）百䜌（蠻），廣辟（闢）三（四）方（A. 陽），至于不（丕）廷，莫[不]秉𤏺。王命𠭯（唐）公（A. 陽），建它（宅）京自（師），君百辟乍（作）邦（A. 東）。我剌（烈）考憲公（A. 東），克□亢獣，彊（疆）武魯宿，竈（靈—令）名不□，虩=才（在）[上]（A. 陽），台（以）厰（嚴）橫（黄）䢉（恭）天命，台（以）召䜌（乂）朕（朕）身，孔静晉（晉）邦（A. 東）。

    A. 東陽合韻：公、方、公、邦、公、[上]、邦

【第二部分】

    公曰：余隹（唯）今小子（B. 之），叡（敢）帥井（型）先王（A. 陽），秉德龝（秩）[秩]，龢（協）燮萬邦（A. 東），諒（哀）[哀]莫不日頓（卑）䢺（恭）（A. 東），余咸畜胤（俊）士（B. 之），乍（作）馮（朋）左右（B. 之），保辥（乂）大王國（B. 職），制龡霝厇，台（以）厰（嚴）虩若否（B. 之）。

    B. 之職合韻：子、士、右、國、否

A. 東陽合韻：王、邦、恭

【第三部分】

乍（作）元女 孟姬宗彝般（盤），𣄰（將） 廣啟邦 （A. 陽），虔𢽱（恭）盟（盟）祀（B. 之），卲（昭）畣（答）皇卿（卿）（A. 陽），𦰩（協）訓（順）百𩼈。𨾊（雖）今小子（B. 之），警（敕）𩔖（大）爾家，宗婦楚邦（A. 東），𣄰（於）屖（昭）萬年（C. 真），𣄰（晉）邦佳（唯）𩁹（翰）（C. 元），永康（康）寶（B. 幽）。

B. 之幽合韻：祀、子、寶

A. 東陽合韻： 邦 、卿、邦

C. 真元合韻：年、𩁹（翰）

　　綜上可見，新見於晉公盤的文字主要出現於銘文的第一部分。正如前文所言，晉公盆第一部分銘文基本上是隔句入韻，東陽合韻，韻腳較密且有規律。然而，晉公盤的出現似乎能爲銘文用韻情況帶來不同的理解。我們注意到，原本於晉公盆銘文中殘泐的部分句子，在晉公盤中卻不入韻。例如“我剌（烈）考憲公，克□亢猷，彊（疆）武魯宿，龗（靈一令）名不□”，除了“我烈考”三字見於晉公盆之外，其餘皆爲晉公盤新見文字，屬於陽部或東部只有“公”字，其餘句子皆不入韻。此外，在“台（以）厰（嚴）𢼸（寅）𢽱（恭）天命，台（以）召𤕒（义）𦈛（朕）身，孔静晉（晉）邦”一段銘文中，“命”爲耕部字，“身”爲真部字，皆無法入韻。由是可見，上述兩段皆是新見於晉公盤的文句，其出現似乎打破了晉公盆第一部分銘文隔句入韻的基本規律。①

第二節　晉公盤文字分析

　　過去學者大致認爲晉公盤的出現能爲我們對於晉公盆銘文的理解帶

---

① “命”爲耕部字，第一段銘文屬耕部字者尚有“命”“廷”，倘若“東陽耕”合韻，則第一部分銘文的入韻字尚有“命”“廷” 命 ”三字。從此角度而言，第二例仍符合至少隔句入韻的規律。但是，過去學者多認爲此篇爲“東陽”合韻，耕部字不入韻；而且，假如我們判斷爲“東陽耕”合韻，第二部分及第三部分卻未見有屬於耕部的入韻字。

來契機,吳鎮烽曾言:"晉公盤銘文與晉公蠫基本相同,但繩子往往從細處斷,晉公盤也有一個補丁,恰巧也在晉公蠫缺字之處,幸好有所錯位,兩銘可互相校補,使許多關鍵問題得以解決。"①我們曾經將兩篇銘文作出對照比較,並且整理爲附錄一,置於本章末,期望能對晉公盤的銘文性質有更具體充分的瞭解。

1. 銘文字數

晉公盆銘文所載"晉公"究竟是晉國哪位國君,古文字學家儘管意見分歧,曾經提出晉襄公、②晉平公、③晉定公④等多種説法,但晉公盆所屬年代應該介乎春秋早期至中期之間。而彭裕商曾經從器銘措辭、器形及紋飾等角度,推測此器年代上限是略早於公元前 670 年,下限不應晚於公元前 600 年,屬春秋中期前段器。⑤ 有關晉公盆的銘文風格,朱鳳瀚嘗描述云:

> 器銘佈局較散,橫不成排,字大小亦不同,但筆畫細勁而多方折,其書體接近於侯馬盟書,所以應屬於當時流行之手寫體,而未經刻意加工。⑥

晉公盆銘文佈局較爲鬆散,文字大小不盡相同,共 24 行,每行字數存在差異。正因佈局不規整,我們很難從行款推測銘文缺字的數量。不過,由於晉公盤銘文相對完整,故通過兩銘的比較,或許能對晉公盆的缺字數目有進一步的瞭解。以下是借助兩銘對照後而推測所得的結果:

---

① 吳鎮烽:《晉公盤與晉公蠫銘文對讀》,復旦大學出土文獻與古文字研究中心網站刊發文章,網址:http://www.gwz.fudan.edu.cn/old/SrcShow.asp? Src_ID=2297,2014 年 6 月 22 日。
② 郭沫若:《兩周金文辭大系攷釋》,頁 158。
③ 李學勤:《晉公蠫的幾個問題》,頁 135。
④ 唐蘭:《晉公絟蠫考釋》,頁 15;楊樹達:《晉公蠫跋》,頁 73;白川静:《金文通釋》第三十五輯,神户:白鶴美術館,1964 年,頁 102。
⑤ 彭裕商:《晉公蠫年代再探》,陳偉武主編《古文字論壇(第一輯):曾憲通教授八十慶壽專號》,廣州:中山大學出版社,2015 年,頁 113—117。
⑥ 朱鳳瀚:《中國青銅器綜論》,上海:上海古籍出版社,2009 年,頁 644。

字數	第 1 行	第 2 行	第 3 行	第 4 行	第 5 行	第 6 行
	8 *	8 *	9	9	10	10
字數	第 7 行	第 8 行	第 9 行	第 10 行	第 11 行	第 12 行
	8	8	8	6	9 *	8 *
字數	第 13 行	第 14 行	第 15 行	第 16 行	第 17 行	第 18 行
	8 *	7 *	8 *	7 *	7	6
字數	第 19 行	第 20 行	第 21 行	第 22 行	第 23 行	第 24 行
	6	8 *	6 *	6 *	5 *	3 *

晉公盆部分銘文比較清晰,有些字行的具體字數能够肯定,表格中皆以 * 號標示。大致來説,晉公盆銘文殘泐的地方主要集中於兩處,分別是第 5 行至第 10 行、第 18 行至第 19 行。而從完整部分的觀察,上半篇銘文的每行字數基本上都是在 8 字至 9 字之間,但從第 14 行開始減少,部分只有 7 字,不過,自第 21 行字數再次遞減,每行字數僅有 5 字或 6 字。綜上可見,晉公盆銘文行款是由密而疏,每行字數逐漸減少。

晉公盆銘文殘泐,部分字行的字數已難以肯定,但倘若再仔細觀察通過晉公盤推測所得的字數,則出現一個頗爲特殊的現象——推測所得結果有些未能與銘文其他能確定字數的部分盡合。例如,銘文第 5 行及第 6 行均出現了 10 字的現象,第 10 行是 6 字,這都與上半篇在 8 至 9 字之間、第 14 行開始字距變疏的整體情况不盡相符。再者,前文曾經指出銘文自第 21 行才減至 6 字,但第 18 行及第 19 行的推測字數卻爲 6 字,這皆與第 21 行以前字距較密的情况未能盡合。

2. 銘文字形

雖然晉公盤的内容大致能與晉公盆相對應,但如果仔細考察個別文字的寫法,則發現兩者存在一定的差異,部分更與春秋早期至中期的習見寫法明顯不同,本文將有關例子整理爲附録二,附於本章文後,以供參考。

"我"

"我"字在晉公盤銘文中共出現兩次,分別見於第 2 行及第 5 行,晉公盆字形殘泐不清,甚爲模糊。"我"本爲兵器的象形字,後來假借爲第一人稱代詞,甲骨文書作"𰧀"(合 14248)、"𰧀"(合 12684)、"𰧀"(合 36524)等,金文承繼甲骨文寫法,書作"𰧀"(秦公鎛 267)、"𰧀"(曾伯霏簠 4631)、"𰧀"(齊鞏氏鐘 142)等,右旁"𰧀"仍見與"戈"相類近之武器形狀。然而,晉公盤"我"字分別書作"𰧀"及"𰧀",字形中已不見右旁類似"戈"的形狀。

"皇"

"皇"字見於晉公盤銘文第 2 行。倘若與金文"皇"的習見寫法比較,此字上部"屮"内短畫被省略。在兩周金文中,類似的現象卻要下逮春秋晚期金文才出現,如"皇"字於齊鞏氏鐘 142 書作"𰧀",鄘侯少子簋 4152 作"𰧀"。晉公盤"皇"字下半部作"土",古文字中短畫與圓點雖有相互演變發展的關係,然而,春秋中期或以前的"皇"並未見從"土"的例子,此類情況最早僅出現於春秋晚期蔡侯鐘 224"𰧀"及王子午鼎 2811"𰧀"。因此,銘文"𰧀"的書寫特徵與春秋晚期金文較爲接近。

"雍"

"雍"字見於晉公盤銘文第 3 行,書作"𰧀",从"疒"从"隹",此類寫法乃金文首見,與習見之"𰧀"(毛公鼎 2841)、"𰧀"(師克盨 4467)、"𰧀"等並不相同。事實上,"雍"字較爲晚出,最早見於《説文・隹部》小篆"𰧀",①即今日"鷹"字。

"廷"

"廷"字見於晉公盤銘文第 5 行,書作"𰧀"。"廷"爲金文常用字,本來是從"ㄑ""彡"聲的形聲字,"彡"後來訛作"𰧀"或"𰧀",其後再作"𰧀",即從"人"從"土"之"壬"。② 值得注意的是,在晉公盤"廷"字中,"人""土""彡"三個部件同時存在,雖然類近寫法見於西周中期大師盧簋 4252"𰧀"及走馬休盤 10170"𰧀",但是,或因從"人"從"土"之"𰧀"(壬)乃自"ㄑ"所

---

① 〔漢〕許慎撰,〔宋〕徐鉉校定:《説文解字(附檢字)》,北京:中華書局,1963 年,頁 76。

② 參陳初生編纂,曾憲通審校:《金文常用字典》第二版,西安:陝西人民出版社,2004 年,頁 209—211。

訛變，金文"廷"中之"土"必置於"人"下，從來未見有如""中"人""土"分寫的例子。

"宅"

"宅"字見於晉公盤銘文第 6 行，書作""，从"广"从"乇"，可隸定爲"庀"。至於晉公盆"宅"字仍書作""，晉公盤以"庀"作"宅"乃金文首見。

"憲"

"憲"字見於晉公盤銘文第 6 行，書作""，字上部从"宀"。從揚簋 4294""及秦公鎛 267""可知，金文"憲"字上部大致皆从""，即"害"，用爲聲符，①從"宀"的寫法乃後來訛變，出現年代較晚，如睡虎地秦簡《秦律十八種》簡 193 始見有"憲"書作""的例子。

"克"

"克"字見於晉公盤銘文第 7 行，書作""。"克"在金文中經常出現，其上部普遍書作類似"古"之""，而晉公盤"克"書作""，與習見字形有明顯差異。

"魯"

"魯"字見於晉公盤銘文第 8 行，書作""，當中，"魚""日"兩個部件雖然仍能辨認，但"魚"的寫法卻與金文習見者明顯有別。魯姬鬲所見"魯"字所从之"魚"書作""，魯愈父鬲則作""，在兩個偏旁中，魚鰭、魚身等特徵皆清晰可見，但晉公盤"魚"字書作""，較爲潦草，與金文習見寫法不同。

"宿"

"宿"字見於晉公盤銘文第 8 行，書作""，从"宀""人""百"。其實，古文字"宿"本不从"百"，如郰子宿車盆"宿"字書作""，會人於屋内即席休息之意，部件""乃"席（蓆）"之象形。下逮東漢許慎《説文》，書中所録小篆作""，②仍然不从"百"，从"百"之"宿"出現甚晚，最早見於西漢馬王堆帛書《養生方》113 之"（宿）"，漢印亦有""字。③

---

① 參黃德寬主編：《古文字譜系疏證》，北京：商務印書館，2007 年，頁 2375。
② 許慎撰，徐鉉校定：《説文解字（附檢字）》，頁 151。
③ 羅福頤編：《漢印文字徵》卷七，北京：文物出版社，1978 年，頁 16。

"虢"

晉公盤銘文"虢"字出現兩次,分別見於第 9 行及第 16 行,右下旁皆有重文符號,可惜的是,晉公盆兩處"虢"的字畫皆欠清晰,未能對照。晉公盤"🔲"右偏旁"虎"雖然大致仍能辨認,但卻與金文"虎"之書作"🔲"(秦公鎛 267)及"🔲"(秦公簋 4315)存在明顯差異。

"才

"才"字見於晉公盤銘文第 9 行,書作"🔲",橫畫斷寫且朝左右兩邊傾斜,與金文"才"一般呈"十"字作"十"(散氏盤 10176)、"十"(秦公鎛 267)、"十"(秦公簋 4315)的寫法顯然不同。

"業"

"業"字見於晉公盤銘文第 10 行,書作"🔲"。雖然銘文照片稍欠清晰,但右部件"業"仍隱約能見。值得注意的是,金文"業"皆書作"🔲",從二"業",未見有從二"業"者,"業"最早見於《説文・丵部》小篆"🔲",其古文"🔲"更能與金文字形相對應。①

"胤"

"胤"字見於晉公盤銘文第 14 行,書作"🔲"。在殷周金文中,"胤"字曾出現數次,皆從"八""幺""肉",字形有"🔲"(傳簋 4075)、"🔲"(秦公鐘 262)、"🔲"(秦公簋 4315)等。晉公盤"🔲"並不從"肉",字中"🔲"之寫法與束絲之形接近。

"啓"

"啓"字見於晉公盤銘文第 18 行,書作"🔲"。金文"啓"大致皆從"户""又""口",與晉公盤"🔲"所見構字部件相同。甲骨文"啓"有書作"戼"之例,如"🔲"(合 20926)、"🔲"(合 13072)、"🔲"(合 13116)等,會以手開户之意,乃"啓"之本義,故"啓"中之"口"應該是後來增益的部件。但是,古文"啓"所從"口"皆置於"戼"下,從來未見有如"🔲"中"口"置於"又"上者,此或與"口"屬累增部件相關。

---

① 許慎撰,徐鉉校定:《説文解字》,頁 58。

"黹"

"黹"字見於晉公盤銘文第 20 行,書作"▦"。現今學者於"黹"之本義曾經提出多種説法,可能與衣物刺繡的紋飾有關。① 甲骨文"黹"書作"▦"(合 5401)、"▦"(合 8286)等,金文則有"▦"(默簋 4317)、"▦"(頌簋 4332)、"▦"(曾伯霥簋 4631)等,"黹"由上下兩部分組成,中間有一斜畫或直畫相連。但是,晉公盤"▦"字中上下兩部分之間有多個直筆,與金文習見寫法並不相同。

"家"

"家"字見於晉公盤銘文第 20 行,書作"家"。在古文字中,"家"大致從"宀"從"豕",表示家居中飼養牲畜。金文"家"所從之"豕"書作"豕"(默簋 4317)、"豕"(枏氏壺 9715)、"豕"(令狐君嗣子壺 9719)等,乃豎立之豬形,寫法固定,毛髮及尾巴等特徵明顯。但是,"家"所從之"豕"書作"豕",與習見寫法有明顯差別。

"雗(翰)"

"雗"字見於晉公盤銘文第 23 行,書作"▦",晉公盨銘文作"▦",古文字學家多釋此字爲"翰",《詩》有"維翰"一辭,可資印證,"翰"或可解爲藩翰、輔翼之意。② 細審晉公盨"▦"之字形,"倝""隹"兩個部件仍然能够勉强辨認,與《説文·隹部》所收"雗(雗)"構形相同,③"雗""翰"同屬元部字,音近可通。晉公盤"▦"雖然從"倝",但"隹"卻書作"▦",明顯有別於"隹",難以確知象徵何物。

"康(康)"

晉公盤"康"字書作"▦(康)",從"宀"從"康",見於銘文末行。"康"爲金文常用詞,本從"庚"從"米",有虛空之意。④ 金文中有從"宀"之

---

① 參姚孝遂説。(于省吾主編,姚孝遂按語編撰:《甲骨文字詁林》,北京:中華書局,1996 年,頁 2227。)

② 參楊樹達:《晉公盨再跋》,見《積微居金文説》(《考古學專刊甲種第一號》),北京:中國科學院,1952 年,頁 74—75;李學勤:《晉公盨的幾個問題》,頁 137。

③ 許慎撰,徐鉉校定:《説文解字》,頁 76。

④ 張光裕:《古文字中之"康"與"濂"》,見《雪齋學術論文二集》,臺北:藝文印書館,2004 年,頁 291—296。

"康",如大克鼎2836""及獣簋4317"",偏旁"宀"之增加並不構成釋讀上的差異。而晉公盤所見""卻有別於金文"康"之習見寫法,春秋金文"康"中象徵"米"之四點皆書作"",然此字所見四點方向完全相反,書作"",寫法屬金文首見。

"寶"

晉公盤"寶"字見於銘文末行最後一字,書作"",字形相當特別,與金文習見"寶"字從"宀""玉""貝""缶"的寫法大相逕庭。""字不從"貝"而從"",""似可隸定爲"杲",從"杲"之"寶"字爲金文首見。至於晉公盆"寶"字書作"",字形明顯從"貝",與金文習見寫法一致。

晉公盤銘文能與傳世晉公盆相對照,或許能補苴其不足,故晉公盤公布後旋即引起學者的廣泛關注。雖然如此,吳氏資料發布後半年,王恩田在復旦網發表《晉公盤辨僞》一文,從器形風格及鑄造年代兩個角度,就器物的真實性提出質疑:

> 晉公盤的兩個突出特點,與子仲姜盤和晉公蠤的基本事實之間,顯然存在無法調和的矛盾。有必要認真思考,做出符合情理的解釋。①

利用銘文考證器物真僞是青銅器辨僞的重要方法之一,容庚《商周彝器通考》曾經提出鑑定文字真僞之六個方法:

(一)凡銘文與宋代箸録之器相同者,除商器之常見銘辭如"史""戈"""""之類間有真者外,其餘多字之器,或銘文同而形狀花紋異之器皆僞。

(二)凡增減改易宋代箸録之銘辭者皆僞。

(三)凡宋代箸録之銘辭,由此類器移于彼類器,或加以刪改者皆僞。

(四)凡文句不合于銘辭體例者皆僞。

(五)凡形制與銘辭時代不相合者皆僞。

---

① 王恩田:《晉公盤辨僞》,復旦大學出土文獻與古文字研究中心網站刊發文章,網址:http://www.gwz.fudan.edu.cn/old/SrcShow.asp? Src_ID=2457,2015年3月3日。

（六）凡銘辭僅云"作寶彝"者多僞。①

從現今所存資料可知，不少僞作銘文乃是在現有著録的基礎上稍作增删修改而成。晉公盤既屬刻銘，倘若個別文字寫法殊異，似非奇特現象；然而，通過本文的分析，晉公盤銘文字形特殊的情況並不囿限於幾個字詞，而是遍佈整篇銘文，部分文字寫法更明顯出現錯誤；而且，加上有關用韻及字數的考察，益使我們認爲銘文確實仍有不少可再討論的空間。容氏曾經指出僞作彝器可以分爲四大類，分別爲"器與銘俱僞""器真而銘僞""銘真而補入他器"及"銘真而器僞"，②因此，除了觀察銘文之外，實物摩挲亦是辨僞工作的重要步驟之一，其自述云："以上所舉諸器，多未經目驗，等于射覆，將以此測余學之所至，非能必中，幸讀者之有以教之也。"③本文嘗試從韻讀及文字的角度，對晉公盤銘文提出初步想法，盼借此抛磚引玉，並就教於前輩方家。

---

　　① 容希白：《商周彝器通考》（《燕京學報專號之十七》），臺北：大通書局，1973 年，頁197—200。

　　② 容希白：《商周彝器通考》，頁 209—223。

　　③ 容希白：《商周彝器通考》，頁 225。

附錄一　晉公盆與晉公盤銘文對照表

	晉　公　盆			晉　公　盤	
行	《集成》10342	《三代》18.14	釋文	《銘圖續》0952	《銘圖續》釋文
一			隹（唯）王正月初吉丁亥，		隹（唯）王正月初吉丁亥，

（續表）

行	晉公盆			晉公盤	
	《集成》10342	《三代》18.14	釋文	《銘圖續》0952	《銘圖續》釋文
二			晉公曰：我皇且（祖）虤（唐）公，		瞀（晉）公曰：我皇且（祖）虤（唐）公，

（續表）

行	晉公盆			晉公盤	
	《集成》10342	《三代》18.14	釋文	《銘圖續》0952	《銘圖續》釋文
三			雁（膺）受大令，左右武王，□		雁（膺）受大命，左右武王，殹（殹—教）

（續表）

	晉 公 盆			晉 公 盤	
行	《集成》10342	《三代》18.14	釋文	《銘圖續》0952	《銘圖續》釋文
四			□百絲（蠻），廣嗣四方，至于		敡（畏—威）百絲（蠻）廣閈（闢）三（四）方，至于

（續表）

	晉　公　盆			晉　公　盤	
行	《集成》10342	《三代》18.14	釋文	《銘圖續》0952	《銘圖續》釋文
五	闕		大廷，莫不□□王。王命䖒（唐）公，		不〔丕〕廷，莫〔不〕秉𤔲。王命䖒（唐）公，

（續表）

行	晉　公　盆			晉　公　盤	
	《集成》10342	《三代》18.14	釋文	《銘圖續》0952	《銘圖續》釋文
六			□宅京自（師），□□晉邦，我		建庀（宅）京自（師），君百卫乍（作）邦。我

（續表）

行	晉　公　盆			晉　公　盤	
	《集成》10342	《三代》18.14	釋文	《銘圖續》0952	《銘圖續》釋文
七			剌（烈）考□		剌（烈）考憲公，克□亢猷，

（續表）

	晉　公　盆			晉　公　盤	
行	《集成》10342	《三代》18.14	釋文	《銘圖續》0952	《銘圖續》釋文
八			彊（疆），武□		彊（疆）武魯宿，霝（靈、令）名不□，

(續表)

行	晉 公 盆			晉 公 盤	
	《集成》10342	《三代》18.14	釋文	《銘圖續》0952	《銘圖續》釋文
九			虩=（虩虩）才（在）［上］□		虩=才（在）［上］，台（以）廠（嚴）襮（黉）鞏（恭）天命，

（續表）

行	晉公盆			晉公盤	
	《集成》10342	《三代》18.14	釋文	《銘圖續》0952	《銘圖續》釋文
十			召䇂□		台（以）召䇂（乂）朕（朕）身，孔静

	晉　公　盆			晉　公　盤	
行	《集成》10342	《三代》18.14	釋文	《銘圖續》0952	《銘圖續》釋文
十一			晉邦。公曰：余雉今小子，敢		晉（晉）邦。公曰：余雉（唯）今小子，叔（敢）

（續表）

行	晉公盆			晉公盤	
	《集成》10342	《三代》18.14	釋文	《銘圖續》0952	《銘圖續》釋文
十二			帥井（型）先王，秉德嬗＝（嬗嬗），舝		帥井（型）先王，秉德韶（秩）〔秩〕，昔（協）

新出兩周金文及文例研究

（續表）

行	晉　公　盆			晉　公　盤	
	《集成》10342	《三代》18.14	釋文	《銘圖續》0952	《銘圖續》釋文
十三			燮萬邦，諫莫不日頻		燮萬邦，諫〔哀〕［哀］莫不日頻（卑）

104

（續表）

	晉　公　盆			晉　公　盤	
行	《集成》10342	《三代》18.14	釋文	《銘圖續》0952	《銘圖續》釋文
十四			虩，余咸畜胤士，乍（作）		虩（恭），余咸畜胤（俊）士，乍（作）

（續表）

	晉　公　盆			晉　公　盤	
行	《集成》10342	《三代》18.14	釋文	《銘圖續》0952	《銘圖續》釋文
十五			馮左右，保辥（乂）王國，刜		馮（朋）左右，保辥（大）王國，刜

（續表）

行	晉　公　盆			晉　公　盤	
	《集成》10342	《三代》18.14	釋文	《銘圖續》0952	《銘圖續》釋文
十六			暴〔？〕虢弢，□攻虢者		奐霝戾，台〔以〕厰〔嚴〕虢若

（續表）

	晉 公 盆			晉 公 盤	
行	《集成》10342	《三代》18.14	釋文	《銘圖續》0952	《銘圖續》釋文
十七			否。乍（作）元女□		否。乍（作）元女孟姬宗

（續表）

	晉公盆			晉公盤	
行	《集成》10342	《三代》18.14	釋文	《銘圖續》0952	《銘圖續》釋文
十八			朕蠱四酉，□□□□，		彝殷（盤），瑠（將）廣啟邦，

（續表）

行	晉　公　盆			晉　公　盤	
	《集成》10342	《三代》18.14	釋文	《銘圖續》0952	《銘圖續》釋文
十九			虔龏盟祀，以會（答）□		虔龔（恭）盟（盟）祀，邵（昭）會（答）

（續表）

行	晉公盆			晉公盤	
	《集成》10342	《三代》18.14	釋文	《銘圖續》0952	《銘圖續》釋文
二十			皇鄉，辪新百㫃。隹今		皇卿（卿），昔（協）訓（順）百㫃（職）。隹（雖）今

（續表）

行	晉　公　盆			晉　公　盤	
	《集成》10342	《三代》18.14	釋文	《銘圖續》0952	《銘圖續》釋文
二十一			小子，整辭（乂）爾家（？），宗		小子，嫠（敕）辥（大）爾家，宗

（續表）

行	晉 公 盆			晉 公 盤	
	《集成》10342	《三代》18.14	釋文	《銘圖續》0952	《銘圖續》釋文
二十二			婦楚邦，鳥〈於〉卲萬		婦楚邦，鳥〈於〉屖〈昭〉萬

（續表）

行	晉　公　盆			晉　公　盤	
	《集成》10342	《三代》18.14	釋文	《銘圖續》0952	《銘圖續》釋文
二十三			年，晉邦佳（唯）韓（翰），		年，醻（晉）邦佳（唯）韓（翰），

（續表）

行	晉　公　盆			晉　公　盤	
	《集成》10342	《三代》18.14	釋文	《銘圖續》0952	《銘圖續》釋文
二十四			永康（康）寶。		永康（康）寶。

附錄二　晉公盤與晉公盆字形對照舉隅

字例	晉公盤字形	晉公盆字形		金文習見字形			
		《集成》拓本	《三代》拓本				
1. 我	(字形) 第2行	(字形)	(字形)	(字形)	秦公鎛	春秋早	267
				(字形)	曾伯霥簠	春秋早	4631
	(字形) 第5行	殘泐	殘泐	(字形)	齊鞄氏鐘	春秋晚	142
2. 皇	(字形) 第2行	(字形)	(字形)	(字形)	秦公鎛	春秋早	267
				(字形)	曾伯霥簠	春秋早	4631
				(字形)	齊鞄氏鐘	春秋晚	142
				(字形)	王子午鼎	春秋晚	2811
3. 雍（膺）	(字形) 第3行	殘泐	殘泐	(字形)	毛公鼎	西周晚	2841
				(字形)	師克盨	西周晚	4467
				(字形)	秦公鎛	春秋早期	267
4. 廷	(字形) 第5行	闕	(字形)	(字形)	三年師兌簋	西周晚	4318
				(字形)	散氏盤	西周晚	10176
				(字形)	秦公簋	春秋中	4315
5. 宅	(字形) 第6行	(字形)	(字形)	(字形)	秦公鎛	春秋早	269
				(字形)	秦公簋	春秋中	4315
				(字形)	魯少嗣寇盤	春秋	10154
6. 憲	(字形) 第7行	殘泐	殘泐	(字形)	揚簋	西周晚	4294
				(字形)	秦公鎛	春秋早	267

（續表）

字例		晉公盤字形	晉公盆字形		金文習見字形			
			《集成》拓本	《三代》拓本				
7.	克	第7行	殘泐	殘泐		秦公鎛	春秋早	269
						曾伯粟簠	春秋早	4631
						隨公克敦	春秋晚	4641
8.	魯	第8行	殘泐	殘泐		魯姬鬲	春秋早	593
						魯伯愈父鬲	春秋早	692
						秦公簋	春秋中	4315
9.	宿	第8行	殘泐	殘泐		鄡子宿車盆	春秋早	10337
						室宿簋	西周中	NA1957
10.	虢	第9行				毛公鼎	西周晚	2841
		第16行				秦公鎛	春秋早	267
						秦公簋	春秋中	4315
11.	才	第9行				散氏盤	西周晚	10176
						秦公鎛	春秋早	267
						秦公簋	春秋中	4315
12.	蠚	第10行				戜簋	西周中	4322
						仲業簋	西周晚	3783
						昶伯蠚鼎	春秋中	2622
						秦公簋	春秋中	4315
13.	胤	第14行				傳簋	西周晚	4075
						秦公鐘	春秋早	262
						秦公簋	春秋中	4315

（續表）

字例		晉公盤字形	晉公盆字形		金文習見字形			
			《集成》拓本	《三代》拓本				
14.	啟	第18行	殘泐	殘泐		攸簋	西周早	3906
						瘋鐘	西周中	253
						中山王譽鼎	戰國晚	2840
15.	湍	第20行				鼓簋	西周晚	4317
						頌簋	西周晚	4332
						曾伯霥簠	春秋早	4631
16.	家	第20行				鼓簋	西周晚	4317
						頌壺	西周晚	9731
						杕氏壺	春秋晚	9715
						令狐君嗣子壺	戰國早	9719
17.	韡（翰）	第23行				鶾奜父鼎	西周	2205
18.	康（康）	第24行				頌壺	西周晚	9731
						秦公鎛	春秋早	269
						哀成叔鼎	春秋晚	2782
						蔡侯盤	春秋晚	10171
						令狐君嗣子壺	戰國早	9720
19.	寶	第24行				伯梂盧簋	西周晚	4094
						魯伯俞父簠	春秋早	4568
						黸鎛	春秋中期	271
						嵩君鉦鋮	春秋晚期	423

説明

晉公盤銘文影本

吳鎮烽編著：《商周青銅器銘文暨圖像集成續編》952，上海：上海古籍出版社，2016 年。

晉公盆銘文拓本

中國社會科學院考古研究所：《殷周金文集成》（修訂增補本）10342，北京：中華書局，2015 年。

羅振玉編：《三代吉金文存》卷一八，香港：龍門書店，1968 年，頁 14。

下　編

金文文例探討

何謂"文例"？雖然古文字學家對其定義意見不一,但大致可歸納爲兩類看法：第一,部分學者將"文例"等同於行款格式,此定義爲較早期的甲骨學研究者所採用,如胡光煒《甲骨文例》是最早以"文例"爲探討對象的著作,該書所指的"甲骨文例",大概相等於甲骨文的行款,包括其書寫方向、倒文、重文及合文等。① 後來,以"文例"作研究對象的古文字著作大抵均採納胡光煒的定義,例如,胡厚宣《五十年甲骨學論著目》"文例"部分所收錄的論著均是以探討甲骨卜辭行款爲主;②董作賓《甲骨文斷代研究例》、③李達良《龜版文例研究》、④嚴一萍《甲骨學》、⑤李旼姈《甲骨文例研究》⑥等亦是將甲骨文例直接等同於卜辭行款。

不過,值得注意的是,近年的古文字學家開始對文例的看法有所改變,如朱歧祥首先將詞匯的歸納視爲文例研究,並且清晰説明古文字學術語"文例"與"辭例"之間的區別：

> 然而,"文例"一詞容易與描述文字常見組合的"辭例"相混同。《辭海》對於"文例"一詞的界定,是："對於特定用語之意義,規定其範圍及限制者,爲文例。"文例既然是指詞的類同歸納,故在陳述客觀的行文格式時,似不宜再以"文例"命名。⑦

此外,朱氏就其研究方法提出："文例研究則是對比的看問題,由同中求異、異中求同的交互比較所歸納的材料,觀察字或詞在平面的、或縱綫的

———————————

① 胡光煒：《甲骨文例》,廣州：國立中山大學語言歷史學研究所,1928 年。
② 胡厚宣：《五十年甲骨學論著目》,上海：中華書局,1952 年,頁 87—89。
③ 董作賓：《骨文例》,見《董作賓先生全集》編輯委員會編：《董作賓先生全集·甲編》,臺北：藝文印書館,1977 年,頁 913—952。
④ 李達良：《龜版文例研究》,香港：香港中文大學聯合書院中國語言文學系,1972 年。
⑤ 嚴一萍：《甲骨學》,臺北：藝文印書館,1978 年,頁 913—1086。
⑥ 李旼姈：《甲骨文例研究》,臺北：臺灣古籍出版有限公司,2003 年。
⑦ 朱歧祥：《殷墟卜辭句法論稿：對貞卜辭句型變異研究》,臺北：學生書局,1990 年,頁 51—52。

材料中的定位。"①隨後,他兩位學生的碩士論文——胡雲鳳《秦金文文例研究》②及賴昭吟《楚金文文例考》③——均沿用此定義,以某一國別的詞及其所組成的句式作爲研究對象,從縱向及橫向角度分別與其他金文材料作對比。

　　事實上,從學界對於"文例"一詞的使用可知,凡字體行款、詞與短語及語法的研究均可稱爲"文例",如胡自逢便將"文例"分爲字之形體、文句結構、銘文分佈及典禮制度。④ 但是,某些學者亦會混用"文例"與"辭例"二詞,如劉信芳曾就通假與異文的關係云"凡言異文必然涉及上下文或不同文本,同一文例而在上下文或不同文本中有差別",⑤劉氏把"辭例"稱爲"文例"。此外,張再興在介紹《兩周出土文獻語義詞典》的成果時,談及"該成果旨在以紙質和網絡檢索兩種相輔相成的方式提供各類兩周出土文獻完整的語義系統及其例句分佈,爲兩周出土文獻窮盡性的詞匯、詞義、文例檢索提供了極大的便利"。⑥ 所謂的"文例檢索"其實是指"辭例檢索"。雖然如此,更爲習見的用法是,古文字學家所謂的"文例",往往是指格式的歸納與討論。例如,李學勤有《從柞伯鼎銘談〈世俘〉文例》一文,其云"由鼎銘文例知道,當時敘述征伐採取'命'、'至'和'馘俘'的格式","文例"明顯與銘辭格式有關;⑦又蔡哲茂曾經在《金文研究與經典訓讀——以〈尚書·君奭〉與〈逸周書·祭公篇〉兩則爲例》一文中"利用金文

　　① 朱歧祥:《論訓釋古文字的方法——文例研究》,第四屆全國訓詁學學術研討會編委會主編:《訓詁論叢》第四輯,臺北:文史哲出版社,1999 年,頁 95—108。
　　② 胡雲鳳云:"朱師已明確的指出'文例'一詞的内容,即'詞的類同歸納'。同時我們由《辭海》等辭書歸納對於文例的定義知道,所謂'文例'並非指某文字的書寫格式,這是可以確定的。"(胡雲鳳:《秦金文文例研究》,静宜大學碩士論文,1999 年,頁 1。)
　　③ 賴昭吟云:"所謂文例指的是'對於特定用語之意義,規定其範圍及限制者',也就是'字或辭在句中的用法',而將這些'字或詞在句中的用法'做類同、歸納的工作,我們稱之爲'文例研究'。"(賴昭吟:《楚金文文例考》,東海大學碩士論文,2001 年,頁 11。)
　　④ 胡自逢:《金文釋例》,臺北:文史哲出版社,1974 年。
　　⑤ 劉信芳:《楚簡帛通假彙釋》,北京:高等教育出版社,2011 年,頁 2。
　　⑥ 張再興:《〈兩周出土文獻語義詞典〉的編製》,見教育部人文社會科學重點研究基地、華東師範大學中國文字研究與應用中心、華東師範大學語言文字工作委員會編:《中國文字研究》第十六輯,上海:上海人民出版社,2012 年,頁 224。
　　⑦ 李學勤:《從柞伯鼎銘談〈世俘〉文例》,《江海學刊》2007 年 5 期,頁 13—15。

的文例來看古籍解釋與校勘”,而從該文的討論可知,其定義的“文例”是指金文中相近格式辭例的排比與對照;①此外,陳英傑亦曾簡介其著作《西周金文作器用途銘辭研究》云“上篇主要是金文文例研究……”,②該書所謂的“文例”亦是對各類銘辭格式的排列及討論。事實上,我們同意“辭例”與“文例”之間應該有較明顯的差異:“辭例”是指詞或短語在句子中的具體用法,“文例”則是專就格式而言,是在大量“辭例”的基礎上歸納而來的結果。因此,無論我們如何界定“文例”的範圍,甚至是否應該包含文體行款,“文例”都應該視爲格式的歸納與討論。

　　殷周金文於遣詞造句上往往有固定的格式,倘若將具相近格式的辭例作出對比與推勘,便可解決部分疑難字詞的釋讀問題。這是很早便開始使用的古文字考釋方法,亦備受學者的普遍認同,唐蘭稱之爲“推勘法”,③後來不少學者曾經明確提出該方法於古文字考釋的重要價值,如陳煒湛、唐鈺明《古文字學綱要》便以“辭例推勘法”爲考釋古文字的基本的方法之一:“這種方法是將該字置於一定的語言環境中依靠上下文或同類的文例中進行推勘以見其義。”④該書復以羅振玉對卜辭干支“巳”及“午”的考釋爲例,説明推勘法的使用法則。然而,早期學者所説的推勘法大多集中於以傳世文獻推勘出土文獻,直至高明將“辭例推勘法”分爲兩類,才明顯強調金文文例於文字考釋上的作用:“一是依據文獻中的成語推勘;另一是依據文辭本身的内容推勘。”高氏舉出多個金文例子解釋此方法的運用,例如,其根據金文文辭推勘“𡘾”應即“亢”字,“幽亢”(趞鼎)與“朱亢”(𢼸簋)即彝銘的“幽衡”與“朱衡”等。⑤何琳儀亦指出:“然而也有少數古文字的釋讀,並不都是首先立足於形體的分析,而是首先被明確的辭例所限定下來的。”何氏接著舉出多個例子解釋,如陳侯午鐓銘“乍

---

①　蔡哲茂:《金文研究與經典訓讀——以〈尚書·君奭〉與〈逸周書·祭公篇〉兩則爲例〉,《東華漢學》2010 年 12 期,頁 1—20。
②　陳英傑:《西周金文作器用途銘辭研究》,北京:綫裝書局,2008 年,頁 2。
③　唐蘭:《古文字學導論》,香港:太平書局,1965 年,頁 170—175。
④　陳煒湛、唐鈺明:《古文字學綱要》(第二版),廣州:中山大學出版社,2009 年,頁 25。
⑤　高明:《中國古文字學通論》,北京:文物出版社,1987 年,頁 169—170。

(作)皇妣孝大妃**禓**器"的"**禓**"讀"祭",便是通過陳侯因資鐓銘"用乍(作)孝武桓公**禓**器"推勘而來。① 由是可見,推勘法是一種行之既久且有效的古文字考釋方法。

　　兩周金文的語言形式雖然豐富多變,但倘若細審其遣詞造句,便會發現是於變化中存在著一定規律,如果能掌握常用詞的語義,以及短語、句子在結構上的格式規律,便能有利金文材料的通讀。過去學者在考釋金文字詞的意義時,亦往往借助文例的對照與推勘,判斷字詞的釋讀與意義。因此,金文銘辭文例的歸納可以幫助我們解決疑難字詞的釋讀問題。

---

　　① 何琳儀:《戰國文字通論》(訂補本),南京:江蘇教育出版社,2003 年,頁 298—303。

第六章　册命銘文文例
"取△若干鋝"

在西周册命銘文中，"取△若干鋝"一語頗爲常見，兹摘録其用例如下：

王若曰：趞，命女（汝）乍（作）轍（齒）自（師）冢嗣（司）馬，啻（嫡）官僕、射、士，訊小大又（右）鄰，取△五孚（鋝），易（賜）女（汝）赤市、幽亢（衡）、絲（鑾）旂，用事。（趞簋4266，西周中期）

佳（唯）正月初吉丁丑，昧爽，王才（在）宗周，各（格）大（太）室，濂（濂）弔（叔）右羚即立中廷，乍（作）册尹册命羚，易（錫）絲（鑾），令邑于鄭，訊訟，取△五孚（鋝）。（羚簋T5258，西周中期）

王乎（呼）乍（作）册尹册釐（申）令（命）親曰：更乃且（祖）服（服）乍（作）冢嗣（司）馬，女（汝）逐諫嘂（訊）有舜，取△十孚（鋝），易（錫）女（汝）赤市、幽黄（衡）……（親簋T5362，西周中期）

今余佳（唯）釐（申）先王命女（汝）輂（攝）嗣（司）西臷嗣（司）徒訊訟，取△十孚（鋝），敬勿澧（廢）朕命。（眈簋T5386，西周中期）

命女（汝）毃嗣（司）公族，雫（與）參有嗣（司）、小子、師氏、虎臣，雫（與）朕褻事，邑（以）乃族干（扞）吾（敔）王身，取△卅孚（鋝），易（賜）女（汝）秬鬯一卣，鄼（裸）圭瓚（瓚）寶……（毛公鼎2841，西周晚期）

王曰：髎，命女（汝）嗣（司）成周里人眔者（諸）侯、大亞，訊訟罰，取△五孚（鋝），易（賜）女（汝）尸（夷）臣十家，用事。（髎簋4215，西

周晚期)

　　隹(唯)正月初吉丁亥,王各于康宮,中(仲)倗父內(入)又楚,立中廷,內史尹氏册命楚,赤⬤市、緐(鑾)旂,取△五乎(鋝),嗣(司)莽啻官、內師舟。(楚簋4246—4249,西周晚期)

　　王曰:散,令女(汝)乍(作)嗣(司)土(徒),官嗣(司)耤(藉)田,易(賜)女(汝)散衣、赤⬤市、緐(鑾)旂、楚走馬,取△五乎(鋝),用事。(散簋4255,西周晚期)

　　王若曰:揚,乍(作)嗣(司)工,官嗣(司)量田甸、眔嗣(司)立、眔嗣(司)芻、眔嗣(司)寇、眔嗣(司)工司(事),賜(賜)女(汝)赤⬤市、緐(鑾)旂,訊訟,取△五乎(鋝)。(揚簋4294、4295,西周晚期)

　　王令毃嗣(司)公族、卿事、大史寮,取△廿乎(鋝),易(賜)朱市、悤黃(衡)、鞞鞍……(番生簋蓋4326,西周晚期)

從上述的金文例子可知,“取△若干鋝”文例的使用具有以下四項主要特徵:

　　第一,“取△若干鋝”僅見於西周中期及晚期金文,故文例的出現可作爲銅器斷代的標準;

　　第二,“取△若干鋝”皆見於册命銘文之中,並且屬於周王對器主册命之辭,文例後多列出其他不同種類的賞賜物;

　　第三,就數量而言,“取△”以“五鋝”及“十鋝”爲主,但間中亦有“廿鋝”及“卅鋝”的記載,均屬“五”的倍數;

　　第四,“取△若干鋝”文例大多有與訊訟相關,但仍有例外。

第一節　△字字形分析及其與“鋝”之關係

　　倘若從字形角度分析,“取△若干鋝”文例中△字的寫法繁多,大概可以分爲△甲及△乙兩類。而且,根據△甲類字形所從偏旁的差異,可再分爲四小類:

△甲類：

1.

毛公鼎 2841

2.

旣簋 T5386　　　　　　戠簋 4255①

3.

趩簋 4266　　　　揚簋 4294　　　　番生簋蓋 4326

4.

親簋 T5362　　　　羚簋 T5258　　　　𪊨簋 4215

△乙類：

楚簋 4246　　　　　楚簋 4247　　　　　楚簋 4249

從上述拓本可知，△甲及△乙兩類字形間差異甚爲明顯。△甲以"𡰪""貝"爲基礎偏旁，並因"彳""辵"及"又"之有無，可再細分爲以下四類：

　　　△甲1：从"𡰪"从"貝"；

　　　△甲2：於△甲1的基礎上增益偏旁"彳"；

　　　△甲3：於△甲2的基礎上增益偏旁"止"，字即从"辵"；

　　　△甲4：在△甲3的基礎上增益偏旁"又"。

上述四類字形所从偏旁雖然不同，但大抵均从"𡰪"从"貝"。由於學者於"𡰪"的理解有所差異，故在△甲的釋讀問題上曾經出現頗多不同的意見。

---

①　戠簋摹本見於王俅《嘯堂集古録》，△字从"ʃ"，疑爲宋人摹本誤寫，字當从"彳"。

129

例如，徐同柏釋△甲作“賦”，①吴大澂從之。② 阮元則讀“債”，無作進一步解釋。③ 孫詒讓隸定此字作“遺”，古“帚”“貴”聲近，△甲是“遺”之異文。④ 强運開因古“兄”字嘗書作“”，認爲“”當爲“光”，△甲乃从“貝”从“”，是古“貺”字。⑤ 高田忠周以爲△甲从“貝”“往”聲，乃貝的名稱。⑥ 郭沫若最初隸定該字作“貴”，認爲是“貨幣字無疑，恐即貨之初字”，⑦其後改釋爲“遺”，認爲“大抵乃貨貝字，苦不能得其讀”。⑧ 吴闓生同意△甲爲“貨”字，認爲字从“”从“貝”，疑“”爲“左”之别體。⑨ 丁山以爲△甲當讀“懲”，猶今言之“罰款”。⑩ 陳小松釋△甲爲“徵”，並以《周禮・秋官・司寇》“以兩劑禁民獄，入鈞金，三日乃致於朝，然後聽之”印證，指出“取徵”與“今之訟費相類”。⑪ 周法高同意陳説，隸定△甲爲“賫”，釋“徵”，即“幣帛”。⑫ 董作賓釋“徵”，即“鈞金”，“如今之訟費”。⑬ 陳夢家亦釋“徵”，“取徵”是指“徵取罰款”。⑭ 高鴻縉隸定爲“賫”，認爲應該即“押金、

---

① 徐同柏：《從古堂款識學》卷一六，見《續修四庫全書》，上海：上海古籍出版社，1995年，頁18。

② 吴大澂：《説文古籀補》，北京：中華書局，1988年，頁64；吴大澂：《愙齋集古録》卷四，見《續修四庫全書》，上海：上海古籍出版社，1995年，頁8。

③ 阮元：《積古齋鐘鼎彝器款識》，上海：商務印書館，1937年，頁245。

④ 孫詒讓：《古籀餘論》卷三，見《續修四庫全書》，上海：上海古籍出版社，1995年，頁31。

⑤ 强運開：《説文古籀補三》，北京：中華書局，1986年，頁31。

⑥ 高田忠周：《古籀篇》，見《古籀文獻匯編》第十三册，北京：國家圖書館出版社，2009年，頁39。

⑦ 郭沫若：《金文叢考》，北京：人民出版社，1954年，頁266—167。

⑧ 郭沫若：《兩周金文辭大系考釋》，臺北：大通書局，1971年，頁57。

⑨ 吴闓生：《吉金文録》卷一，香港：萬有圖書公司，1968年，頁4。

⑩ 丁山：《邲其卣三器銘文考釋》(上)，《中央日報・文物周刊》37期，1947年6月4日。

⑪ 陳小松：《釋揚簋“訊訟取徵五寽”——〈周禮〉“以兩劑禁民獄入鈞金”新證之一》，《中央日報・文物周刊》40期，1947年6月25日。

⑫ 周法高：《師旂鼎考釋》，見《金文零釋》(《中研院歷史語言研究所專刊之三十四》)，臺北：中研院歷史語言研究所，1951年，頁55。

⑬ 董作賓：《毛公鼎釋文注譯》，《大陸雜志》1952年5卷9期，頁302。

⑭ 陳夢家：《西周銅器斷代》(六)，《考古學報》1956年4期，頁121—122；陳夢家：《西周銅器斷代》，北京：中華書局，2004年，頁193。

保證金之類"。① 譚戒甫另闢蹊徑,釋△甲爲"黃",因古稱紫銅爲"赤金",提出△甲乃黃銅。② 李孝定認爲△甲當讀爲"懲",解作"罰鍰"之意。③ 孫常敍隸定△甲作"遣",認爲字從"往"聲。④

20 世紀 70 年代末,陝西武功縣蘇坊鄉任北村窖藏出土楚簋四器,當中亦有"取△若干鋝"文例。值得注意的是,楚簋所見△均書作△乙類之"秀",字形明顯與△甲不同。"秀"從"辵"從"尚",可隸定爲"遄"。有鑑於新材料的發現,古文字學家開始重新關注"取△若干鋝"文例的討論,並試圖借助△甲及△乙兩類字形間的比對,就其釋讀問題提出新見解。例如,吳匡雖仍釋△甲爲"徵",但卻認爲該字所從之"秀"應爲"瑞","瑞"有"符信"之意,"秀"在字中起表意兼形聲的作用,"取徵"與後世之"徵收"相同,今日"徵"之所以從"壬",實爲字誤。⑤ 馬承源釋"秀"爲"尚","尚"是聲符,故△可改釋爲《玉篇》之"賗",乃小財、小貨財的意思,金文"取賗若干鋝"之"賗""是一種金屬稱量鑄幣,即圓形的金餅"。⑥ 馬氏在《商周青銅器銘文選》進一步指出"賗""鍰"二字古音相同,"鍰"相當於"金",乃銅造的貨幣,爲金屬貨幣的專名,"鋝"是其單位名稱。⑦ 裘錫圭不同意△甲是"徵"字,提出該字"大概是一個跟'尚'有關的字",所從之"秀"有可能是"尚"字的省形。⑧ 朱鳳瀚贊同△甲不一定是"徵",並援引李學勤釋"秀"爲"尚"作爲印證,隸定"秀"作"坒",認爲△甲是"從坒、貝會意,坒亦聲"的

---

①　高鴻縉:《毛公鼎集釋》,《師大學報》1956 年 1 期,頁 94—95。

②　譚戒甫:《西周"昏"器銘文綜合研究》,見《中華文史論叢》第三輯,上海:上海古籍出版社,1963 年,頁 79—80。

③　周法高、李孝定、張日昇編著:《金文詁林附錄》,香港:香港中文大學,1977 年,頁 1363—1382。

④　孫常敍:《舀鼎銘文通釋》,見《金文文獻集成》第二十八册,香港:香港明石文化國際出版有限公司,2004—2005 年,頁 455。

⑤　吳匡:《釋瑞、徵》,《大陸雜誌》1982 年 65 卷 2 期,頁 1—6。

⑥　馬承源:《説賗》,見中國古文字研究會、中華書局編輯部編:《古文字研究》第十二輯,北京:中華書局,1985 年,頁 173—180。

⑦　上海博物館商周青銅器銘文選編寫組:《商周青銅器銘文選(三)》,北京:文物出版社,1986 年,頁 171。

⑧　裘錫圭:《古文字釋讀三則》,見四川大學歷史系編:《徐中舒先生九十壽辰紀念論文集》,成都:巴蜀書社,1990 年,頁 22。

字，讀音與"㞷"同，讀"崇"，表示"資財"的意思。①

雖然過去學者曾經就△的釋讀提出不同見解，但大抵均認爲△與財貨或資財攸關。朱鳳瀚明確指出，如果要釐清△的具體含義，就必需先對"鋝"具正確的理解。西周中、晚期銘文既謂"取△若干鋝"，古書所載"鋝"多用爲量名，乃稱量單位，如《周禮・冬官・考工記》嘗記"戈"之形制"重三鋝"，東漢鄭玄注云：

> 鄭司農云："鋝，量名也。讀爲刷。"玄謂許叔重《説文解字》云："鋝，鍰也。"今東萊稱或以大半兩爲鈞，十鈞爲環，環重六兩大半兩。鍰鋝似同矣，則三鋝爲一斤四兩。②

儘管訓釋家於"鋝"的具體重量上有不同看法，③但從《考工記》的記載可以得知，"鋝"在先秦時期曾經用爲金屬（尤其是青銅）的稱量單位。而且，在西周金文中，"鋝"確實可作爲"金"和"貝"的量詞，益證△應該與財貨有關：

> 王易（賜）金百孚（鋝），禽用乍（作）寶彝。（禽簋 4041，西周早期）
>
> 女（汝），便（鞭）女（汝）五百，罰女（汝）三百孚（鋝）。……牧牛辭誓成，罰金，儐用乍（作）旅盉。（儐匜 10285，西周晚期）
>
> 稽從師雍父戍于古𠂤（次），蔑曆，易（賜）貝卅孚（鋝）。（稽卣 5411，西周中期）

殷周彝銘所稱的"金"指青銅，如"王孫遺者羃（擇）其吉金"（王孫遺者鐘

---

① 朱鳳瀚：《西周金文中的"取徽"與相關諸問題》，見陳昭容主編：《古文字與古代史》第一輯，臺北：中央研究院歷史語言研究所，2007 年，頁 191—211。

② 《周禮注疏》，見《十三經注疏》（整理本），北京：北京大學出版社，2000 年，頁 1288。

③ 《説文・金部》："鋝，十銖二十五分之十三也。从金，寽聲。《周禮》曰：重三鋝。北方以二十兩爲鋝。"（《説文解字（附檢字）》，頁 296。）《小爾雅・廣衡》云："二十四銖曰兩，兩有半曰捷，倍捷曰舉，倍舉曰鋝。"（王煦：《小爾雅疏》卷八，見《續修四庫全書》，上海：上海古籍出版社，1995 年，頁 10。）朱鳳瀚據此指出，漢人所講"鋝"之單位重量均嫌較輕，與西周金文中"取△若干鋝"情況不相適應，故西周重量單位"鋝"與漢制並不相同。（朱鳳瀚：《西周金文中的"取徽"與相關諸問題》，頁 203。）

261)、"樊夫人龍嬴用其吉金"(樊夫人龍嬴鬲 675、676)、"相侯休于夅(厥)臣殳,易(賜)帛金"(殳簋 4136)等。根據黄錫全的研究,青銅作爲稱量貨幣在先秦時期可能已經出現。① 稱卣言"易(賜)貝卅守(鋝)",先秦貨幣在海貝以外,墓葬遺址亦時有銅貝出土,"鋝"既爲金屬的稱量單位,銘文所記之"貝"可能是銅貝。② 商代晚期公丁鼎 T2244 似鑄有"金貝"銘文,或許可以作爲黄説的佐證。③ 再者,西周金文尚有以下文例:

> 帝司(后)賞庚姬貝卅朋,迖兹廿守(鋝),商用乍(作)文辟日丁寶障彝。(庚姬尊 5997、庚姬卣 5404,西周早期)

> 白(伯)懋父廼罰得聶由三百守(鋝),今弗克夅(厥)罰。(師旂鼎 2809,西周早期或中期)④

李學勤利用金文"兹""才"相通爲例證,認爲"庚姬"器所見"兹"及師旂鼎所見"聶"均當讀"值",用以計算財貨的價值,"鋝"是其單位。⑤

先秦時期的貨幣主要以青銅鑄造,大概基於這個原因,古文獻所見"鋝"除可作爲金屬重量單位外,亦可兼用爲稱量財貨的價值。以"取△若干鋝"與上述文例相參證,△應該用爲財貨,其價值以稱量單位"鋝"來計算。△甲從"𧾷"從"貝",商代晚期作册睪卣 5414 有銘云:

> 卭其易(賜)乍(作)册睪𧾷一、珛一,用乍(作)且(祖)癸障彝。

銘文"𧾷一、珛一",部分學者釋作"𧾷珛"。⑥ 細審卣銘拓本,"𧾷""珛"兩字左下方皆明顯有"一"字,故銘文應當釋爲"𧾷一、珛一","𧾷"即△甲所從

---

① 黄錫全:《先秦貨幣通論》,北京:紫禁城出版社,2001 年,頁 53。

② 黄錫全:《先秦貨幣通論》,頁 56。

③ 公丁鼎見於吳鎮烽《商周青銅器銘文暨圖像集成》著録,但拓本較爲模糊,該書釋文作:"乙□□□□金貝,□用乍(作)父丁彝,才(在)六月遘祊(于)日癸□日萼(燕)。""金貝"前後殘渤,難以確知鼎銘的具體内容。

④ "聶"下一字,李學勤釋作"由",訓"以"。(李學勤:《説"兹"與"才"》,見中國古文字研究會、中山大學古文字研究所編:《古文字研究》第二十四輯,北京:中華書局,2002 年,頁 170—171。)

⑤ 李學勤:《説"兹"與"才"》,頁 170—171。

⑥ 吳匡及朱鳳瀚均釋作"𧾷珛",李學勤釋爲"呈一矴"。(參吳匡:《釋瑞、徵》,頁 3;朱鳳瀚:《西周金文中的"取徵"與相關諸問題》,頁 199;李學勤:《郤其三卣與有關問題》,見胡厚宣主編:《全國商史學術討論會論文集》,安陽:殷都學刊編輯部,1985 年,頁 458。)

之"𤣩"。有關"𤣩"的釋讀，吳匡逕釋爲"瑞"，[1]李學勤以爲該字從"玉"從"耑"省，即"瑞"字，是圭璧璋琮之類禮玉之總稱。[2] "珇"字見於西周早期亢鼎 NA1439：

　　公大儫(保)買大珇於𣏟亞，才(財)五十朋。

"珇"從"玉"從"且"，是賞賜物，具有金錢價值，曾經於實際交易中用作買賣物。從作册𡪅卣銘文可知，"𤣩"在殷商時期本來可用作賞賜物，但下逮西周中期，其性質出現變化，"取△若干鋝"文例或許説明了"𤣩"在當時已開始用爲財貨，計算單位亦轉變爲"鋝"，"鋝"具稱量價值的作用。至於西周金文△甲的構形，乃是在"𤣩"基礎上增益偏旁"貝"，字形中的"貝"或許可以視爲凸顯其財貨性質的標誌。除此之外，△甲亦嘗見於西周中期曶鼎 2838，可作爲△甲乃財貨之説的另一佐證：

　　歔曰："于王參門，□□木方，用𧸧延(延)𧷿(贖)絲(兹)五夫，用百寽(鋝)。

上述文字見於曶鼎銘文的第二段，内容大致描述一宗訴訟案。鼎銘前部分敘述井叔以"匹馬、束絲"跟效夫交易"五夫"，但其後遭到氐的阻止，改以"百寽(鋝)"之"𧸧"作爲交易條件。銘文中"𧸧"的字形與△甲相同。有關"𧸧"具體指何物，郭沫若曾經認爲是"準貨幣的金屬名稱"，[3]孫常敘從之，[4]王毓銓更以爲是過去出土所見的"包金銅貝"，可以當作財産埋葬，與當時用貝或金屬貨幣殉葬相同。[5] 周鳳五援引《銘文選》釋△爲"鍰"，認爲"𧸧"是金屬貨幣。[6] 現今雖已難以確定其形制，但是，從曶鼎銘文大致可以肯定，"百寽(鋝)"之"𧸧"在實際交易中能够有交換"五夫"的價值，或許由是可以説明△在西周中期買賣中已經具有財貨

---

① 吳匡：《釋瑞、徵》，頁 3。
② 李學勤：《郱其三卣與有關問題》，頁 458。
③ 郭沫若：《奴隸制時代》，北京：人民出版社，1954 年，卷首圖版五。
④ 孫常敘：《曶鼎銘文通釋》，頁 455。
⑤ 王毓銓：《我國古代貨幣的起源和發展》，北京：科學出版社，1957 年，頁 17—18。
⑥ 周鳳五：《曶鼎銘文新釋》，《故宮學術季刊》2015 年 33 卷 2 期，頁 8。

的功能。①

第二節　金文及楚簡材料中與
"徵"相關的字形

　　究竟"取△若干鋝"中△應作如何釋讀？又△_甲與△_乙兩類字形間的關係如何？綜觀前人的論述，大致是從讀音及字形兩方面分析。"徵"，《説文》小篆書作"𢼸"，字從"彳"從"𡈼"從"攴"，"𡈼"應該是"徵"之初文。② 因

---

　　①　除了△的具體含義之外，因"取△若干鋝"文例前多有"訊訟"一辭，部分學者提出"取△"與争訟中的罰金有關，如小川茂樹認爲"取△"是指争訟時徵取罰金。(小川茂樹：《西周時代に於ける罰金徵收制度》，《東方學報(京都)》第七册，1936年，頁90—102。)陳小松以《周禮·秋官·司寇》"以兩劑禁民獄，入鈞金，三日乃致於朝，然後聽之"爲證明，指出"取△"與"今之訟費相類，惟册命之詞體例尚簡，不能如《周禮》之詳耳。"(陳小松：《釋揚簋"取徵五㝬"——〈周禮〉"以兩劑禁民獄入鈞金"新證之一》，《中央日報·文物周刊》40期，1947年6月25日；陳小松：《釋揚簋"取徵十㝬"〈周禮〉"以兩劑禁民獄入鈞金"新證之五》，中央日報·文物周刊44期，1947年7月23日；陳小松：《釋番生簋"取徵廿㝬"——〈周禮〉"以兩劑禁民獄入鈞金"新證之六》，中央日報·文物周刊45期，1947年7月30日。)陳夢家解釋《揚簋》銘文"訊訟，取△五㝬(鋝)"是爲"審理訟事得取罰鍰五鋝之數"。(陳夢家：《西周銅器斷代》，北京：中華書局，2004年，頁193。)但是，亦有學者認爲"取△若干鋝"是指官員的俸禄，如白川静認爲"取△"是在本官以外兼職擔任"訊訟"職務的報償。(白川静：《金文通釋》卷二，神户：白鶴美術館，1964年，頁120。)郭沫若以爲"取△若干鋝"是指"月取若干以爲薪俸也"。(郭沫若：《兩周金文辭大系(上編)》，臺北：大通書局，1971年，頁57。)朱鳳瀚同意郭沫若的解釋："所以，比較起來，認爲受册命貴族'取徵'當是從朝廷取得與其職務相應的固定的俸禄的看法還是相對較爲合理的。"(朱鳳瀚：《西周金文中的"取徵"與相關諸問題》，頁206。)陳公柔不同意争訟或俸禄之説，提出"取△若干鋝"應該是"表示一種身份，一種具有兼嗣司法資格的高官，可以接辦'取遺五㝬'一級的案件。"(陳公柔：《西周金文訴訟辭語釋例》，見張光裕等編：《第三届國際中國古文字學研討會論文集》，香港：香港中文大學中國文化研究所、中國語言及文學系，1997年，頁238。)事實上，根據金文用例，"取△若干鋝"雖然大多與"訊訟"相關，但仍有不少例外，加上該文例主要用於册命銘文，屬周王對器主的册命之辭。因此，我們同意"取△若干鋝"文例應該與俸禄有關，可能是因册命某種職務而取得的俸禄。
　　②　裘錫圭云："如果不求精確，可以把'𡈼'、'遑'等字都看作'徵'的古字。因爲'𡈼'、'遑'等字跟'徵'字即使不是一字的異體，至少也是通用字，'徵'字一直使用到今天，'𡈼'、'遑'等字卻早已停止使用，也可以説它們已經爲'徵'字所取代了。"(裘錫圭：《古文字釋讀三則》，頁19。)

△_甲所从之"𡲽"與"㞷"字形接近，較早期的研究者大致釋△_甲爲古"㞷"，但自從楚簋銘文"遄"出現後，學者開始質疑釋△_甲爲"徵"的説法，並大多以字形爲據，認爲△_甲以"𡲽"爲基礎偏旁，"𡲽"可隸定爲"㞷"或"瑞"。

　　△_甲應該如何隸定和釋讀？我們以下將借助新出金文與楚簡材料，重新探討西周金文所見△_甲的構形問題。部分古文字學家認爲△_甲與"徵"字相關，在殷周金文中，可以肯定爲"徵"字的例子較少，能資以比較的僅見於戰國早期曾侯乙鐘 286—349 銘文。此套編鐘出土於湖北省隨縣擂鼓戰國曾侯乙墓，總共 65 件，①"徵"字在鐘銘中屢次出現，用爲宮調名，以下列出部分例子：

> 徵曾。
> 濁新鐘之徵。
> 遅（夷）則之徵曾。
> 爲槃鐘徵。
> 爲妥（蕤）賓之徵顓下角。爲無睪（射）徵顓。
> 徵輔。
> 割（姑）銉（洗）之徵角。
> 爲獸鐘之徵顓下角。
> 割（姑）銉（洗）之徵曾。
> 爲黄鐘徵爲坪皇觧（變）商。
> 徵角。
> 爲剌音觧（變）徵。
> 坪皇之觧（變）徵。

雖然宮調"徵"在鐘銘中重複出現，但卻存在異寫情況，以下依據其偏旁寫法及組合作出分析：

---

　　①　湖北省博物館編：《曾侯乙墓》，北京：文物出版社，1989 年，頁 75。

	A 類(不从"口")	B 類(从"口")
𢓊	287	287
幺		286
ソ	303	299
业	320	301

過去學者曾經釋"取△若干鋝"之△爲"徵",但從上述例子可知,曾侯乙鐘銘文所見"徵"字與△於字形上確實存在頗大差異,裘錫圭以爲曾侯乙鐘諸"徵"字是由甲骨文"𢓊"字之"𢓊""𢓊"及"𢓊"一類寫法演變而來。[1]
其實,除了金文字例之外,楚簡材料亦嘗出現與"徵"相關的字形:

甲類	包山 021	包山 034	上博《季庚子問於孔子》15	上博《三德》11		
	～門又敗	～門又敗	然則民～不善	～丘毋歌		
乙類	包山 128	包山 002	包山 005	包山 085	郭店《性自命出》22	上博《容成氏》39
	～門又敗	～刅人所幼	～刅人元勵典	鞏(鄧)～	所以爲信與～也	於是乎慎～賢

---

① 裘錫圭:《古文字釋讀三則》,頁 18。

（續表）

丙類	逞 曾侯乙 152 左～徒之黄 爲右驌	逞 曾侯乙 211 左～徒一馬， 右～徒一馬		
丁類	上博《采風 曲目》3 訏(衍)～	上博《采風 曲目》3 ～和	清華《繫年》 76 殺～余(舒)	清華《別卦》 5

甲、乙、丙三類字形明顯有从"𨸏"、从"止"與从"辵"的差異，但我們的分類卻主要依據其右方所从聲符的寫法：

甲類　　　乙類　　　丙類

"🄴門有敗"是包山簡的習用語，過去學者雖然於"阩"字的釋讀有"徵"[①]"登"[②]"升"[③]及"蒸"[④]等多種説法，確切含義仍然待考，[⑤]但大抵均將"🄴"隸定爲"阩"，故甲類字形所从之"🄴"大致可釋爲"升"；至於乙類字

---

①　參彭林：《包山楚簡反映的楚國法律與司法制度》，見湖北省荊沙鐵路考古隊編：《包山楚墓》，北京：文物出版社，1991 年，頁 553；史杰鵬：《包山楚簡研究四則》，《湖北民族學院學報(哲學社會科學版)》2005 年 3 期，頁 64—65。

②　參葛英會：《〈包山〉簡文釋詞兩則》，《南方文物》1996 年 3 期，頁 93；蘇傑：《釋包山楚簡中的"阩門有敗"》，《中國文字研究》第三輯，2002 年，頁 218—222；李家浩：《談包山楚簡"歸鄧人之金"一案及其相關問題》，見復旦大學出土文獻與古文字研究中心編：《出土文獻與古文字研究》第一輯，上海：復旦大學出版社，2006 年，頁 19。

③　李零：《包山楚簡研究(文書類)》，見《李零自選集》，桂林：廣西師範大學出版社，1998 年，頁 137。

④　參劉信芳：《包山楚簡解詁》，臺北：藝文印書館，2003 年，頁 32。

⑤　陳偉指出："'阩門又敗'的確切含義待考，大致應是對抗命者不利的某種處置。"(陳偉：《關於包山"受期"簡的讀解》，《江漢考古》1993 年 1 期，頁 75。)

形所从之"![字]",包山簡整理者隸定爲"屵"。① 丙類所从之"![字]"見於曾侯乙簡,整理者隸定爲"斗",②張光裕從之。③ 然而,李守奎在 1998 年發表《古文字辨析三組》一文,就以上甲、乙、丙三類字形的構形特徵及釋讀作出詳盡分析。大致來説,李氏認爲從當時的楚國文字材料來看,確鑿無疑的"升"字尚未出現,因而質疑釋"![字]"爲"升"之説;然後,李氏再以《説文》古文及曾侯乙鐘銘文爲例證,提出"![字]"應當是"徵"之古字,即"呈",而"![字]""![字]"均屬"![字]"之異寫。④ 李守奎從字形角度對楚簡字形作出清晰區分,見解甚具參考價值,但因論文發表時間尚早,郭店簡、上博簡及清華簡均未出現,倘若現在結合新出戰國文字資料再作討論,其看法似乎猶有可進一步補充的空間。

　　在近年新發現的郭店簡、上博簡及清華簡等材料中,甲、乙兩類字形均曾經出現,並再新添丁類。丁類的部分例子應該基本可確定爲"徵"字,如上博簡《采風曲目》兩例均屬宫調名,乃"宫商角徵羽"之"徵",又清華簡《繫年》"![字]舒"可與《左傳》《國語》記載相參證,即陳公子夏徵舒。⑤ 此外,在甲類字形中,上博簡《季庚子問孔子》"狀(然)則民![字]不善"一語,整理者隸定"![字]"爲"逄",通"坐",⑥何有祖讀"降",⑦但陳偉讀爲"懲",認爲有

---

① 劉彬徽等隸定包山簡所見"![字]""![字]"及"![字]"分別爲"阩""塍"及"陞"。(劉彬徽、彭浩、胡雅麗、劉祖信:《包山二號楚墓簡牘釋文與考釋》,見湖北省荆沙鐵路考古隊編:《包山楚墓》,北京:文物出版社,1991 年,頁 348—399。)

② 湖北省博物館編:《曾侯乙墓》,頁 498、500。

③ 張光裕、滕壬生、黄錫全主編:《曾侯乙墓竹簡文字編》,臺北:藝文印書館,1997 年,頁 148。

④ 李守奎:《古文字辨析三組》,見吉林大學古籍整理研究所編:《吉林大學古籍整理研究所建所十五周年紀念文集》,長春:吉林大學出版社,1998 年,頁 77—86。除了上述字形之外,李氏認爲當爲"呈(徵)"字者尚包括望山簡"![字]"(簡 2.18、2.50)所从之"![字]",整理者及張光裕意見相同,均隸定該字作"阩"。(湖北省文物考古研究所、北京大學中文系編:《望山楚簡》,北京:中華書局,1995 年,頁 109、129;張光裕、袁國華:《望山楚簡校録》,臺北:藝文印書館,2004 年,頁 103。)但是,正如陳偉所言,此字右旁之"![字]"與"![字]""![字]"在寫法上仍有一定距離,應非"阩"字,所以本文暫不將"![字]"納入討論範圍。(陳偉:《楚地出土戰國簡册[十四種]》,北京:經濟科學出版社,2009 年,頁 295。)

⑤ 李學勤主編:《清華大學藏戰國竹簡(貳)》,上海:中西書局,2011 年,頁 171。

⑥ 馬承源主編:《上海博物館藏戰國楚竹書(五)》,上海:上海古籍出版社,2005 年,頁 224。

⑦ 何有祖:《〈季庚子問於孔子〉與〈姑成家父〉試讀》,武漢大學簡帛研究中心"簡帛網"網站發表文章,網址:http://www.bsm.org.cn/show_article.php? id＝202,2006 年 2 月 19 日。

"克制""制止"之意，①楊澤生則認爲當釋"迮"讀"登"，"登不善"即"進不善"。② 又上博簡《三德》"丘毋歌"之""在字形上與《季庚子問孔子》""相同，整理者讀爲"登"。③ 至於在乙類字形中，郭店簡《性自命出》"所以爲信與也"之""，整理者隸定爲"誙"，裘錫圭認爲或可讀"徵"；④上博簡《容成氏》"於是乎慎賢"之""，整理者隸定爲"陞"，讀"登"，⑤陳劍釋作"徵"，⑥蘇建洲從其說，認爲此字從"坣"。⑦ 其實，"徵""懲""登"三字上古同在蒸部，古籍中從"登"與從"徵"的字時有互通之例，如《周易·損》"君子以懲忿窒欲"一語，阮元《校勘記》引陸德明《釋文》云："'徵'，劉作'懲'，蜀才作'澄'。"⑧

上述各類字形所從聲符的寫法雖然不盡相同，但學者普遍認爲諸字讀音皆與"徵"字相關。事實上，在上述諸類字形中，首先可以肯定爲古"徵"字者大概有丁類所見""""二形。《說文·壬部》云：

，召也。從微省，壬爲徵。行於微而文達者，即徵之。，古文徵。⑨

《說文》""爲"徵"之古文，該字亦見《玉篇·攴部》：

敳，陟陵切。召也。今作徵。⑩

① 陳偉：《新出楚簡研讀》，武漢：武漢大學出版社，2010年，頁226。
② 楊澤生：《〈上博五〉零釋十二則》，武漢大學簡帛研究中心"簡帛網"發表文章，網址：http://www.bsm.org.cn/show_article.php? id=296，2006年3月20日；又見楊澤生：《〈上博五〉零釋十一則》，《中國語文研究》2008年2期，頁99—108。
③ 馬承源主編：《上海博物館藏戰國楚竹書（五）》，頁296。
④ 荆門市博物館編：《郭店楚墓竹簡》，北京：文物出版社，1998年，頁182。
⑤ 馬承源主編：《上海博物館藏戰國楚竹書（二）》，上海：上海古籍出版社，2002年，頁280。
⑥ 陳劍：《上博簡〈容成氏〉的竹簡拼合與編連問題小議》，見上海大學古代文明研究中心、清華大學思想文化研究所編：《上博館藏戰國楚竹書研究續編》，上海：上海書店出版社，2004年，頁331。
⑦ 季旭昇主編：《〈上海博物館藏戰國楚竹書（二）〉讀本》，臺北：萬卷樓圖書股份有限公司，2003年，頁167。
⑧ 《周易正義》，見《十三經注疏》（整理本），北京：北京大學出版社，2000年，頁202。
⑨ 許慎撰，徐鉉校定：《說文解字（附檢字）》，頁169。
⑩ ［梁］顧野王著：《大廣益會玉篇》，北京：中華書局，1987年，頁85。

因此,《説文》"𢻻"大致可隸定爲"斁",字左下方從"各"。上博簡《采風曲目》所見"徵"書作"",字下半部與楚簡"各"字之作"𠙊"(郭店簡《老子甲》24)、"𠮷"(上博簡《昔者君老》4)、"𢓊"(清華簡《君至》1)等接近,亦與《説文》古文"𢻻"字字形大致相同,僅"𢻻"較"𢒉"多出偏旁"攴"。此外,古璽字形亦可爲此問題提供重要資料:

《璽彙》2984

羅福頤《古璽彙編》釋文作"善□","𢒉"字不識。① 事實上,借助璽文"𢒉"與上博簡《采風曲目》"𢒉"相參證,璽印應該讀爲"善徵","徵"有"徵兆"之意,"善徵"意義與《尚書》所見"休徵"相同,即言"好的徵兆",有吉祥之意,《洪範》嘗言:"曰休徵。曰肅,時雨若。曰乂,時暘若。曰晢,時燠若。曰謀,時寒若。曰聖,時風若。"孔安國傳:"叙美行之驗。"② 至於清華簡《繫年》之"徵"僅書作"𢒉",《别卦》亦有"𢒉"字,兩字皆不從"口",與上博簡《采風曲目》及古璽文所見字形不同。然而,從曾侯乙鐘"徵"字可知,鐘銘"徵"既有 B 類之從"口",亦有 A 類之不從"口",所以,偏旁"口"之有無並不影響其釋讀,《繫年》"𢒉"亦應當是"徵"字。至於《别卦》"𢒉"字右邊偏旁基本上與《繫年》"𢒉"相同,正如整理者所言,"𢒉"該隸定爲"揑",從"手""堂"聲,王家臺秦簡本《歸藏》、今本《周易》均作"升",故"揑"可讀爲"升"。③

第三節　楚簡"𢒉"之字形分析

既然丁類所見"𢒉"基本可肯定爲"徵"字,有關"𢒉""徵"與其餘各類

① 故宫博物院編,羅福頤主編:《古璽彙編》,北京:文物出版社,1981 年,頁 282。
② 《尚書正義》,見《十三經注疏》(整理本),北京:北京大學出版社,2000 年,頁 379。
③ 李學勤主編:《清華大學藏戰國竹簡(肆)》,上海:中西書局,2013 年,頁 133。

字形間的關係，我們以下將逐一分析。《説文》古文""於《玉篇》書作"散"，所從之"各"無論於字音或字義上均與"徵"字無關。楚簡甲類字形皆以""爲偏旁，""可釋爲"升"。"升"爲兩周金文的常用字：

舂簋 4194
西周中期

秦公簋 4315
春秋中期

魏鼎 2647
戰國

王后中官鼎 936
戰國晚期

三年詔事鼎 2651
戰國晚期

長陵盉 9452
戰國晚期

上述金文所見"升"的寫法與""非常接近。在古文字材料中，與"升"字形相近者尚有"斗"字。古文字"升""斗"二字本來有別，""内無横畫者爲"斗"，有横畫作""是"升"；然而，在東周文字中，"升"有書作""，"斗"亦有書作""，兩字偶會相混。① 例如，郭店簡《唐虞之道》簡15—17云：

> 夫古者舜佢(居)於草茅之中而不憂，爲天子而不喬(驕)。佢(居)草茅之中而不憂，智(知)命也。爲天子而不喬(驕)，不也。

整理者認爲""爲"身"之異構，但裘錫圭釋該字作"升"，猶言"登"。② 事實上，楚簡"身"一般書作""（郭店簡《老子乙》5）、""（上博簡《緇衣》19）、""（清華簡《程寤》9）等，""與楚簡"身"字字形明顯不同，反而與殷周彝銘所見"升"字較爲接近。郭店簡""字雖然没有横畫，但綜合簡文上下文意，該字絶不讀"斗"，應該釋爲"升"，由是可證楚簡確實有"斗""升"不分的情況。因此，甲類諸字所從之""應該仍然可視爲"升"。不過，倘若再取郭店簡""與甲類字形""作出仔細對比，兩者的寫法似乎仍有微細差異，但此問題可通過包山簡字形得以解决：

---

① 參黄德寬主編：《古文字譜系疏證》，北京：商務印書館，2007年，頁363—364。
② 荆門市博物館編：《郭店楚墓竹簡》，頁159。

包山 062　　　包山 071
～門又敗　　　～門又敗

包山簡"**𣎴**門又敗"文例所從之"**𣎴**"亦有書作"**𣎴**","**𣎴**"的寫法與郭店簡"**𣎴**"基本相同。從三者的對照可知,"**𣎴**""**𣎴**""**𣎴**"應該屬同一偏旁的異構。此外,"**𣎴**"既然可釋爲"升",與丙類諸字所從之"**𣎴**"相同,故曾侯乙簡"**𣎴**"字亦應隸定爲"进",升""登"上古同在蒸部,簡文"进徒"有可能是官職名,即古文獻所載之"左徒""登徒"。①

　　"徵""升"二字上古同在蒸部,基於上述楚簡偏旁"**𣎴**""**𣎴**"的分析,我們懷疑上博簡《采風曲目》"**𣎴**"之"**又**"及《說文》古文"敳"之"攵"皆是從偏旁"升"譌變而來。其實,曾侯乙鐘銘文能爲此看法提供重要證明,《集成》287 號鐘銘所見"徵"字字形如下:

此字與《采風曲目》所見之"**𣎴**"字形基本相同,所從之"**𣎴**"與楚簡偏旁"**𣎴**"相當接近。而且,丁類字形中清華簡《繫年》之"**𣎴**"明顯從"升",由是可確知"**𣎴**"之"**又**"本來就是偏旁"**𣎴**(升)",用作聲符,但譌變爲"**又**"(攵)"後完全喪失表音的作用。②

　　丁類楚簡字形所見"**𣎴**"爲何從"口"? 事實上,曾侯乙鐘銘文已經能夠證明"徵"有否偏旁"口"並不構成差異;同時,清華簡《繫年》所見"徵"字書作"**𣎴**",亦不從"口"。我們由是推測,上述字形之"口"應該是累增的偏旁。在戰國文字中,累增無義偏旁"口"的例子甚多,如"丙"可書作"**内**"

_____

①　參湯炳正:《"左徒"與"登徒"》,見《屈賦新探》,濟南:齊魯書社,1984 年,頁 48—57。

②　本文完成後才拜讀孫偉龍及肖攀有關"升""又""征"三者關係之討論,然其論述角度及部分推論與我們有所不同,故不擬再贅述其觀點。(孫偉龍:《〈上海博物館藏戰國楚竹書〉文字羨符研究》,吉林大學博士學位論文,2009 年,頁 110—121;肖攀:《清華簡〈繫年〉文字研究》,吉林大學博士學位論文,2013 年,頁 11—44。)

或""，"念"可書作""或""，"雀"亦可書作""或""。① 所以，戰國文字"徵"字本身從"(升)"聲，但是，當"(升)"下累增偏旁"口"後，其構形與"(各)"(郭店簡《老子甲》24)甚爲類近，由是促使"徵"進一步譌變爲從"各"之"(峇)"，後來更出現《説文》古文""及《玉篇》"斅"等異體。

第四節　古文字"徵"所从之
"ｅ""幺""ｖ"及"屮"

上博簡《采風曲目》宫調名"徵"均書作""，前文已從偏旁譌變及累增角度解釋偏旁"各"的來源；然而，""字上半部之""究竟該如何分析？事實上，"(ｅ)"可結合曾侯乙鐘銘文"徵"所從之"(幺)""(ｖ)"及"(屮)"一併探討。

戰國早期曾侯乙鐘銘文"徵"除從"ｅ"之外，亦有書作從"幺""ｖ"或"屮"。細審前文所列楚簡中與"徵"相關的字形，乙類偏旁兼有從"ｖ"與從"屮"兩類。例如，包山簡""""及郭店簡《性自命出》""均從"屮"，上博簡《容成氏》""則從"ｖ"。究竟"ｅ""幺""ｖ""屮"四者的關係如何？我們認爲可以從譌變的角度解釋。上博簡《仲弓》簡10嘗有以下記述：

中(仲)弓曰："惑(宥)怣(過)鼜辠(罪)，則民可。"

""，整理者釋作"幼"，通"要"，即"和"字，②但後來不少研究者改釋爲"夋"，有"後"③和"畜"④等多種通讀方式。當中，陳劍本來贊同""當爲

---

① 參何琳儀：《戰國文字通論》(訂補本)，南京：江蘇教育出版社，2003年，頁217—218。

② 馬承源主編：《上海博物館藏戰國楚竹書(三)》，上海：上海古籍出版社，2004年，頁270—271。

③ 參楊澤生：《上博竹書第三册零釋》，山東大學文史哲研究院"簡帛研究"網站發表文章，網址：http://www.jianbo.org/admin3/html/yangzesheng02.htm，2004年4月23日。

④ 參申紅義：《〈上海博物館藏戰國楚竹書〉(三)〈仲弓〉雜記》，山東大學文史哲研究院"簡帛研究"網站發表文章，網址：http://www.jianbo.org/admin3/html/shenhongyi01.htm，2004年6月30日。

"夋"字,①但其後再作修訂,認爲"　"與楚簡所見"呈"字形相近,當改釋爲"呈",讀"懲"。② "　"的字迹較爲模糊,現在僅能辨識字上方所從應該是"幺",然而,陳劍於"　""呈"關係的分析卻能爲有關研究帶來重要啓示:

> 《説文》古文"徵"作　,其左半所從即上舉"峇(徵)"形。"峇"即"呈"加繁飾"口"旁,古文字中從"口"不從"口"常無別,獨立的不從"口"的"呈"字在當時楚文字中應該也是存在的。"呈"字受"逡(後)"字中"夋"旁"頭部'幺形'與'三斜筆形'互作"之變化的影響,其上方所從的向右曲頭的三斜筆之形"逆向類化"作"幺"形,就變成前舉《仲弓》簡10末的△[筆者案:即　]形了。③

我們在陳説的基礎上,再翻檢古文字材料中從"豈"諸字,發現"戶""幺""ソ"及"ㄓ"四者間有互換的情況:

| 趙簋 4266 | 上博《逸詩·交交》1 | 上博《內禮》8 | 三年鈖匋令戈 11354 | 上博《昔者君老》3 |

"豈"本從"戶",如西周中期趙簋及上博簡《逸詩·交交鳴鳥》字例之"豈"上部均作"戶",但是,上博簡《內禮》字例已譌變爲"幺",《昔者君老》字例更譌作"ㄓ",戰國晚期三年鈖匋令戈銘文"豈"則從"ソ"。其實,類似情況亦見於"耑"字,契文"耑"書作"　""　"等,從"之",學者認爲是會植物初生之意,④但金文"耑"上部已大致譌變爲"戶",如春秋晚期義楚觯"耑"書作"　",郭店簡《老子甲》簡16"耑"亦作"　",在戰國銘文中,"耑"字上部更有譌爲"ソ"者,如八年相邦建信君劍所見

---

① 陳劍:《上博竹書〈仲弓〉篇新編釋文(稿)》,山東大學文史哲研究院"簡帛研究"網站發表文章,網址:http://www.jianbo.org/admin3/html/chenjian01.htm,2004年4月18日。
② 陳劍:《〈上博(三)·仲弓〉賸義》,收入武漢大學簡帛研究中心主編:《簡帛》第三輯,上海:上海古籍出版社,2008年,頁73—90。
③ 陳劍:《〈上博(三)·仲弓〉賸義》,頁79。
④ 參黃德寬主編:《古文字譜系疏證》,頁2702。

"峝"書作""。蘇建洲曾經指出古文字中兩筆之"ㄟ"與三筆之"ㄐ"無別,不會構成釋讀上的差異,如"虘"於郭店簡《語叢三》簡 41 書作"🐦",《語叢一》簡 97 則作"🐦"。①

上博簡《采風曲目》"🐦"的來源已經得以清晰説明,而清華簡《繫年》之"🐦"明顯從"升",尚未發生譌變。不過,倘若再作仔細觀察,"幺"仍與"🐦"之"ㄗ"存在一定差異。首先,"幺"之首筆有折,"ㄗ"則僅是自右而左的斜筆,其實,折筆應該屬於書法筆勢的差異,並不構成任何釋讀上的不同,以下試舉包山簡例子爲證:

包山 22　　　　　包山 30
李～　　　　　　李～

上述兩字皆用於人名,前者從"玉",後者從"人",包山《文書》簡 24 作"李逗",兩字所從聲符應該是"峝",故"李瑞""李倘"及"李逗"是同一人,②包山簡 22"峝"字上部的寫法與"幺"接近,首畫有折筆。此外,"幺"與"ㄗ"的差異亦在於前者有底畫,後者沒有。其實,參考上博簡《繫年》74 字形,則知底畫之有無並不影響釋讀:

清華《繫年》74
陳公子～(徵)鄦(舒)

"夏徵舒"於《繫年》出現凡數次,"徵"於簡 74 書作"🐦",從"言"不從"升",故"🐦"之"彡"於字中應該具有標誌讀音的作用,上部所從之"幺"應該即相當於"ㄗ"。包山簡"🐦"字亦出現兩次,但學者的釋讀衆説紛紜:

① 蘇建洲:《〈郭店〉、〈上博(二)〉考釋五則》,見《中國文字》29 期,臺北:藝文印書館,2003 年,頁 214。
② 劉彬徽、彭浩、胡雅麗、劉祖信:《包山二號楚墓簡牘釋文與考釋》,頁 374。

包山140	包山140反
～於鄝君之塇(地)襄溪之中	～於畢塇(地)鄭中

劉彬徽等釋"🌿"爲"先"，疑爲"失"之誤字；①白於藍指出此字與楚簡"先"字形不符，當釋爲"生長"之"長"；②李家浩認爲該字與甲骨文所見"🌿"字相同，從裘錫圭釋爲"徵"，乃"取"之意，類似寫法有上博簡《采風曲目》簡2"🌿"字；③因《采風曲目》整理者釋"🌿"爲"屵"字，讀"嫩"，陳偉據此讀包山簡"🌿"爲"微"，解作匿藏之意。④ 然而，清華簡《繫年》"徵"字書作"🌿"，由是可證"🌿"大致與"徵"讀音相近，所以李説較爲可信。至於《采風曲目》曲目名《牪(將)🌿人》，整理者讀"🌿"爲"嫩"，⑤陳劍以爲曲名當與"母(毋)迖(過)虗(吾)門"連讀。⑥ 通過上述有關楚簡字形的分析，"🌿"之讀音或許與"徵"相近，我們懷疑"🌿"當讀爲"征"，"牪(將)征人"猶言率領出征之人。⑦

----

① 劉彬徽、彭浩、胡雅麗、劉祖信：《包山二號楚墓楚簡牘釋文與考釋》，頁382。
② 白於藍：《包山楚簡補釋》，見《中國文字》27期，臺北：藝文印書館，2001年，頁156。
③ 李家浩：《談包山楚簡"歸鄧人之金"一案及其相關問題》，見復旦大學出土文獻與古文字研究中心編：《出土文獻與古文字研究》第一輯，上海：復旦大學出版社，2006年，頁23。
④ 陳偉：《楚地出土戰國簡册[十四種]》，頁69。
⑤ 馬承源主編：《上海博物館藏戰國楚竹書(四)》，上海：上海古籍出版社，2005年，頁166。
⑥ 陳劍：《上博竹書"葛"字小考》，武漢大學簡帛研究中心"簡帛網"發表文章，網址：http://www.bsm.org.cn/show_article.php? id＝279，2006年3月10日；又見《中國文字研究》第一輯，鄭州：大象出版社，2007年，頁69。
⑦ 爲何楚簡文字之"🌿"皆從"山"而非"🌿"？ 我們猜測有可能是與"屵"起區別的作用。楚簡文字"敚"書作"🌿"，上端一般向左曲頭，但西周金文、石鼓文和小篆"敚"皆向右曲頭。(參陳劍：《〈上博(三)·仲弓〉膡義》，頁81。)在《金文編》中，"敚"有書作"🌿""🌿""🌿"等形。(容庚編著，張振林、馬國權摹補：《金文編》，北京：中華書局，1985年，頁564。)因此，倘若楚簡"🌿"僅從"🌿"，其字形便會容易與"屵"相混。所以，我們懷疑"🌿"下加橫畫具有區別的作用。

第五節 "取△若干鋝"的釋讀

西周銘文文例"取△若干鋝"所見△字雖然字形繁複,前人釋讀互有差異,但通過上述有關古文字材料中"徵"字字形的分析,我們大致認爲△甲是一個從"呈"從"貝"的字,"呈"即古"徵"字。我們之所以釋"🔣"爲"呈",主要基於以下幾個原因:

第一,《説文》中"徵"字小篆書作"🔣",從"彳"從"呈"從"攴","呈"應乃"徵"之初文。《説文》小篆"🔣"雖然從"𦤞",但隸變後的"徵"已經從"山"。從前文論述可知,古文字中"𦤞""幺""丷"及"屮"之間存在譌變的情況,故"徵"隸變後所從之"山"有可能是來自"𦤞"—"屮"—"山"的譌變結果。事實上,類似演變軌迹亦見於"豈"字,古文字中"豈"字從"𦤞""丷"或"屮",但隸變後的"𦤞"已演變爲"山",可證明隸書偏旁"山"確實有部分是來源自古文字"𦤞"。因此,結合古文字的演變規律可知,西周金文的"呈"書作"🔣",大致均從"𦤞",但下逮戰國時期,其所從之"𦤞"已開始分化,如曾侯乙鐘所見"呈"已分別譌爲"幺""丷"及"屮",類似情況亦見於楚簡文字。至於《説文》小篆"🔣"卻保留了西周金文從"𦤞"的寫法,但值得注意的是,《説文》古文"徵"書作"🔣",所從之"🔣"明顯與戰國鐘銘和楚簡"呈"所從之"屮"有關,屬於六國文字的體系。①

第二,朱鳳瀚認爲"🔣"之下部從"王(玉)",②但倘若作出仔細分析,雖然部分字例從"王(玉)"書作"🔣"(見䀼簋及齬簋),但仍有不少例子是從"土"書作"🔣"(見毛公鼎、揚簋、親簋及矜簋)。"🔣""🔣"二形的同時出現,似乎有兩個可能的解釋:第一,△甲偏旁本從"土"書作"🔣",但"土"其後譌變爲"王(玉)",書作"🔣";第二,"🔣"本身從"土","土"上的橫畫實

---

① 《説文》所收"徵"字古文從"🔣",我們懷疑可能是保留了戰國文字中從"丷"的寫法。王國維嘗提出"戰國時秦用籀文,六國用古文"之説,此例子或許可以再次印證六國文字與《説文》古文相合。(參王國維:《戰國時秦用籀文六國用古文説》,見《觀堂集林》,北京:中華書局,1961年,頁305。)

② 朱鳳瀚:《西周金文中的"取徵"與相關諸問題》,頁198。

應與"Ｆ"相連,故所从之聲符實是"Ｅ"。其實,《説文》小篆"徵"字从"壬",或有助説明"Ｅ"與"徵"的關係,"徵"所从之"壬"應該是自"Ｅ"所从之"土"譌變而來。古文字中"土""壬"互譌的情況屢次出現,例如,戰國文字"聖"有从"壬"作"聖"(郭店簡《老子甲》簡11),亦有从"土"作"聖"(郭店簡《老子乙》簡12);金文"望"有从"土"作"望"(無叀鼎2814),亦有从"壬"作"望"(尹姞鬲754)。而且,《説文》收録的小篆分别書作"聖"(聖)"及"望(望)",均从"壬",並不从"土"。

　　第三,西周中期矜簋"取△五寽(鈢)"文例中所見"徵"字亦有助説明"Ｅ"與"徵"的關係。此字雖於被歸入△甲4類,但其實與該類其他字形並不完全相同:

△甲類所有字形均从"貝",惟此字易"貝"爲"Ｖ","Ｖ"可隸定爲"口"。金文"君(君)"(昆君婦媿霝壺T12353)、"唯(唯)"(辛嚻相簋NA1148)及"命(命)"(應侯簋T05311)諸字所从之"口"俱書作"Ｖ",可資參證。但是,由於銘文照片稍欠清晰,張光裕曾經以爲此字从"見",[1]但後來指出字當从"Ｖ",或係"貝"之譌變,[2]朱鳳瀚則認爲此字从"口",不从"貝",乃較少見之異體。[3]　其實,古文字"口""貝"形體並不相近,文獻中亦未嘗見有兩者相混的例子,因而較難從譌變角度解釋。然而,在戰國金文及楚簡材料中,"徵"字有不少从"口"的例子,《説文》古文"徵"亦書作"徵",《玉篇》"徵"作"𢾭",均从"口"。由是可見,戰國古文字材料所見从"口"之"徵",其寫法在西周中期矜簋銘文已見端倪。

　　通過上述古文字及《説文》字形的比對,我們認爲△甲諸字所从之

---

　　① 張光裕:《讀新見西周矜簋銘文札迻》,見中國古文字研究會、浙江省文物考古研究所編:《古文字研究》第二十五輯,北京:中華書局,2004年,頁176。
　　② 有關"Ｖ"的釋讀,張光裕在《雪齋學術論文二集》出版時作出修訂,認爲"Ｖ"乃"貝"之譌變。(張光裕:《讀新見西周矜簋銘文札迻》,見《雪齋學術論文二集》,臺北:藝文印書館,2004年,頁288。)
　　③ 朱鳳瀚:《西周金文中的"取徵"與相關諸問題》,頁198。

"丰"可隸定爲"呈",即古"徵"字。△甲大概是一個从"徵"得聲的字,或可隸定爲"䞷",而△乙則可釋作"遄"。有關△甲與△乙的關係,兩者文例既然相同,並皆以"丰"作爲共同部件,所以,"丰"有可能是代表其讀音的聲符。"徵"上古爲端母蒸部字,"呈"則是端母元部字,兩字上古聲紐相同,並皆屬陽聲韻字。其實,元、蒸二部相通的例子尚有"耎"及"陾"。"耎"上古屬元部字,但从"耎"聲之"陾"屬於蒸部。① 由是可見,"耎""陾"似乎可以作爲"取△若干鋅"文例中"䞷""遄"二字相通的重要佐證。②

① 參陳新雄:《古音研究》,臺北:五南圖書出版有限公司,1999 年,頁 365。
② 李添富云:"陾从耎聲,耎从而聲,古音从耎者,多在元部,其本音則在之部也,其又讀作如乘切者,當係雙聲對轉變入蒸部也。"(李添富:《〈廣韻〉一字同義陰陽異讀現象研究》,《輔仁國文學報》18 期,2002 年,頁 32—33。)其實,金文"呈"从"而",李氏於"耎""陾"二字的説解有助我們理解"呈""徵"相通的問題。

第七章　從文例角度談"𠄠"與 "𦥑"的釋讀

在殷周彝器銘文中，偏旁"𠄠"與"𦥑"寫法甚爲接近，前者主要與"宀"或"玉"組成"宀""宀""珤""𪊨"等，後者則多與"貝"構成"𪊨"與"賞"。古文字學家雖然對"𠄠""𦥑"的隸定與釋讀嘗有深入討論，但在部分問題上仍然意見分歧。

有關"𠄠"的釋讀，研究者大致隸定作"至"，以爲本義與建築物或居室相關。例如，方濬益認爲"𠄠"乃"象廟中中央太室之形"，而孫詒讓讀"宀"爲"室"，郭沫若亦指出"𠄠"乃象卧榻之形，馬敍倫認爲"𠄠"與"𢆶"相同，"象四合院落是也"，即"亞"字，而吳闓生釋"宀"作"象窗牖形"，當爲光寵之意。①

至於金文所見"賞"字，早期學者嘗有"貯""賾""責"等多種釋讀。例如，阮元釋"賞"爲"貯"，即"貯積之貯"；吳式芬根據文例推斷"賞"具賞賜之意，即《玉篇》之"賾"字，徐同柏從之；劉心源認爲字形中"凡中直筆通貫"之"賞"應釋爲"責"，"直筆中斷"之"賞"則應釋"貯"。② 後來，學者大多依據阮氏看法釋"賞"爲"貯"，但具體訓釋卻不盡相同，如郭沫若認爲"賞"（貯）具"賦""賜"之意；于省吾則讀爲"予"，訓"賜"；容庚訓"積"；商承祚

---

① 參周法高主編：《金文詁林》，香港：香港中文大學，1974—1975 年，頁 4741—4750；周法高編撰：《金文詁林補》，臺北："中研院"歷史語言研究所，1982 年，頁 2496—2504。

② 參周法高主編：《金文詁林》，頁 4027—4030。

認爲"貯"與"貯"相同，皆是"貯"字，乃"象納貝於櫝中，故有藏意"；楊樹達讀"貯(貯)"爲"紵"，乃指"織紵"；而唐蘭認爲"貯"與"租"音近通用。①由是可見，過去學者在金文"貯"的釋讀問題上衆説紛紜，一直未達致共識。然而，直至 20 世紀 80 年代，李學勤提出新説，根據《左傳》"賈而欲赢"一語，釋讀齊生魯方彝蓋"齊生魯肇貯休多赢"之"貯"字爲"賈"，②指出其意義應當與商賈有關，見解獨到精闢，現今已爲大部分古文字學家所採納。

第一節　"貯"並非《説文》"宁"字

金文所見偏旁"貯"與"貯"，或因其寫法相當接近，並與《説文・宁部》小篆"宁(宁)"字形相類，故早期學者多認爲兩者爲一字，遂釋作"宁"。《説文・宁部》云：

> 宁(宁)，辨積物也。象形。③

《説文・貝部》亦收有從"宁"之"貯(貯)"字：

> 貯(貯)，積也。從貝，宁聲。④

有關"貯"與"宁(宁)"的關係，唐蘭考釋牆盤所見"宁"時曾經提出：

> 宁是貯字異文。宁原是庭宁的宁，與貯藏的宁形近，音義均同，

---

① 參周法高主編：《金文詁林》，頁 4030—4034；參周法高編撰：《金文詁林補》，頁 2074—2100。

② 李學勤：《重新估價中國古代文明》，見胡明、傅傑主編：《釋中國》，上海：上海文藝出版社，1998 年，頁 1548—1561。該文首次發表於 1981 年西安"第二次先秦史學術討論會"。李學勤：《魯方彝與西周商賈》，《史學月刊》1985 年 1 期，頁 31—34。該文其後收録於《當代學者自選文庫：李學勤卷》，合肥：安徽教育出版社，1999 年，頁 302—308。李學勤：《兮甲盤與駒父盨——論西周末年周朝與淮夷的關係》，見《新出青銅器研究》，北京：文物出版社，1990 年，頁 138—145。

③ ［漢］許慎撰，［宋］徐鉉校定：《説文解字（附檢字）》，北京：中華書局，1963 年，頁 307。

④ 許慎撰，徐鉉校定：《説文解字（附檢字）》，頁 130。

常通用。古代以玉爲寶,因有玪字,後世用貝,有貯字,此並玉和貝又表示在屋内,所以从宀。《説文》:"貯,積也。"①

唐氏以爲金文"🜊"有别於《説文》所見"🜋(宁)","🜊"乃指"庭宁",與"貯"本爲兩字,但因兩字在讀音與字形上相當接近,古書中出現通用的情況。唐氏將"🜊""🜋"二字區别開來,其意見深具啟發性。事實上,金文所見"🜊""🜋"的寫法截然有異,且從來未見有混用的情況。

陳劍曾經考察金文中以"🜊"作聲符的字,歸納其字形爲五類,分别爲:(a)亞、亞;(b)㝬;(c)室;(d)實;(e)竆。② 除此之外,金文中尚有从"玉"之"珛":

> 乙亥,𠭯其易(賜)乍(作)册𡚾生一、珛一,用乍(作)且(祖)癸障彝。(作册𡚾卣5414,商代晚期)

> 乙未,公大僳(保)買大珛于𣏟亞,才(財)五十朋,公令亢歸(歸)𣏟亞貝五十朋,吕(與)𧶠𣏟、邑𦥑、牛一。(亢鼎NA1439,西周早期)

從上述辭例可知,"珛"在西周時期應該屬於賞賜品的一種,具有金錢價值,並曾經在實際交易中用作買賣物。查考金文中从"🜊"諸字的意義,在陳劍所羅列的字形中,(a)及(b)兩類較多用爲人名或族徽,而(c)、(d)及(e)則具有以下三種主要用法:

甲類——用於"對揚"句

> 佳(唯)四月既生霸己丑,公賞(賞)乍(作)册大白馬,大揚皇天尹大僳(保)室,用乍(作)且(祖)丁寶障彝。(作册大鼎2758—2761,西周早期)

> 佳(唯)九月既死霸丁丑,乍(作)册矢令障俎于王姜,姜商(賞)令貝十朋、臣十家、鬲百人,公尹白(伯)丁父兄(貺)于戍,戍冀嗣(司)气

---

① 唐蘭:《略論西周微史家族窖藏銅器群的重要意義——陝西扶風新出牆盤銘文解釋》,《文物》1978年3期,頁42。

② 除了字形分析外,陳劍以爲金文"宣"與楚簡所見"🝀""🝁""🝂"等爲一字,讀"寵"。(陳劍:《釋"琮"及相關諸字》,見《甲骨金文考釋論集》,北京:綫裝書局,2007年,頁273—316。)

（訖），令敢揚皇王**室**丁公文報，用顯後人亯（享）。（作册夨令簋
4300、4301，西周早期）

乙未，公大僳（保）買大珷于**茉**亞，才（財）五十朋，公令亢歸（歸）
茉亞貝五十朋，吕（與）**𡢃𣏼**、邑䰍、牛一。亞賓（儐）亢騂、金二勻
（鈞）。亢對亞**室**，用乍（作）父己。（亢鼎 NA1439，西周早期）

乍（作）册令敢揚明公尹氒（厥）**室**，用乍（作）父丁寶隣彝，敢追明
公賞于父丁，用光父丁。（夨令尊 6016、夨令方彝 9901，西周早期）

冉對揚王不（丕）顯休**室**，用乍（作）文考釐公隣彝，其萬年用夙夜
明亯（享），其永寶。（冉簋 NA1606，西周中期）

乙類——用於"賞錫"句

兮公**室**孟邑束、貝十朋，孟對揚公休，用乍（作）父丁寶隣彝。（孟
卣 5399，西周早期）

奴辛白（伯）蔑乃子克曆，**室**絲五十乎（鋝），用乍（作）父辛寶隣
彝。（乃子克鼎 2712，西周早期）

隹（唯）王四祀九月初吉丁亥，王各于大室，吏（使）師俗召師酉，
王親袞**室**師酉，易（賜）豹裘。（師酉鼎 NA1600，西周中期）

天子沬**室**白（伯）姜，易（賜）貝百朋。（伯姜鼎 2791，西周中期）

隹（唯）八月初吉丁亥，白（伯）氏賓敱，易（賜）敱弓、矢束、馬匹、
貝五朋，敱用從永揚公休。（敱簋 4099，西周中期）

丙類——用於"用作"句

用**室**丁宗彝，才（在）九月，隹（唯）王十祀䔒日五。（戍鈴方彝
9894，商代晚期）

用**室**丝（兹）彝，乍（作）氒（厥）子子孫其永寶。（盂簋 4162—
4164，西周早期）

過去不少古文字學家嘗指出甲、乙兩類"室"字當讀爲"休"或"予"，與
"賜"義相關。事實上，通過金文文例間的比勘，我們基本可以肯定此兩
類例子中所見之"室"應該是與"休"音義相近的字。首先，甲類"室"均

位於句末,與前面“揚”字呼應,此類例子均可與金文中的“對揚”文例相
參照,例如:①

　　　　不㫧拜頴首,敢揚王休,用乍(作)寶鷺彝。(不㫧鼎 2735、2736,
西周中期)

　　　　旋敢昜(揚)王休,用乍(作)寶殷,子子孫孫永寶用。(五年師旋
簋 4216—4218,西周晚期)

　　　　公臣拜頴首,敢揚天尹不(丕)顯休,用乍(作)障殷,公臣其萬年
用寶丝(兹)休。(公臣簋 4184,西周晚期)

　　　　觎敢對王休,用妥(綏)乍(作)公上父障。(師觎鼎 2830,西周
中期)

此外,禹簋銘文“休宧”二字連用,“休宧”可以理解爲由兩個音義相近的詞
所組成的同位結構。至於乙類“宧”在賞賜句中用作動詞,金文“休”亦有
相類用法,如:

　　　　趞弔(叔)休于小臣貝三朋、臣三家,對乓(厥)休,用乍(作)父丁
障彝。(昜旁簋 4042,西周早期)

　　　　佳(唯)五月乙亥,相侯休于乓(厥)臣夊,昜(賜)帛金。(夊簋
4136,西周早期)

　　　　休王昜(賜)𣊤父貝,用乍(作)乓(厥)寶障彝。(𣊤父鼎 2453,西
周早期)

　　　　休王昜(賜)效父金三,用乍(作)乓(厥)寶障彝。(效父簋 3822,
西周早期)

“休”本身有“美”“善”之意,由此可引申爲動詞,表示“嘉美”的意思。② 此
外,過去嘗有學者將𣊤父鼎及效父簋所見“休王”二字連讀,解釋爲專名,

────────

①　有關金文中“對揚”文例的研究,詳參岑仲勉:《從漢語拼音文字聯繫到周金銘的
熟語》,《中山大學學報》1956 年 4 期,頁 5—27;沈文倬:《對揚補釋》,《考古》1964 年 4 期,
頁 182—187;林澐、張亞初:《〈對揚補釋〉質疑》,《考古》1964 年 5 期,頁 246—248;虞萬里:
《金文“對揚”歷史觀》,《語言研究》1992 年 1 期,頁 84—95。

②　楊樹達曾經指出,金文中“休”可作動詞,通“好”,與“賜”同義。(楊樹達:《詩對揚
王休解》,見《積微居小學述林》,北京:中華書局,1983 年,頁 225—226。)

即"孝王",然而,唐蘭已經指出,由於《書·召誥》有"今休王不敢後,用顧畏于民喦"一語,足證"休王"之"休"應該理解爲動詞。① 而且,金文中"休賜"二字時常連用,亦可理解爲上述例子中"宝……賜……"的變換格式,乃是由義近動詞組成的同位短語,例如:

> 姤(後)休易(賜)乓(厥)瀕事貝,用乍(作)隙寶彝。(瀕事鬲643,西周早期)

> 王休易(賜)乓(厥)臣父癸(榮)獻(瓚)王鄲(祼)、貝百朋,對揚天子休,用乍(作)寶障彝。(榮簋4121,西周早期)

丙類所見"宝"字,我們認爲皆可讀爲"鑄"。"鑄"有鑄製、鑄作之意,殷周金文中"用鑄某彝"的文例經常出現,如"用鑄其穌鐘"(邾叔之伯鐘87)、"用鑄其匪"(許子妝簠4616)、"用鑄丝(茲)障鼎"(師同鼎2779)等,例子甚多,不勝枚舉。由於"鑄""休"二字上古均在幽部,似皆可與"宝"相通。

事實上,除了上述三類例子之外,西周金文尚有以下例子:

> 用乍(作)文母獻(楷)妊寶殷,方其日受宝。(楷侯簋蓋4139,西周中期)

> 王商(賞)小臣彙宝。(小臣彙簋NA962,西周早期)

> 剌(烈)且(祖)、文考弋(式)寵受(授)牆爾髖福,裒(懷)猶(福)彔(禄),黃耇彌生,龕(堪)事乓(厥)辟,其萬年永寶用。(史牆盤10175,西周中期)

楷侯簋蓋"方其日受宝"能與"子子孫孫其帥井(型)受丝(茲)休"(彔伯㺇簋蓋4302)相參照,由是可知"宝"當用如"休"。而小臣彙簋"王商(賞)小臣彙宝",金文中類似文例有如"天子多易(賜)追休"(追簋4219)、"多易(賜)寶休"(克鼎2836),"賞""賜"意義相同,"宝"亦訓"休",用作名詞,指賞賜的美意。至於史牆盤"剌(烈)且(祖)、文考弋(式)寵受(授)牆爾髖福",則可與下文"裒猶禄、黃耇、彌生"及"裒受(授)余爾髖福"(瘋鐘246)

---

① 唐蘭:《西周銅器斷代中的"康宮"問題》,《考古學報》1962年1期,頁44。

相參照,裘錫圭以爲銘文所見"褒"字皆當讀爲"懷",表示給予的意思,①
我們由是可推論"寙"亦當用如"休","懷"與"休"用法大致相同,"休授"即
"懷授"。

　　綜上可見,借助金文文例的參證,我們大致可以確定上述從"亞"諸字
皆用如"休",或讀"鑄",由是推測"亞"上古屬於幽部字,與魚部之"宁"在
讀音上截然有別。因此,我們認爲"亞"與"宁"宜判斷爲音義不同的兩
個字。

第二節　"宁"與《説文》"宁"的關係

從字形角度作出分析,殷周金文中與"宁"相關的字形可以爲下列五類:
甲類:"宁"
——主要見於殷商晚期及西周早期金文,舊釋爲"宁",如:

　　　　　　　　　（宁未口爵 8801）

　　　　　　　　　（鄉宁壺 9481）

　　　　　　　　　（覗方彝 9892）

　　　　　　　　　（剌鼎 2436）

乙類:"宁"
——"貝"置於"宁"內,見於商代晚期金文,舊釋爲"貯",如:

　　　　　　　　　（貯舥 6646）

　　　　　　　　　（貯爵 7650）

　　　　　　（貯觥 9256）

①　裘錫圭:《史牆盤銘解釋》,《文物》1978 年 3 期,頁 31。

丙類："⿱賏貝""⿱賏貝""⿱賏貝"

——"⿱賏"置在"貝"之上，上下兩直畫或貫通，或加點作爲飾筆，見於西周早期至晚期金文，舊釋爲"貯"，李學勤釋作"賈"，如：

（中甗 949）

（倗生簋 4262）

（賈子己父匜 10252）

丁類："⿱賏貝"

——从"用"从"貝"，見於春秋戰國彝銘，舊釋爲"賙"，如：

（姧蚉壺 9734）

（六年大陰令戈 NA1999）

戊類："⿱賏目"

——"⿱賏"形省去下直畫，"貝"進一步譌變爲"目"，① 見於戰國晚期金文，如：

（姧蚉壺 9734）

（兆域圖銅版 10478）

倘若再仔細考察其具體用法，甲、乙兩類用例大多用爲族徽，僅有以下兩例例外：

　　覭戉（肇）卿⿱賏百生（姓），揚用乍（作）高文考父癸寶障彝。（覭方彝 9892，西周早期）

　　剌攼（肇）⿱賏，用乍（作）父庚寶障彝。（剌鼎 2436，西周早期）

---

① 金文偏旁"貝"於後期金文中時有譌變爲"目"之例，如"具"可作"⿱目廾"（曶鼎 2838）或"⿱目廾"（孫叔師父壺 9706），"得"可作"⿰彳𣎆"（師旂鼎 2809）或"𣎆"（僕兒鐘 183），由是可證明字形中所从之"目"乃自"貝"之譌變。

上述兩例的年代均屬西周早期,其實,西周中期彝銘亦有類似的文例,但"🔲"下增益有偏旁"貝",字形與丙類基本相同:

　　□攼(肇)🔲,眔子鼓𢽫鑄旅段。(子鼓𢽫簋 4047,西周中期)

　　隹(唯)八年十又二月初吉丁亥,齊生魯肇(肇)🔲,休多贏。(齊生魯方彝蓋 9896,西周中期)

從上述文例的對比可知,"🔲""🔲"兩字應該互通,李學勤釋"🔲"爲"賈",並歸納其用法有以下四類:a)名詞,讀爲"價";b)動詞,義爲交換;c)名詞,即商賈;d)名詞,國名。① 所以,金文的"肇🔲"與"肇🔲"皆可讀爲"肇賈","賈"大概指"從事商業性質的交易"。② 至於覝方彝"覝戜(肇)卿🔲(賈)百生(姓)",我們認爲其用法可與夻甲盤 10174"其隹(唯)我者(諸)侯、百生(姓),乒(厥)賈"一語相參照,"卿"或可讀爲"會","會賈百姓"大概是指與百姓進行買賣。③

　　"🔲"即古"賈"字,"賈"既從"🔲",但"🔲"究竟是何物? 或許,丁類字形能爲此問題提供重要證據:

賈子叔子斝盤 T14512　　　六年大陰令戈 NA1999　　　十一年庫齝夫鼎 2608
　　春秋晚期　　　　　　　　　　戰國　　　　　　　　　　戰國晚期

中山王䜌鼎 2840　　　　中山王䜌壺 9735　　　　妊𠤱壺 9734
　　戰國晚期　　　　　　　　戰國晚期　　　　　　　戰國晚期

上述諸字從"🔲"從"貝",裘錫圭認爲"🔲"形中右上方的短畫是附加的

---

① 李學勤:《重新估價中國古代文明》,頁 1157。

② 彭裕商:《西周金文中的"賈"》,《考古》2003 年 2 期,頁 59。

③ 陳絜讀該語作"卿宁百生",認爲與族氏銘文"卿宁"相同,表示"一種事死如事生的享禮"。(陳絜:《從商金文"寢某"稱名形式看殷人的稱名習俗》,《華夏考古》2001 年 1 期,頁 109。)事實上,陳氏所謂之"卿宁",過去學者多讀"鄉宁","鄉""卿"兩字字形並不相同。

贅筆，各字當與“□”爲同爲一字。① 至於𫛛盉壺銘中“司馬賈”一名出現凡兩次，分別書作“□”及“□”，前者上部明顯是“□”的省變，可與上博簡《用曰》簡 13“□（賈）”字參照，既然“□”可肯定爲“賈”，“□”亦應該是“賈”字。

在古文字材料中，類似的譌變例子尚有“箙”字。甲骨文“箙”書作“□”“□”“□”等形，②《説文·竹部》云：

> □（箙），弩矢箙也。从竹，服聲。《周禮》：“仲秋獻矢箙”。③

“箙”本象盛矢器，但自西周中期開始譌變爲“蔔”：

箙鼎 1215	戜簋 4322	番生簋蓋 4326
商代晚期	西周中期	西周晚期

羅振玉嘗言：“箙，其字本象箙形中或盛一矢、二矢、三矢，後乃由從一矢之“□”、“□”變而爲“□”、“□”，於初形已漸失，而與蔔字形頗相近。”④細審早期金文所見“箙”字，其所從之“□”與“□”相類，“箙”譌變爲“蔔”後，“矢”似乎還得以保留，但盛矢器“□”卻變爲“用”。

此外，從“□”所構成的氏族徽號可知，“□”可作多類物件的盛載器，用途不拘一格，如“□”是“□”內有戈，“□”乃“□”內放“刀”，“□”則置矢於“□”旁。⑤ “賈”本從“□”，“箙”則是由“□”加“矢”構成的會意字，兩字既同樣譌變爲從“用”，我們懷疑，“□”有可能即“□”，乃盛載器。《説文》釋“□（宁）”爲“辨積物”，與盛物有關，而《説文·宁部》下收録有“𥥩”字：

---

① 裘錫圭：《釋“賈”》，見《裘錫圭學術文集·金文及其他古文字卷》，上海：復旦大學出版社，2012 年，頁 441。

② 于省吾主編，姚孝遂按語：《甲骨文字詁林》，頁 2555。

③ 許慎撰，徐鉉校定：《説文解字（附檢字）》，頁 98。

④ 羅振玉：《增訂殷虚書契考釋》，見《殷虚書契考釋三種》，北京：中華書局，2006 年，頁 474。

⑤ 周法高、李孝定、張日昇編著：《金文詁林附録》，香港：香港中文大學，1977 年，頁 2223—2228。

【字】(𩛥)，䊀也。所以載盛米。从宁从𠂤。𠂤，缶也。①

"𩛥"乃盛米器的會意字，所从之"宁"或可理解爲義符，表示盛物之義。因此，我們推測"𦥑""𠙵"即《説文》之"𡧗(宁)"，乃盛載器的象形字。

　　而且，從前文"𦥔△"的文例對照可知，金文"賈"應該是从"貝""𦥑"聲的字，上古"宁"與"賈"同在魚部，或可再次印證"𦥑"乃"宁"字之説，字中的"貝"爲意符，表示與買賣交易有關。在戰國楚簡中，除了上博簡《用曰》簡13"【字】(賈)"字可與戉類字形對應之外，其餘"賈"已譌變爲"【字】"(清華《繫年》簡46)、"【字】"(包山《文書》簡121)、"【字】"(《文書》簡162)等，作飾筆的點已化爲橫畫，下橫畫更被省去。下逮秦隸，"賈"再變化爲"【字】"(睡虎地《效律》簡58)、"【字】"(睡虎《法律答問》簡184)、"【字】"(里耶第8層簡466)、"【字】"(嶽麓《衰分》簡772.1)等，从"襾"从"貝"，與《説文》所見小篆"賈"的寫法一致。

　　不過，值得討論的是，《説文》"【字】(貯)"與金文"【字】(賈)"均从"貝"，"宁"聲，兩者構形似乎相同，其關係究竟如何？其實，文獻中既然從未有"貯""賈"相通的例子，故兩者應該是不同的字。但爲何兩字均从"貝""宁"聲？我們有以下的推測——"貯""賈"可能構成於不同的歷史階段。雖然"賈"在秦簡中已譌變爲从"襾"从"貝"，但從《説文》小篆"宁"字書作"𡧗"可知，單獨的"𦥑"可能至秦代仍未發生譌變。既然楚簡中尚未有可肯定讀爲"貯"的字，我們由是懷疑，"【字】"於戰國晚期至秦代間完全譌變爲从"襾"之"賈"；在另一方面，"𡧗"再根據其貯藏義加"貝"構成新字"【字】(貯)"，"貯"極有可能是因孳乳而衍生的形聲字，與金文所見的"【字】"字無論於産生或使用時代均有所不同。

---

①　許慎撰，徐鉉校定：《説文解字(附檢字)》，頁307。

第八章　春秋黃器銘文文例
"永某某"

　　《考古》1984 年 4 期刊載《春秋早期黃君孟夫婦墓發掘報告》一文,詳細記載河南光山縣寶相寺上官崗磚瓦廠黃君夫婦墓的發掘情況。G1 墓出土青銅器 14 件,部分鑄有"黃君孟"銘文,G2 墓則出土青銅器 22 件,鑄有"黃子"銘文,兩墓是黃君孟及其夫人的合葬墓,年代屬於春秋早期晚段。[①] 銅器銘文內容近似,俱先敘述作器及受器者,再以簡單的祝頌語作結。G1 墓出土的"黃君孟"諸器銘文云:

　　　　黃君孟自作行器,子子孫孫,則永<u>寶</u>。(黃君孟豆 4686)

G2 墓出土"黃子"諸器的銘文則作:

　　　　黃子作黃父(夫)人行器,則<u>永祜</u>,霝(令)冬霝(令)復。(黃子壺 9663)

由於"永某某"一辭只見於春秋黃器,故文例的使用可以作爲銅器分域及斷代的標誌。"永某某"在黃器中出現共 21 次,普遍用於食器、酒器、水器等,根據其出現位置,大致可歸納爲以下兩類:

　　甲類:在"黃君孟"器中,"永某某"均置於"子子孫孫"之後,乃整篇銘文的結束語,其前有連詞"則",作爲轉折語。

---

　　① 　河南信陽地區文管會、光山縣文管會:《春秋早期黃君孟夫婦墓發掘報告》,《考古》1984 年 4 期,頁 302—332。

　　乙類：在"黃子"器中，"永某某"均置於作器及受器者之後，其前有連詞"則"，其後有祝嘏語"霝(令)冬霝(令)後"或"霝(令)冬霝(令)復"。

第一節　"永某某"文例的字形分析

　　在黃器銘文文例"永某某"中，"永"後兩字的寫法多樣。倘若採用嚴式隸定，除了殘泐不清的字形之外，大概可分爲以下七類：

　　　a)"永窑窣"(黃君孟鼎2497、黃君孟豆4686、黃君孟鼎NA0090)
　　　b)"永窑窣"(黃君孟罐9963、NA0092，黃君孟盤10104)
　　　c)"永窑窑"(黃君孟壺NA0091、黃子鬲687、黃子鼎2566、黃子盉9445)
　　　d)"永窑窑"(黃子豆NA0093)
　　　e)"永祜窑"(見黃子壺9663，9664)
　　　f)"永祜祜"(黃子匜10254)
　　　g)"永祜祜"(黃子盤10122)

因此，"永"後二字字形不盡相同，但大致有"窑""窑""祜""祜"及"窣"五種寫法。爲便於進一步的討論，茲列出各字形的摹本如下：

　　　a)"窑"：🈂️(黃君孟鼎2497)
　　　b)"窑"：🈂️(黃君孟罐9963)、🈂️(黃子壺9663)
　　　c)"窣"：🈂️(黃君孟罐9963)
　　　d)"祜"：🈂️(黃子匜10254)
　　　e)"祜"：🈂️(黃子匜10254)

在"永某某"文例中，因第二、三字的字形繁複且具變化，過去學者嘗提出不同的釋讀意見。例如，整理者逕釋各字作"寶"，讀該文例作"永寶寶"。① 但是，

---

　　① 河南信陽地區文管會、光山縣文管會：《春秋早期黃君孟夫婦墓發掘報告》，頁302—332。

李學勤提出不同意見，認爲先秦書寫習慣凡兩字相重都作一字並加重文號，加上字形差異，故兩器銘文宜作不同釋讀："黄君孟"器銘前一字从"缶"聲，讀"寶"，後一字从兩"虫"，"蟲"省聲，讀"用"，整句可讀爲"永寶用"，而"黄子"器銘前一字爲"祜"，讀"居"，訓"藏"，後一字爲"寶"，整語釋讀作"永居寶"，句意與"永寶用"相同。① 劉翔以爲該文例當讀爲"永祜寶"，"祜"字之所以从"缶"，應該是从"示"从"古"聲的筆誤，曾子𡱂簠有"永祜福"一辭可作爲印證，"永祜寶"與"永祜福"意思大致相同。② 麥里筱同意黄器文例讀爲"永祜福"，以爲"祜"與"福"是同義詞。③ 黄錦前則認爲句子宜斷讀爲"子孫則，永祜福"，"子孫則"乃"子孫是則"的意思。④

事實上，我們同意"永"後兩字應該作不同的釋讀，主要原因有二：首先，正如李學勤所言，兩周金文中凡重言者多用重文符號，而此處没有使用重文符號，能够説明"永"後二字並非重言。其次，"永"後兩字的寫法不盡相同，而銘文中重疊使用的兩個字卻寫法不同者較爲罕見。

至於部分學者認爲銘文當讀爲"永祜福"，其立論大致依據以下春秋金文文例：

曾子白(伯)誩鑄行器，爾永祜福。(曾子伯誩鼎 2450，春秋早期)

白(伯)彊爲皇氏白行器，永祜福。(伯彊簠 4526，春秋)

曾子𡱂自乍(作)行器，則永祜福。(曾子𡱂簠 4528、4529，春秋中期)

八田日子弔(叔)[土屮]又(父)乍(作)行器，永古(祜)福。(叔[土屮]父簠蓋 4544，春秋晚期)

---

① 李學勤：《光山黄國墓的幾個問題》，《考古與文物》1985 年 2 期，頁 49—52。

② 劉翔：《論黄君孟銅器群》，《江漢考古》1988 年 4 期，頁 92—96。

③ 麥里筱：《彝鼎套語程式與春秋銅器銘文釋讀舉隅》，見中國文物學會、中國殷商文化學會、中山大學：《商承祚教授百年誕辰紀念文集》，北京：文物出版社，2003 年，頁 355—362。

④ 黄錦前：《郭莊楚墓出土競氏有銘銅器試釋》，復旦大學出土文獻與古文字研究中心網站發表文章，網址：http://www.gwz.fudan.edu.cn/SrcShow.asp? Src_ID=1877#_edn38，2012 年 6 月 2 日。

　　曾孟嬴剈自乍（作）行臣（簠），則永祐福。（曾孟嬴剈簠NA1199，西周晚期至春秋早期）

　　曾亙嫚非录，爲爾行器，爾永祐福。（曾亙嫚鼎 NA1201、1202，西周晚期至春秋早期）

檢諸上述銘文的原拓本，"祐福"二字的字形如下：

曾子伯詛鼎 2450　　　　伯彊簠 4526　　　　曾子屎簠 4528、4529

叔𡎚父簠蓋 4544　　曾孟嬴剈簠 NA1199　　曾亙嫚鼎 NA1201、1202

　　除叔𡎚父簠蓋之外，"永"後首字均从"示"从"古"，釋"祐"，而後一字皆从"示"从"酉"，即"福"字。① 因此，從上述拓本清楚可知，"永"後二字明顯是"祐福"，應該不存在任何爭議。

　　雖然同時代銘文有"祐福"一辭，但我們認爲，倘若以上述銘文作爲基礎，逕釋黄器"永某某"文例作"永祐福"，仍然是值得商榷的：

　　第一，"永祐福"文例的使用具有明顯的時地特徵。"永祐福"見於春秋早期至晚期青銅器銘，"黄君孟"及"黄子"兩墓屬於春秋早期晚段，在時代上雖然能與"永祐福"的出現時間脗合；然而，就地域而言，除了伯彊簠的出土地點不明之外，其餘均屬春秋曾國青銅器。儘管過去學者對於曾、隨兩國的關係意見不一，②然而，從現今出土的青銅器可知，曾國大概位於湖北一帶，③而黄國青銅器在河南光山縣發現，在地理位置上與春秋曾

　　────────

　　① 羅振玉嘗據殷墟契文指出"福"當爲奉尊之祭，致福乃致福酒，"福"後來演變爲从"畐"，其實是字形譌變所致。（參羅振玉：《增訂殷虛書契考釋》，見《殷虛書契考釋三種》，北京：中華書局，2006年，頁417。）

　　② 詳參張昌平：《曾國青銅器研究》，北京：文物出版社，2009年，頁1—14。

　　③ 參襄樊市考古隊、湖北省文物考古研究所、湖北孝襄高速公路考古隊編：《棗陽郭家廟曾國墓地》，北京：科學出版社，2005年。

國有一定距離。

第二，"永"後首字在黃子壺及黃子匜銘文均書作"祜"，但第二字在其餘黃器銘文中有作"祽""𥙡""𥙶/祜"多種寫法，分別从"午"、从"古"及从"缶"。就上古音而言，"午""古"爲魚部字，"缶"是幽部字，[1]幽、魚旁轉可通；但是，"福"的上古音屬職部，入聲，[2]與幽、魚二部差距較大，古書中亦未嘗見有"福"與"午""古""缶"通假的例子。

第二節　郳公戟父鎛"耆"與古文字材料所見相關字形

吳鎮烽《商周青銅器銘文暨圖像集成》第二十九册收錄郳公戟父鎛器形及銘文圖片，共四器，見於該書器號 15815—15818，銅鎛邊篆及鼓部鑄銘文共 80 字，銘文相同，屬首次著錄。[3] 董珊曾經根據鎛銘"余有鬹（融）之子孫，鄁（郳）公戟父"認爲"有鬹（融）"即"陸終"，"鄁"即小邾，是陸終後裔，由是判斷此器當爲春秋晚期小邾國器。[4]

鎛銘雖仍以"子孫永寶"之類的内容作結，但句式卻與兩周金文習見的套語稍有差異：

> 乍（作）朕皇祖𦕼（𦕼—恭）公、皇考惠公彝，再（稱）𥹄（祼）𧮑（瓚），用祈（祈）耆（壽）考，子之子，孫之孫，永耆是保。

"子之子，孫之孫"之句式亦見於戰國時期令狐君嗣子壺及中山王𧪄壺銘文：

> 至于萬意（億）年，<u>子之子，孫之孫</u>，其永用之。（令狐君嗣子壺

---

① 郭錫良：《漢字古音手册》，北京：北京大學出版社，1986 年，頁 91—91、178。

② 郭錫良：《漢字古音手册》，頁 108。

③ 吳鎮烽編著：《商周青銅器銘文暨圖像集成》，上海：上海古籍出版社，2012 年，頁 336—357。

④ 董珊：《郳公戟父二器簡釋》，復旦大學出土文獻與古文字研究中心發表文章，網址：http://www.gwz.fudan.edu.cn/SrcShow.asp? Src_ID=1821，2012 年 4 月 10 日。又見清華大學出土文獻研究與保護中心編：《出土文獻》第三輯，上海：中西書局，2012 年，頁 158—162。

9719—9720，戰國早期）

　　子之子，孫之孫，其永保用亡（無）彊（疆）。（中山王䖑壺 9735，
戰國晚期）

"子之子，孫之孫"應該是"子子孫孫"的變式，而銘文末句"永耆是保"則屬
首次出現。當中，"耆"書作"耆"，從"老""古"聲，與"耆"類似的字形亦見
於滕侯耆戈及郾客量二器：

　　　　滕（滕）侯耆之䑸（造）。（滕侯耆戈 11078，春秋晚期）
　　　　鑄廿金劑（筥）以賹秋爵（爵）。（郾客量 10373，戰國）

滕侯耆戈共甲、乙二器，"耆"分別書作"耆"（11077）及"耆"（11078）。根據
文例可知，"耆"應該是滕侯的名字，舊釋爲"耆"；不過，何琳儀提出該字當
改釋作從"老""古"聲之"耆"。① 至於郾客量所見"秋"，原整理者未作出
釋讀，②何琳儀以爲字上部從"禾"，並且依據《隸續》卷四"魏三體石經左
傳遺字"中"秋"字推論"秋"應即"秋"字。③ 李零提出該字當從"禾"從
"口"，疑是"和"字異體。④ 劉信芳援引上博簡《鮑叔牙與隰朋之諫》所見
"香"，認爲字當釋作"香"，讀"酤"或"沽"，銘文大意爲"此金劑的作用是用
來賹沽爵"。⑤ 廣瀨薰雄改釋作"本"，認爲字下從"口"。⑥ 劉彬徽提出該
字與包山第 95 簡"杏"字相同，釋爲"杏"，讀"行"，有流通之意。⑦ 董珊最
初釋該字作"秥"，讀"故舊"之"故"，⑧其後指出"秋"與郘公䤔父鑄所見
"耆"字相同。⑨

① 何琳儀：《戰國古文字典——戰國文字聲系》，北京：中華書局，1998 年，頁 472。
② 周世榮：《楚邢客銅量銘文試釋》，《江漢考古》1987 年 2 期，頁 87—88、105。
③ 何琳儀：《長沙銅量銘文補釋》，《江漢考古》1988 年 4 期，頁 97—101。
④ 李零：《楚燕客銅量銅文補正》，《江漢考古》1988 年 4 期，頁 102—103。
⑤ 劉信芳：《竹書〈鮑叔牙〉與〈管子〉對比研究的幾個問題》，《文獻》2007 年 1 期，頁 15—21。
⑥ 廣瀨薰雄：《新蔡楚簡所謂"賵書"簡試析——兼論楚國量制》，見武漢大學簡帛研究中心主辦：《簡帛》第一輯，上海：上海古籍出版社，2006 年，頁 211—221。
⑦ 劉彬徽：《長沙銅量銘文尾句釋讀》，見張光裕、黃德寬主編：《古文字學論稿》，合肥：安徽大學出版社，2008 年，頁 86—88。
⑧ 董珊：《楚簡簿記與楚國量制研究》，《考古學報》2010 年 2 期，頁 171—206。
⑨ 董珊：《郘公䤔父二器簡釋》，頁 160。

　　事實上，近年新發現的戰國竹簡能夠爲上述諸字的釋讀問題提供進一步的資料：

　　　　十月辛巳之日，�君之📷州加公周倚受占（幾）（包山《文書》簡 68）

　　　　九月戊午之日，邵無戠（害）之州人鼓瞂張怵訟鄢之鳴狐邑人某慭與其嵩大市米人📷，胃（謂）📷雜其弟夠天，慭殺之。（包山《文書》簡 95）

　　　　📷羋　　　　事📷　　　　　　（荊門左冢楚墓漆棋柶）①

　　　　毋入殘器，犖（犧）生（牲）、珪璧必全。女（如）📷伽（加）之以敬。（上博《鮑叔牙與隰朋之諫》簡 2—3）

　　　　📷公見太公室（望）於呂墜（遂）曰……📷公……📷公（上博《舉治王天下》簡 1—3）

　　　　……子乎？📷不以至命（?）。（上博《邦人不稱》簡 1）

　　　　佳（惟）正月庚午，公䂞（格）才（在）📷門。（清華《皇門》簡 1）

　　　　📷猷（猶）是人，而罷（一）亞（惡）罷（一）好？（清華《湯在啻門》簡 5）

包山《文書》簡 68 所見“📷”字，整理者釋“耆”，②陳偉釋讀相同，指出簡 180 有“尚君新州”一語，“耆”即“老”，與“新”相對。③ 然而，何琳儀以爲字當從“老”“古”聲，改釋作“耉”。④ 李守奎釋爲“耆”，⑤而朱曉雪提出“📷”即清華簡《皇門》所見“📷”，可隸定爲“耇”，讀“故”，與“新”相對。⑥

　　包山《文書》簡 95 所見“📷”與“📷”，字形與簡 68“📷”字形稍有差

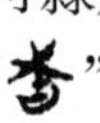

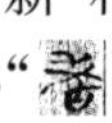

_____

　　①　湖北省文物考古研究所、荊門市博物館、襄荊高速公路考古隊編著：《荊門左冢楚墓》，北京：文物出版社，2006 年，頁 181—184。

　　②　湖北省荊沙鐵路考古隊：《包山楚簡》，北京：文物出版社，1981 年，頁 21。

　　③　陳偉：《包山楚簡初探》，武漢：武漢大學出版社，1996 年，頁 92；陳偉等：《楚地出土戰國簡册（十四種）》，北京：經濟科學出版社，2009 年，頁 34。

　　④　何琳儀：《戰國古文字典——戰國文字聲系》，頁 472。

　　⑤　李守奎編著：《楚文字編》，上海：華東師範大學出版社，2003 年，頁 515。

　　⑥　朱曉雪：《包山楚墓文書簡、卜筮祭禱簡集釋及相關問題研究》，吉林大學博士學位論文，2011 年，頁 213。

異,整理者釋爲"杏",①張光裕釋讀相同。② 何琳儀改釋作"吠",並援《玉篇》訓"嘖",認爲是"本"字的繁文。③ 李守奎釋"杏",字與《汗簡》古文相近。④ 劉信芳以爲簡文字形與《汗簡》"杏"字同形,"杏"從"向"省聲。⑤ 陳偉認爲字上部從"本",下部從"口",釋"本"。⑥

　　至於荆門左冢楚墓漆棋樗所見兩例,"举"位於方框内文字的第1欄,"事"則位於"十"字綫上文字的第3欄。黄鳳春、劉國勝認爲""""爲同一個字,隸作"杏"。⑦ 蘇建洲釋爲"杏",讀"行","举""事"分別讀"行察"與"事行",⑧劉彬徽亦釋爲"杏"。⑨ 高佑仁認爲""""二字"口"上偏旁筆勢有異,兩字宜有分別,""當是上從"老"、下從"古"聲的字,可隸定作"耆",讀"故","事故"是指突發變故或意外災禍。⑩

　　上博簡《鮑叔牙與隰朋之諫》所見"",整理者釋爲從"老"從"古"之"耆","女(如)耆伽(加)之以敬"的大意是"如要增加祭品以表示敬重"。⑪ 何有祖認爲該字與包山《文書》簡68""字近似,當隸作"耆",讀"祈",字屬上讀。⑫ 季旭昇讀""爲"故",改釋爲"犧牲珪璧,必全如故,加之以

---

① 湖北省荆沙鐵路考古隊:《包山楚簡》,頁23。
② 張光裕主編,袁國華合編:《包山楚簡文字編》,臺北:藝文印書館,1992年,頁210。
③ 何琳儀:《包山竹簡選釋》,《江漢考古》1993年4期,頁58。
④ 李守奎編著:《楚文字編》,頁340。
⑤ 劉信芳:《包山楚簡解詁》,臺北:藝文印書館,2003年,頁91。
⑥ 陳偉等:《楚地出土戰國簡册[十四種]》,北京:經濟科學出版社,2009年,頁44。
⑦ 黄鳳春、劉國勝:《記荆門左塚楚漆樗》,張光裕等編:《第四届國際中國古文字學研討會論文集》,香港:香港中文大學中國語言及文學系,2003年,頁493—501。
⑧ 蘇建洲:《荆門左塚楚墓漆棋樗字詞考釋四則》,復旦大學出土文獻與古文字研究中心網站發表文章,網址:http://www.gwz.fudan.edu.cn/SrcShow.asp? Src_ID=857,2009年7月26日。又見蘇建洲:《荆門左塚楚墓漆棋樗字詞考釋五則》,見中國文字編輯委員會編:《中國文字》35期,臺北:藝文印書館,2010年,頁56—58。
⑨ 劉彬徽:《長沙銅量銘文尾句釋讀》,頁87。
⑩ 高佑仁:《釋左冢楚墓漆棋局的"事故"》,武漢大學簡帛研究中心"簡帛網"發表文章,網址:http://www.bsm.org.cn/show_article.php? id=828,2008年5月17日。
⑪ 馬承源主編:《上海博物館藏戰國楚竹書(五)》,上海:上海古籍出社,2005年,頁184—185。
⑫ 何有祖:《上博五〈鮑叔牙與隰朋之諫〉試讀》,武漢大學簡帛研究中心"簡帛網"發表文章,網址:http://www.bsm.org.cn/show_article.php? id=200,2006年2月19日。

敬”,解作“犧牲圭璧,一定要依照舊有的傳統禮制完全具備(不可以簡省怠慢),並且要加上虔敬之心(不可以行禮如儀,敷衍了事)”。[1] 范常喜指出此字與包山簡《文書》簡 68“”有明顯差別,字上部當從“禾”,下從“古”,可隸定作“香”或“秙”,與郾客量 “”字相同,讀“苦”,表示粗劣義,意謂“犧牲珪璧一定要齊全,如有粗劣不好的,則恭敬地再添加上好的”。[2] 劉信芳同意范氏的隸定,讀該字作“酤”,簡文“如香(酤)”謂“此祭祀依照奉清酤之禮”。[3] 陳偉讀該字爲“胡”,“必全如胡”專指對圭璧的要求,是要求犧牲圭璧完整、豐大。[4] 林志鵬亦釋作“秙”,從“禾”、從“古”皆爲聲符,讀爲“祝嘏”之“嘏”。[5] 李學勤釋作“耆”,訓“惡”,“必全毋耆”是指“祭品應保證質量”。[6]

又《舉治王天下》“公”一語出現共三次,整理者釋作“耆公”,讀“古公”,即“古公亶父”。[7] 鄔可晶根據《史記·周本紀》提出古公亶父是文王祖父,與太公望並非同一世代的人,並引陳劍意見認爲簡文“耆公”當讀爲“胡公”,是陳國始封之君胡公滿。[8]

---

[1] 季旭昇:《〈上博五·鮑叔牙與隰朋之諫〉“毋内錢器”句小考》,武漢大學簡帛研究中心“簡帛網”發表文章,網址:http://www.bsm.org.cn/show_article.php? id=223,2006年2月23日。

[2] 范常喜:《〈上博五·鮑叔牙與隰朋之諫〉簡3“秙”字試説》,武漢大學簡帛研究中心“簡帛網”發表文章,網址:http://www.bsm.org.cn/show_article.php? id=254,2006年3月2日。

[3] 劉信芳:《“錢器”補説》,武漢大學簡帛研究中心“簡帛網”發表文章,網址:http://www.bsm.org.cn/show_article.php? id=258,2006年3月3日;劉信芳:《竹書〈鮑叔牙〉與〈管子〉對比研究的幾個問題》,《文獻季刊》2007年1期,頁20。

[4] 陳偉:《〈鮑叔牙與隰朋之諫〉零識》,武漢大學簡帛研究中心“簡帛網”發表文章,網址:http://www.bsm.org.cn/show_article.php? id=263,2006年3月5日。

[5] 林志鵬:《釋〈鮑叔牙與隰朋之諫〉簡三“如秙加之以敬”》,武漢大學簡帛研究中心“簡帛網”發表文章,網址:http://www.bsm.org.cn/show_article.php? id=330,2006年4月21日。

[6] 李學勤:《試釋楚簡〈鮑叔牙與隰朋之諫〉》,《文物》2006年9期,頁93。

[7] 馬承源主編:《上海博物館藏戰國楚竹書(九)》,上海:上海古籍出版社,2012年,頁195—196。

[8] 鄔可晶:《〈上博(九)·舉治王天下〉“文王訪之於尚父舉治”篇編連小議》,武漢大學簡帛研究中心“簡帛網”發表文章,網址:http://www.bsm.org.cn/show_article.php? id=1806,2013年1月11日。

《邦人不稱》所見“”，整理者釋“耇”，訓“長”“老”。① 蘇建洲認爲字當改釋作“耆”，讀“故”。② 宋華强指出該字與《皇門》“”字相同，讀“胡”，古書中“胡不”多見。③ 王寧同意讀作“胡”，認爲乃“胡壽”之“胡”的本字。④

清華簡《皇門》“”字，整理者隸定作“耇”，从“老”“古”聲，見母魚部，通讀爲溪母魚部之“庫”，⑤復旦大學研究生讀書會從之。⑥ 施謝捷（llaogui）認爲該字在齊文字中出現多次，或作人名，或作爲複姓“胡毋”之“胡”，“耇門”宜以習慣讀爲“胡門”，與“閈門”相對應，“胡”“閈”均有“大”義。⑦ 林文華認爲該字即“耇”，滕侯耇戈及包山簡皆有此字，“耇”可訓爲“老”“長”，古代明堂宗廟合一，“耇門”同“王門”“南門”“廟門”。⑧ 高佑仁指出該字與左冢漆棋局中所見“”相同，隸定作“耇”。⑨ 孟蓬生提出春秋戰國文字中“皇”字構形與“古”字有關，王志平復據孔晁注“閈，音皇也”提出“閈”有匣母陽部的異讀，可與“耇”字對應。⑩ 李天虹認爲釋該字作

---

① 馬承源主編：《上海博物館藏戰國楚竹書（九）》，上海：上海古籍出版社，2012年，頁242。

② 蘇建洲：《初讀〈上博九〉劄記（一）》，武漢大學簡帛研究中心“簡帛網”發表文章，網址：http://www.bsm.org.cn/show_article.php? id=1776，2013年1月6日。

③ 宋華强：《釋上博簡〈邦人不稱〉的“遏出”》，“中國簡帛學國際論壇2014”發表文章，芝加哥：美國芝加哥大學，2014年10月24—26日。

④ 王寧：《上博九〈邦人不稱〉釋文補正簡評》，復旦大學出土文獻與古文字研究中心網站發表文章，網址：http://www.gwz.fudan.edu.cn/SrcShow.asp? Src_ID=2482，2015年4月5日。

⑤ 清華大學出土文獻研究與保護中心編，李學勤主編：《清華大學藏戰國竹簡（壹）》，上海：中西書局，2010年，頁165。

⑥ 復旦大學出土文獻與古文字研究中心研究生讀書會：《清華簡〈皇門〉研讀札記》，復旦大學出土文獻與古文字研究中心發表文章，網址：http://www.gwz.fudan.edu.cn/SrcShow.asp? Src_ID=1345，2011年1月5日。

⑦ 見復旦大學出土文獻與古文字研究中心研究生讀書會：《清華簡〈皇門〉研讀札記》下網友llaogui 2011年1月8日評論。

⑧ 見復旦大學出土文獻與古文字研究中心研究生讀書會：《清華簡〈皇門〉研讀札記》下網友林文華2011年1月8日評論。

⑨ 見復旦大學出土文獻與古文字研究中心研究生讀書會：《清華簡〈皇門〉研讀札記》下網友高佑仁2011年1月12日評論。

⑩ 王志平：《清華簡“皇門”異文與周代的朝儀制度》，見《〈清華大學藏戰國竹簡（壹）〉國際學術研討會會議論文集》，北京：清華大學出土文獻研究與保護中心，2011年6月28—29日，頁109—112；又見清華大學出土文獻研究與保護中心編：《清華簡研究》第一輯，上海：中西書局，2012年，頁205—210。

"耆"最爲合理,但也有可能是"者"的譌變,字下部的"古"形或是"旨"之省譌。①

至於《湯在啻門》之"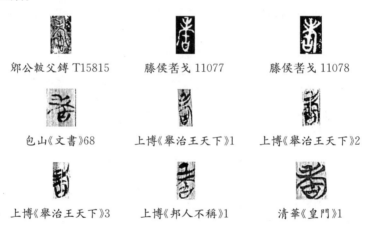"字,整理者釋"耆",讀"固"。② 陳劍據馬王堆醫簡《十問》"何臾(猶)之人也,有惡有好,有夭有壽"改讀爲"胡"。③ 王寧意見相同,認爲""即"胡",疑問代詞,意思相當於"爲甚麽"。④

綜上可見,古文字學家於各字的釋讀意見甚爲分歧,當中既有逕釋爲"耆",讀"故""固""胡"等,亦有釋爲"本""杏""者""秙"等。究其原因,不僅是因爲諸字在句中的用法存在頗大差異,更是由於寫法不完全相同。我們以下根據其具體字形,將各字歸納爲 A、B 及 C 三類:

A 類:

| 郘公敄父鎛 T15815 | 滕侯耆戈 11077 | 滕侯耆戈 11078 |

| 包山《文書》68 | 上博《舉治王天下》1 | 上博《舉治王天下》2 |

| 上博《舉治王天下》3 | 上博《邦人不稱》1 | 清華《皇門》1 |

---

① 李天虹:《楚文字雜考二則》,見楚文化研究會編:《楚文化研究論集》第十集,武漢:湖北美術出版社,2011 年,頁 135—137。

② 清華大學出土文獻研究與保護中心編,李學勤主編:《清華大學藏戰國竹簡(伍)》,上海:中西書局,2015 年,頁 142。

③ 陳劍:《〈清華簡(伍)〉與舊説互證兩則》,復旦大學出土文獻與古文字研究中心發表文章,網址:http://www.gwz.fudan.edu.cn/SrcShow.asp? Src_ID=2494,2015 年 4 月 14 日。

④ 王寧:《讀〈湯在啻門〉散札》,復旦大學出土文獻與古文字研究中心發表文章,網址:http://www.gwz.fudan.edu.cn/SrcShow.asp? Src_ID=2513,2015 年 5 月 6 日。

B 類：

郘客量 10373　　左冢楚墓漆棋枱（事～）　　上博《鮑叔牙與　　清華《湯在啻門》5
　　　　　　　　　　　　　　　　　　　　　隰朋之諫》3

C 類：

包山《文書》95　　包山《文書》95　　荆門左冢楚墓漆棋枱（～掌）

　　在以上三類字形中,研究者大致贊同 A、B 兩類字下部從"古",爲整字之聲符,但對於字上部的偏旁,卻有不同的釋讀意見。事實上,我們認爲,首先可以確定爲"耆"者有 A 類字。金文中從"老"的字甚爲習見,如"𦥑(壽)"(蔡姑簋 4195)、"𦥑(考)"(魯邍鐘 18)、"𦥑(孝)"(虞司寇壺 9694)等,偏旁"老"與郘公敄父鑄"𦥑"及滕侯耆戈"𦥑""𦥑"諸字上部偏旁基本是相同的,"𦥑"應該是金文偏旁"老"的習見寫法。[①] 又清華簡《皇門》"耆"書作"𦥑",所從之"老"書作"𦥑",寫法明顯承襲自金文。上博簡所見"𦥑""𦥑""𦥑"及"𦥑"諸字,偏旁"老"書作"𦥑",類似寫法於楚簡甚爲常見,如"𦥑(考)"(郭店簡《唐虞之道》7)、"𦥑(孝)"(上博簡《内豊》3)、"𦥑"(清華簡《封許之命》7)等,由是可知"𦥑"應該是"𦥑"的異構。包山簡《文書》簡 68 所見"𦥑",偏旁"老"書作"𦥑",此寫法亦見於戰國楚簡,如"𦥑(老)"(包山簡 217)、"𦥑(老)"(望山簡 1.120)及"𦥑(考)"(上博簡《孔子詩論》8),由是可推斷"𦥑"乃自"𦥑"的進一步省變。

　　至於 B 類字的釋讀是較具爭議的,部分學者嘗以爲字當從"禾"從"古",隸作"香",但亦有少數學者認爲字上部當從"老",可釋該字作"耆"。事實上,借助古文字字形的比對,B 類字上部偏旁絶對不是"禾"：

────────

　　① "老"在金文中書作"𦥑"(旻季良父壺 9713),較爲正確的説法是,各字所從應該是"从老省",正如《説文·老部》云："𦥑,年八十曰耋。从老省,从至。"又："耆,老也。从老省,旨聲。"(許慎撰,徐鉉校定：《説文解字(附檢字)》,北京：中華書局,1963 年,頁 173。)但是,爲行文方便均簡稱爲"从老"。

　　第一，在戰國楚簡中，與"禾"相關的字形屢見，細審其寫法，大致可區分爲兩類：一類書作"禾"，如"禾（年）"（郭店簡《成之聞之》30）、"穋（穆）"（清華簡《金縢》1）、"秉（秉）"（上博簡《緇衣》5）等，"禾"字首畫起筆處明顯凸出，不與豎畫相連，劉波據此指出"禾"與 B 類字上方偏旁有所差異。① 至於楚簡"禾"的另一類寫法是書作"禾"，如"稷（稷）"（上博簡《子羔》12）、"禾"（上博簡《緇衣》7）、"秀（秀）"（清華簡《芮良夫毖》24）等，"禾"字首畫起筆並不凸出，與 B 類字上方偏旁的寫法較爲接近。然而，倘若我們再作仔細對比，此類"禾"的寫法其實仍然與 B 類字所從有顯著差異——此器"禾"首筆爲獨立的撇，B 類字上方偏旁則是一筆自左至右的彎頭，兩者起筆筆勢明顯不同。

　　第二，在表面上，B 類字上部偏旁首筆彎頭豎畫似是自上而下貫穿，與"禾"字接近，但是，如果再仔細觀察上博簡《鮑叔牙與隰朋之諫》所見"器"，該字的上下兩部分明顯不相連，由是可推斷 B 類字乃由"⺲"及"古"兩個部件構成，故"⺲"絕對不可逕釋爲"禾"。

　　有關 B 類字中偏旁"⺲"的釋讀問題，我們可參考以下字例：

送（老）　　君子曰：昔者君～（上博《昔者君老》1）

考（考）　　～（孝）子，父母又（有）疾（上博《内豊》8）

耉（耇）　　穊（蔑）又（有）耆～虡（慮）事哹（屛）朕立（位）（清華《皇門》1）

老（老）　　奠（鄭）軦（桓）公與周之遺～（清華《良臣》8）

清華簡《皇門》有多個從"老"的字，除了"耉（耇）"之外，尚包括"耆（耆）"（簡1）、"耇（耇）"（簡1）及"考（考）"（簡13）。從各字的對比可知，楚簡偏旁無論是書作"⺹"抑或"耂"，俱可釋作"老"，即 B 類字形中的"⺲"，"⺲"可能是"耂""⺹"的進一步省變。由是可見，B 類字應該可隸定爲從"老"從"古"之"耇"，與 A 類字釋讀相同。

　　此外，過去學者嘗認爲 A、B 兩類字中部分字例當釋爲"耆"，古文字材料中"耆"字字形如下：

---

① 劉波：《釋楚鄩客銅量中的"故"字》，《江漢考古》2012 年 1 期，頁 107。

天子其萬年無彊（疆）～黄耇（逨盤 NA0757，西周晚期）　

飯～月（公子土折壺 9709，春秋晚期）　

咸陽工師田、工大人～、工積（十三年相邦儀戈 11394，戰
國晚期）

晉紊（冬）～（祁）寒（上博簡《緇衣》6）

穮（蔑）又（有）～耇虜（慮）事啳（屏）朕立（位）（清華簡《皇
門》1）

女（汝）佳（惟）坒（臧）～尔猷（清華簡《封許之命》5）

“耇”，《説文·老部》云：“老也。从老省，旨聲。”①逨盤“耇”从“老”从
“者”，當屬異構，其餘各例“耇”字皆从“老”“旨”聲。“旨”，甲骨文書作
“🜊”“🜊”“🜊”等，②金文則作“🜊”（𝒇季良父壺 9713）、“🜊”（國差
𬃞 10361）、“🜊”（晉侯對鋪 NA0857）等，楚簡“旨”上承金文寫法，如上博《緇
衣》簡 6 的“耇”於郭店簡《緇衣》簡 10 作“🜊”（旨），上博《從政甲》簡 9“志
氣（氣）不旨”之“旨”作“🜊”，上博《凡物流形（甲本）》簡 29“豸（貌）以爲天
陘（地）旨”之“旨”書作“🜊”，楚簡“旨”的寫法與上列“耇”字下部之所從基
本相同。李孝定指出“旨”从“匕”从“口”，乃“扱物口味之而甘也”，會美味
之意。③ 由於“旨”“古”字形差距較大，再加上楚簡“耇”字從未見有譌作
从“古”的例子，我們認爲“耆”即“耇”的説法尚可商榷。

　　過去雖有學者將棋梮漆書所見“🜊”“🜊”視爲同一字，但事實上，倘
若細審其寫法，便知兩者的起筆方向並不相同：前者是自左而右的彎下，
後者則是直筆；而且，誠如前文所論，前一字首筆並不貫穿，整字乃由“老”
“古”兩個部件構成，後者明顯是自上而下貫穿的直筆。相同的字形尚見
於包山簡《文書》95，我們將“🜊”一類的字歸納爲 C 類。

　　有關 C 類字的釋讀問題，過去學者有不同的意見，包括“唈”“杏”及

---

① 許慎撰，徐鉉校定：《説文解字（附檢字）》，頁 173。
② 中國科學院考古研究所編輯：《甲骨文編》，北京：中華書局，1965 年，頁 218。
③ 李孝定：《甲骨文字集釋》，臺北：“中研院”歷史語言研究所，1970 年，頁 1644。

"杏"。"呠"見於《玉篇·口部》,讀"匹本切",訓"噴",但我們認爲此看法尚可商榷。首先,"呠"字出現較晚,最早只見於南朝顧野王《玉篇》,出土材料及前代典籍均未見;而且,"噴"字見於《説文·口部》:"噴,吒也。從口,賁聲。一曰鼓鼻。"①"本""奔"上古屬幫母文部字,"賁"則是並母文部,②古書中"賁""奔""本"三字經常通用,如《爾雅·釋言》:"饋餾,稔也。"陸德明《釋文》:"饋字又作餴。"③《詩·大雅·緜》:"予曰有奔奏。""奔",《釋文》引作"本":"音奔,本亦作奔。"④所以,"呠"應該是"噴"字替換聲符後的異體字。由於"呠"的出現較晚,故難以説明先秦古文字材料所見之"杏"即"呠"字。

至於 C 類字是否可釋作"杏"? 蘇建洲據傳鈔古文"杏"書作"本"(《古文四聲韻》)及"南"(《汗簡》),提出"杏"即"杏"字。但是,我們認爲此説法仍可斟酌。倘若將"杏"釋作"杏","木"上的短畫可理解爲羨畫或飾筆。增添具裝飾作用的短畫是戰國文字的常見現象,⑤細考楚簡文字,似乎存在兩個於偏旁"木"上添加短畫作飾筆的例子:

| 朿 | | 清華《繫年》90 | | | 清華《繫年》3 |
| 東 | | 郭店《太一生水》13 | | | 郭店《五行》39 |

清華簡《繫年》中"朿王"一詞出現多次,整理者讀爲"厲王",即金文之"剌王"。⑥"剌"於金文書作"剌",如"𩵋"(盄盄壺9734)及"𩵋"(中山王𧊒鼎2840),季旭昇根據甲骨文"𣏂""𣏂"等字形,指出"剌"本從"刀""朿","朿"亦聲,金文將"朿"寫得與"木"較爲接近,但仍有許多例子把"木"形寫得較彎,以示與"木"之不同,楚系文字所見"臼"乃自"口"譌變而成。⑦ 黄德寬

①　許慎撰,徐鉉校定:《説文解字(附檢字)》,頁33。
②　郭錫良:《漢字古音手册》,頁232—233。
③　[唐]陸德明撰:《經典釋文》,上海:上海古籍出版社,1985年,頁1609。
④　陸德明撰:《經典釋文》,頁352。
⑤　參何琳儀:《戰國文字研究(訂補)》,南京:江蘇教育出版社,2003年,頁257。
⑥　清華大學出土文獻研究與保護中心編,李學勤主編:《清華大學藏戰國竹簡(壹)》,頁137。
⑦　季旭昇:《説文新證(上册)》,臺北:藝文印書館,2002年,頁514。

亦認爲戰國文字“口”旁或作“⿰㠯丂”，當由西周金文“⿰凵日”脱筆所致。① 因此，“杲”字本應該从“禾”，並非从“木”。至於“東”字，雖然《説文》釋爲“从日在木中”，②但古文字學家現在基本相信“東”乃象束橐之形，與“束”字關係密切，③“東”从“木”之説不確。由是可見，偏旁“木”添加短畫飾筆的例子至今未見。至於“杲”“東”二字之所以出現飾筆，我們推測，古文字中飾筆的使用可能具有條件與限制——部分字形在添加飾筆後容易造成譌混，書手似乎不偏向於這類字中添加飾筆。由於“木”加飾筆後很容易使人誤以爲“本”字，有可能基於此原因，楚簡文字所見“木”並未見有加短畫的例子。因此，我們據此認爲C類字還是以隸定爲从“本”从“口”之“杏”較爲合宜。

　　戰國文字中繁化的現象非常習見，當中不少是累增無意義的偏旁。何琳儀指出，這類偏旁很可能只起裝飾作用，其中，“口”便是較爲常見的例子，如古文字“丙”可書作“⿴冂人”或“⿱雨丙”，“念”可作“⿰⿱亼心刂”或“⿱亼⿰心刂”，“巫”可作“⿱工⿰人人”或“⿱雨巫”。④ 所以，C類“杏”字下部所从的“口”極有可能是無義偏旁，“杏”或者是“本”字的繁化形體。

　　在釐清A、B及C三類字形的隸定問題之後，諸字在具體的用例中應作如何通讀？首先，我們既然基本肯定A、B兩類字當釋作从“老”从“古”之“耆”，下部偏旁“古”應該是聲符，整字讀音與“古”相關。事實上，上述不少用例已可明確讀爲“故”或“胡”。例如，包山簡《文書》68之“耆州”，陳偉釋爲“耆州”，認爲與後文“新州”相對，然而，倘若讀“耆州”作“故州”，意思亦大致可通，⑤“故”有“舊”義，《左傳·昭公三年》“豐氏故主韓氏”，杜預注：“故，猶舊也。”⑥至於棋桐漆書“事耆”一辭，高佑仁讀爲“事故”，指遇凶，與“得意”相對，其説可從。上博簡《鮑叔牙與隰朋之諫》簡3“女耆”，可據季旭昇讀爲“如故”，大意是指依照舊有的傳統禮制。其實，“如

① 黄德寬主編：《古文字譜系疏證》，北京：商務印書館，2007年，頁2464。
② 許慎撰，徐鉉校定：《説文解字（附檢字）》，頁126。
③ 季旭昇：《説文新證（上册）》，頁492。
④ 何琳儀：《戰國文字通論》（訂補本），頁215—220。
⑤ 該説亦見朱曉雪：《包山楚墓文書簡、卜筮祭禱簡集釋及相關問題研究》，頁213。
⑥ 《春秋左傳正義》，見《十三經注疏》（整理本），北京：北京大學出版社，2000年，頁1365。

故"一辭常見於古書中與禮制相關的描述,如《白虎通・致仕》云:"大夫老歸,死以大夫禮葬,車馬衣服如之何? 曰:盡如故也。"此記臣告老引退之制,陳立《疏證》:"《謚篇》云:'卿大夫老歸,死有謚。'是與未老大夫同,故知車馬衣服亦宜同也。"①大夫引退後老死,其葬禮車馬當與未老大夫相同,"如故"是指"如以往一樣"。又《呂氏春秋・節喪》云:"且死者彌久,生者彌疏,生者彌疏則守者彌怠,守者彌怠而葬器如故,其勢固不安矣。"②死者死去時間越久,守墓者感情越怠懈,葬器卻如原本無變,"如故"指"跟以前一樣"。由是可見,簡文"必全如故"是指"犧牲圭璧"等祭品必須跟以前一樣齊備,不容改變。又鄅客量銘文"鑄廿金劑以賹耆爷",劉波讀"耆"爲"故"之說可從,銘文大意是指以此銅器作爲標準,用以替代舊有量器,③類似意思亦見商鞅量 10372:"大良造鞅,爰積十六尊(寸)五分尊(寸)壹爲升。"銘文記以此銅量作爲新的標準。而且,讀"耆"爲"胡"之例亦見於上博簡《舉治王天下》,鄔可晶讀簡文"耆公"爲"胡公",所言甚是。又《邦人不稱》簡 1"耆不以至命(?)",可據宋華强讀"耆不"爲"胡不","胡"有"爲甚麼""爲何"之意。清華簡《湯在啻門》所見"耆猶",陳劍據馬王堆醫簡《十問》"何臾(猶)"讀"胡猶",其意見可從。

至於滕侯耆戈人名"滕侯耆",舊釋"耆"爲"耆",有學者以爲即"滕公頃結"。④ 現在根據楚簡字形,我們基本可以肯定應當改釋爲"滕侯耆"。在滕國世系中,與其對應的君主有兩個可能性:其一,"滕侯耆"即滕國春秋時期君主滕文公。滕文公乃昭公之子,卒於魯成公 16 年(公元前 575 年),《春秋世族譜・滕世次圖》記其名爲壽。《逸周書・謚法》嘗有"彌年壽考曰胡"及"保民耆艾曰胡"二語,⑤"耆"從"老",古文字從"老"之字如"考""耆""壽"等均有長壽、壽考的意思,所以"滕侯耆"很有可能即春秋時

①　陳立撰,吳則虞點校:《白虎通疏證》,北京:中華書局,1994 年,頁 253。
②　許維遹撰,梁運華整理:《呂氏春秋集釋》,北京:中華書局,2009 年,頁 223。
③　劉波的解釋爲:"鑄造二十個銅'半'這種器物來代替舊有的勺形杯。"(劉波:《釋楚鄅客銅量中的"故"字》,頁 109。)
④　王恩田:《滕國考》,見山東古國史研究會編:《東夷古國史研究》第一輯,西安:三秦出版社,1988 年,頁 263。
⑤　黃懷信、張懋鎔、田旭東撰:《逸周書彙校集注》,上海:上海古籍出版社,1995 年,頁 701。

期滕文公姬壽。其二，"滕侯耆"可能與戰國時期的滕文公有關。根據古書的記載，滕國名文公者有二，一爲春秋時人，另一則與孟子同時，事迹見於《孟子·滕文公》上、下篇。戰國滕文公以文德著稱，《孟子》趙岐注嘗引《世本》云："滕國有考公麇，與文公之父定公相直，其子公弘，與文公相直。似後世避諱，改'考公'爲'定公'，以元公行文德，故謂之文公也。"①可知其本名作滕元公，後因避諱改作文公，名弘或宏。② 其實，"耆"與"宏"的關係可通過清華簡《皇門》説明，竹書簡 1 有"公署（格）才（在）耆門"一語，對應文句於《逸周書》作"周公格于左閎門"，③"耆門"即今本"閎門"，篇名作"皇門"，孟蓬生及王志平指出"閎"在音韻上可與"耆"字對應。④ 倘若據此，"宏"與"閎"均从"厷"聲，兩字讀音相近，故"滕侯耆"有可能即"滕侯宏"，乃指戰國時期滕文公。

不過，如果再結合滕侯耆戈的年代，我們認爲"滕侯耆"乃春秋滕文公的可能性較大。過去雖有少部分學者認爲此戈爲戰國時期器，如馬承源云："此戈爲戰國器，則耆爲戰國的滕侯，名不見於經傳者，可補滕世系之闕失。"⑤但大部分著錄均將滕侯耆戈斷爲春秋晚期器。⑥ 事實上，此器在形制上與春秋時期銅戈較爲接近，而戰國戈援大多較爲狹長。因此，我們偏向將滕侯耆戈斷爲春秋時器，所記人名"滕侯耆"有可能即春秋時期的滕文公姬壽。

至於 C 類字形，我們認爲可隸定爲从"本"从"口"之"杏"，或許是"本"字的繁文。包山《文書》簡 95 所見兩例"杏"均用作人名，難以明確其釋讀及意義。而且，棋桐漆書所見"杏竿"，劉釗嘗指出"竿"多用爲"察""淺""竊"三字的聲旁，⑦故"杏竿"有可能讀爲"本察"，有推究、探究之意。"本

---

① 　《孟子注疏》，見《十三經注疏》（整理本），北京：北京大學出版社，2000 年，頁 153。
② 　參張志鵬：《滕國新考》，《河南大學學報（社會科學版）》2011 年 4 期，頁 81。
③ 　黃懷信、張懋鎔、田旭東撰：《逸周書彙校集注》，頁 580。
④ 　王志平：《清華簡"皇門"異文與周代的朝儀制度》，頁 205—210。
⑤ 　上海博物館商周青銅器銘文選編寫組：《商周青銅器銘文選》，北京：文物出版社，1986 年，頁 516。
⑥ 　參中國社會科學院考古研究所編：《殷周金文集成》（修訂增補本），北京：中華書局，2007 年，頁 6227；吴鎮烽編著：《商周青銅器銘文暨圖像集成》第三十一册，上海：上海古籍出版社，2012 年，頁 208—210。
⑦ 　劉釗：《利用郭店楚簡字形考釋金文一例》，中國古文字研究會、中山大學古文字研究所編：《古文字研究》第二十四輯，北京：中華書局，2002 年，頁 277—281。

察"於《墨子·天志中》中曾經多次出現,如:"今天下之君子,中實將欲尊道利民,本察仁義之本,天之意不可不慎也。"①"今天下之王公大人士君子,中實將欲遵道利民,本察仁義之本,天之意不可不順也。"②陳偉武指出棋桐上的文字不純粹與占卜有關,部分更是"治民蒞政者的道德訴求","並非純粹是專講民之性情與行爲的文字,大體是從爲政者的角度著眼",③與"本察"同樣位於棋桐方框内的文字尚有"行訓(順)""尋(得)惛(聞)"等,④從此角度來看,讀"杏羋"爲"本察"仍然能與棋桐的内容相配合。

第三節　郘公敨父鐏"永耇是保"與
黄器銘文文例"永某某"

既然古文字所見"耇"可理解爲从"老""古"聲的字,並且通讀爲"故""胡",郘公敨父鐏"永耇是保"銘文該作如何解釋?

《説文·肉部》云:"胡,牛顄垂也。从肉,古聲。"⑤在傳世古書中,用作"牛顄垂"義的"胡"字較晚出現,最早只見於《詩·豳風·狼跋》:"狼跋其胡,載疐其尾。"孔穎達疏:"毛以爲,狼之老者,則顄下垂胡。"⑥朱熹注:"胡,顄下懸肉也。"⑦"胡"字較爲晚出之説亦可利用古文字材料證明:从"古"从"肉"之"胡"在甲骨文、金文及楚簡文字中均未嘗出現,最早用例是戰國晚期七年相邦陽信君鈹 11712:"七年,相邦陽安君、邦右庫工師史筌

---

① 吴毓江撰,孫啟治點校:《墨子校注》,北京:中華書局,1993 年,頁 303。
② 吴毓江撰,孫啟治點校:《墨子校注》,頁 307。
③ 陳偉武:《荆門左塚楚墓漆桐文字釋補》,復旦大學出土文獻與古文字研究中心網站發表文章,網址:http://www.gwz.fudan.edu.cn/SrcShow.asp? Src_ID=853,2009 年 7 月 21 日。
④ 有關"行訓(順)"及"尋(得)惛(聞)"的釋讀,説見黄鳳春、劉國勝:《左塚三號楚墓出土的棋局文字及其用途初考》,見湖北省文物考古研究所等編著:《荆門左塚楚墓》,北京:文物出版社,2006 年,頁 230。
⑤ 許慎撰,徐鉉校定:《説文解字(附檢字)》,頁 89。
⑥ 《毛詩正義》,見《十三經注疏》(整理本),北京:北京大學出版社,2000 年,頁 627。
⑦ 〔宋〕朱熹集注:《詩集傳》,北京:中華書局,1958 年,頁 97。

胡、治事(吏)疴執齋。""胡"字書作"⿱十⿱口口"。鈹銘所見"工師"是官名,乃鑄造
兵器的人,①"筌胡"是人名。事實上,除了虛化作疑問代詞之外,在較早
期傳世文獻《詩・周頌》所見用例中,"胡"最常見的用法是表示長壽的意
思,當中部分例子更明顯與祝嘏有關:

> 爲酒爲醴,烝畀祖妣,以洽百禮。有飶其香,邦家之光。有椒其
> 馨,<u>胡</u>考之寧。(《詩・周頌・載芟》)②

> 自堂徂基,自羊徂牛;鼐鼎及鼒,兕觥其觩。旨酒思柔。不吳不
> 敖,<u>胡</u>考之休!(《詩・周頌・絲衣》)③

> 上蔓親嘏,曰:"主人受祭之福,<u>胡</u>壽保建家室。"(《儀禮・少牢饋
> 食禮》)④

> 再加,曰:"吉月令辰,乃申爾服。敬爾威儀,淑慎爾德,眉壽萬
> 年,永受<u>胡</u>福。"(《儀禮・士冠禮》)⑤

> 雖及<u>胡</u>耇,獲則取之,何有於二毛?(《左傳・僖公二十二年》)⑥

大致來説,《周頌》所收詩篇屬於西周時期,《載芟》及《絲衣》兩詩均描述祭
祀時的情況,毛傳:"胡,壽也。"⑦因此,"胡考之寧"與"胡考之休"似乎可
以理解爲祭祀中的祝嘏辭。至於《儀禮》"胡壽保建家室"及"永受胡福"二
語,明顯屬於祝嘏語,鄭玄注:"胡猶遐也,遠。"⑧胡培翬正義引孔廣森
《禮學巵言》云:"胡壽,猶遐壽也。"⑨"遐"字本身有遠義,如《詩・周南・
汝墳》:"不我遐棄",毛傳:"遐,遠也。"⑩又《爾雅・釋詁上》:"遠,遐也。"

---

① 參集安縣文物保管所:《吉林集安縣發現趙國青銅短劍》,《考古》1982 年 6 期,頁
666。
② 《毛詩正義》,頁 1598—1599。
③ 《毛詩正義》,頁 1606—1608。
④ 《儀禮注疏》,見《十三經注疏》(整理本),北京:北京大學出版社,2000 年,頁 1076。
⑤ 《儀禮注疏》,頁 56。
⑥ 《春秋左傳正義》,頁 463。
⑦ 《毛詩正義》,頁 1599。
⑧ 《儀禮注疏》,頁 56。
⑨ 胡培翬:《儀禮正義》卷三八,《續修四庫全書》,上海:上海古籍出版社,1995 年,
頁 28。
⑩ 《毛詩正義》,頁 69。

郭璞注:"遐亦遠也。"①諸家之所以訓"胡"作"遐",大概是由於兩字上古均爲匣母魚部字,②音近可通,先秦兩漢古書嘗出現異文例子,如《詩·大雅·旱麓》"遐不作人",李富孫《詩經異文釋》云:"《潛夫論·德化》引作'胡不'。"③王先謙《詩三家義集疏》:"魯'遐'作'胡'。"④在意義上,"遐"既有"遠"義,"胡"亦可訓爲"壽",兩者均可指生命久遠。再者,"胡"兼有"壽"義可從《左傳》"雖及胡耇"一語印證,孔穎達疏:"胡是老之稱也。"⑤"耇"本身有"老"義,如《書·康誥》:"女丕遠惟商耇成人",江聲《集注音疏》:"耇,老也。"⑥《爾雅·釋詁上》云:"耇,壽也。"郭璞注:"耇猶耆也。"⑦"雖及胡耇"大概是指"雖然俘虜到年紀大的人","胡"與"耇"意義相同,"胡耇"屬同位結構,指年老的長者。

綜上所述,戰國晚期以前古文字有"耇"而無"胡","胡"在較早期的傳世文獻中大致用爲長壽的意思,故"耇"之所以從"老"應該與"壽"義有關,我們由是懷疑,傳世古書中凡表示長壽、年長之"胡"的本字當作"耇"。正如施謝捷所言,"耇"或爲"胡壽"的專字。⑧然而,後來因音近相通的關係,"耇"漸漸被表示"牛顄垂"之"胡"替代,後代沿用不綴,造成"耇"不再於傳世文獻中使用。至於表示疑問之"胡",西周《大雅》詩篇有不少相關例子,如《雲漢》云:"父母先祖,胡寧忍予!"陳奐傳疏:"胡,何也。"⑨又《瞻卬》云:"豈曰不極,伊胡爲慝?"鄭箋:"胡,何。"⑩"胡"之用爲疑問代詞大概可視爲語

①　《爾雅注疏》,見《十三經注疏》(整理本),北京:北京大學出版社,2000 年,頁 22。
②　郭錫良:《漢字古音手冊》,頁 9、93—94。
③　李富孫:《詩經異文釋》卷一二,見《續修四庫全書》,上海:上海古籍出版社,1995 年,頁 12。
④　[清]王先謙撰,吳格點校:《詩三家義集疏》,北京:中華書局,1987 年,頁 847。
⑤　《春秋左傳正義》,頁 463。
⑥　江聲:《尚書集注音疏》卷六,見《四部要籍注疏叢刊》,北京:中華書局,1998 年,頁 29。
⑦　《爾雅注疏》,頁 18。
⑧　見復旦大學出土文獻與古文字研究中心研究生讀書會:《清華簡〈皇門〉研讀札記》下網友 llaogui(施謝捷)2011 年 1 月 8 日評論。
⑨　[清]陳奐:《詩毛氏傳疏》卷二五,見《續修四庫全書》,上海:上海古籍出版社,1995 年,頁 25。
⑩　《毛詩正義》,頁 1480。

法化過程中的實詞虛化,沈家煊指出:"'語法化'(grammaticalization)通常指語言中意義實在的詞轉化爲無實在意義、表語法功能的成分這樣一種過程或現象,中國傳統的語言學稱之爲'實詞虛化'。"①既然出土材料中作疑問代詞之"胡"均用"耉"表示,我們懷疑古文字中"耉"本有壽考的意思,但後來因實詞虛化而兼表疑問語氣,作疑問代詞。然而,隨著傳世古書漸漸以"胡"字統一替代"耉"字,此義項之"耉"亦易作"胡",所以,"耉"字便不再見於後代的典籍。總括而言,"耉""胡"二字的交替使用可用以下表格說明:

古書用字	義　項	本　字
胡	長壽	耉
	表示疑問:爲甚麼	耉
	牛頷垂	胡

　　至於我們應該怎樣理解郳公瘑父鎛銘文所見"永耉是保"? 董珊認爲"耉"從"古"聲讀爲"固"。② 王寧讀"耉"爲"胡",訓"遠","永胡"意思略同於"永遠"。③ 蘇建洲以爲"耉"可能爲楚文字中"故"的專字,銘文似説"不死"。④ 黃傑認爲"永耉是保"可能是賓語前置句,猶云"保有永耉","永耉"是名詞,"耉"讀"嘏","福"也,"永嘏"即長久的福祿。⑤ 孟蓬生指出"永耉是保"可能讀爲"永祜是保",與黃國器"則永祜寶"辭例相類。⑥ 其實,借助上述古文字"耉"的梳理,我們認爲"永耉是保"之"耉"應訓爲"壽","永耉"是有關長壽的祝嘏,金文中與其意義相近的祝嘏辭有"永壽"。"永壽"一辭見於西周中期至戰國時期器銘,例如:

　　　　隹(唯)正月初吉,僑孫殷毅乍(作)盨(沬)盤,子子孫孫永壽。

① 沈家煊:《"語法化"研究綜觀》,《外語教學與研究》1994年4期,頁17。
② 董珊:《郳公瘑父二器簡釋》,頁160。
③ 見董珊:《郳公瘑父二器簡釋》下網友王寧2012年4月11日評論。
④ 見董珊:《郳公瘑父二器簡釋》下網友海天(蘇建洲)2012年4月11日評論。
⑤ 見董珊:《郳公瘑父二器簡釋》下網友黃傑2012年4月11日評論。
⑥ 見董珊:《郳公瘑父二器簡釋》下網友孟蓬生2012年4月11日評論。

(殷穀盤 10127、10128，西周中期)

復公子白(伯)舍曰：臤新乍(作)我姑弅(鄧)孟媿賸(媵)㲃，永壽用之。(復公子簋 4011—4013，西周晚期)

曾者子鑄用乍(作)鬳鼎，用亯(享)于且(祖)，子子孫永壽。(曾者子鼎 2563，春秋早期)

宋牆(莊)公之孫趎亥，自乍(作)會(膾)鼎，子子孫孫永壽用之。(趎亥鼎 2588，春秋中期)

鄦子乍(作)□匿，棗爲其行器，永壽用。(鄦子簠 4545，春秋晚期)

楷侯疑(微)逆之匿，永壽用之。(楷侯微逆簠 4521，戰國早期)

"永壽"之"永"有長久之意，與金文習見嘏辭"眉壽"意思大致相同，均是對於生命延綿長久的祈求，常見句式有"永壽用"及"永壽用之"，經常作爲彝銘的結束語。① 此外，"某某是保/寶"的結構亦時見於東周金文，如：

寺(邿)子姜首彶寺(邿)公典爲其盥般(盤)，用旂釁(眉)壽難老，室家是僳(保)。(邿子姜首盤 NA1043，春秋中期)

哉(載)公釁(眉)壽，鼄(邾)邦是保，其堣(萬)年無彊(疆)，子子孫孫永保用亯(享)。(邾公華鐘 245，春秋晚期)

以貿(匄)羕(永)令(命)眉壽，子孫是保。(陳逆簋 4096，戰國早期)

"賓語＋是＋動詞"是古漢語常見的賓語前置格式，結構助詞"是"位於賓語和動詞之間，起賓語提前的作用，達致强調的目的：②

原田每每，舍其舊而新是謀。(《左傳・僖公二十八年》)③

今吴是懼，而城於郢，守已小矣。(《左傳・昭公二十三年》)④

---

① 有關東周嘏辭"永壽"，詳參鄧佩玲：《天命、鬼神與祝禱：東周金文嘏辭探論》，臺北：藝文印書館，2011 年，頁 146—154。

② 參中國社會科學院語言研究所古代漢語研究室編：《古代漢語虚詞詞典》，北京：商務印書館，1999 年，頁 517。

③ 《春秋左傳正義》，頁 513。

④ 《春秋左傳正義》，頁 1656。

君民者,豈以陵民,社稷是主;臣君者,豈爲其口實,社稷是養。(《晏子春秋・莊公不用晏子晏子致邑而退後有崔氏之禍》)①

"室家是僳(保)"相當於"保室家","䵣(邾)邦是保"即"保䵣(邾)邦","子孫是保"即"保子孫",故郘公䤔父鎛"永耆是保"可理解爲"保永耆"的賓語前置形式。有關"保"的具體意義,金文裏以"子孫永寶/保(用)"作結束句甚爲習見:

晉人事寓乍(作)寶𣪘,其孫子永寶。(晉人事寓簋 3771,西周中期)

佳(唯)三月初吉,格白(伯)乍(作)晉姬寶𣪘,子子孫孫其永寶用。(格伯簋 3952,西周中期)

毛弔(叔)朕(媵)彪氏孟姬寶般(盤),其萬年𧡀(眉)壽無彊(疆),子子孫孫永僳(保)用。(毛叔盤 10145,春秋早期)

杞白(伯)每亡乍(作)𣪘(邾)嬬(曹)寶貞(鼎),子子孫孫永寶。(杞伯每亡鼎 2495,春秋早期)

因此,我們認爲郘公䤔父鎛"子之子孫之孫,永耆是保"大概可理解爲"子孫永寶/保"及"永耆"結合後的簡省形式,既希望子孫能永遠保用此器,亦祝禱其長命壽考。

其實,郘公䤔父鎛"永耆是保"銘文的出現能够爲黄器銘文中"永某某"文例的研究帶來新材料。孟蓬生曾經將黄器文例釋讀爲"則永祜寶",認爲郘公䤔父鎛"永耆是保"可讀爲"永祜是保",故黄器銘文"則永祜寶"也許即"則寶永祜"的意思。② 然而,通過上述有關郘公䤔父鎛"永耆是保"意義的釐清,我們認爲黄器銘文"永某某"或許可通讀爲"永耆保"。首先,從前文所列文例的七類字形可知,"永"後首字多從"古",由是可説明該字與"耆"有關。此外,黄器銘文"永耆保"或許是郘公䤔父鎛"永耆是保"的省略形式,類似格式的例子如:

---

① 吳則虞撰:《晏子春秋集釋》,北京:中華書局,1962 年,頁 596。
② 見董珊:《郘公䤔父二器簡釋》下網友孟蓬生 2012 年 4 月 11 日評論。

烏（於）卲萬年，晉邦佳（唯）鞾（翰），<u>永康（康）寶</u>。（晉公盆
10342，春秋中期）

子子孫孫<u>永定俘（保）之</u>，母（毋）竝（替）氒（厥）邦。（中山王𰯼鼎
2840，戰國晚期）

晉公盆"永康寶"，《銘文選》解釋爲"永遠安好保守此器"，[1]吳鎮烽讀"康"
爲"庚"，"庚"有賡續、繼續之義，"永康寶"就是"賡續不斷地永寶此器"。[2]
至於中山王𰯼鼎銘文"永定俘之"，過去學者多簡單視爲相當於習用語"子
孫永寶"之類，杜迺松翻譯該語爲"子孫後代要記住這些話"，[3]林宏明指
出"俘"當讀"寶"或"保"。[4] 其實，"康"與"定"均爲形容詞，兩詞既然置於
銘末，似乎均可理解爲祝嘏辭，"康"有安樂、安定之意，《詩·大雅·卷
阿》："茀禄爾康矣"，鄭玄箋："康，安也。"[5]《唐風·蟋蟀》："無已大康"，毛
傳："康，樂也。"此外，"康"在兩周祝嘏銘文中習見：

師器父乍（作）障鼎，用亯（享）考（孝）于宗室，用旂（祈）眉壽，黄
句（耇）吉<u>康</u>，師器父其萬年子子孫孫永寶用。（師器父鼎 2727，西周
中期）

克其日用𪘥，朕辟魯休，用匃<u>康</u>勱，屯（純）右（祐）眉壽，永令（命）
需冬（終），邁（萬）年無彊（疆）。（克鼎 2796，西周晚期）

秦公曰（其）畯龏（令）才（在）立（位），雁（膺）受大命，眉壽無彊
（疆），匍有四方，曰（其）<u>康</u>寶。（秦公鎛 267—269，春秋早期）

"永康（康）寶"似乎可以理解爲"寶/保永康"，意義大致爲"保用永遠安
康"。"定"則有安定之意，在《詩》中時常用以讚頌或祈求國家安定，如《周
頌·武》："於皇武王，無競維烈。允文文王，克開厥後。嗣武受之，勝殷遏

---

① 馬承源主編：《商周青銅器銘文選（四）》，頁 588。

② 吳鎮烽：《晉公盤與晉公𥂛銘文對讀》，復旦大學出土文獻與古文字研究中心網站
發表文章，網址：http://www.gwz.fudan.edu.cn/SrcShow.asp? Src_ID=2297，2014 年 6 月
22 日。

③ 杜迺松：《中山王墓出土銅器銘文今譯》，《文獻》1980 年 4 期，頁 154。

④ 林宏明：《戰國中山國文字研究》，臺北：臺灣古籍出版有限公司，2003 年，頁 312。

⑤ 《毛詩正義》，頁 1327。

劉,耆定爾功。”①《桓》:“于以四方,克定厥家。於昭于天,皇以間之。”②
《賚》:“文王既勤止,我應受之。敷時繹思,我徂維求定。”鄭箋:“今我往以
此求定,謂安天下也。”③我們以爲銘文“永定俘(保)之”或可理解爲“保永
定”,“之”是“永定”的複指代詞。

　　從“永康寶”及“永定俘(保)之”兩例可以推知,在金文部分的賓語前
置結構中,賓語與動詞之間可以不必加入結構助詞“是”。因此,我們懷
疑,黄器“永某某”文例或可讀爲“永耆保”,即郘公敏父鎛所見之“永耆是
保”,“永耆保”乃“保永耆”的賓語前置格式,可以理解爲金文習用語“子孫
永保”及“永耆”的簡省形式,器主希望子孫能够永遠保用此器,並祈求長
命壽考。

---

① 《毛詩正義》,頁 1576—1577。
② 《毛詩正義》,頁 1577。
③ 《毛詩正義》,頁 1616。

第九章　銅器自名前修飾語"鬺"

第一節　"鬺"字的字形分析

"鬺"於金文中頗爲習見,除了叔尸鐘 272—284 用作地名之外,其餘例子皆置於銅器自名前作爲修飾語,主要見於西周晚期至春秋晚期的食器,當中有鼎、簋、簠及鬲。兹列出其用例如下:

曾者子鑄用乍(作)鬺鼎(曾者子鼎 2563,春秋早期)
瘵乍(作)其鬺鼎貞(鼎)(瘵鼎 2569,春秋早期)
倗之鬺鼎(王子午鼎 2811,春秋晚期)
隈凡白(伯)怡父自乍(作)鬺鼎(隈凡伯怡父鼎 NA1692、NA1966,春秋晚期)
蔡侯龘(申)之鬺𣪘(蔡侯申簋 3592—3599,春秋晚期)
束中(仲)豆父乍(作)鬺𣪘(束仲豆父簋蓋 3924,西周晚期)
龘(申)公彭宇自乍(作)鬺臣(申公彭宇簠 4610、4611,春秋早期)
上鄀府𢽠(擇)其吉金,鑄其鬺臣(上鄀府簠 4613,春秋晚期)
仰(蓮)子受之鬺盨(升)(蓮子受鬲 NA0529,春秋晚期)

"鬺"字構形特殊,民國以來曾經考釋該字者凡十數家,先後提出"殿""媚""飤""䰞""脀""祗""徹""壽"等不同的釋讀。吳振武在 1990 年《文物研究》第六輯中發表《釋鬺》一文,曾經就過去學者的意見作出全面詳細的歸納分析,並在歸納衆説後,再借助戰國齊私璽所見"胡"字字形作""作爲證據,提出"鬲"應該是从"乀","鬲"聲,可理解爲"瀝"字的異構,讀"歷"。此外,吳氏復指出,由於鑄有"鬲"銘文之銅器多是成組出土,"行禮時按一定次序陳列的成組銅器,自可稱之爲'歷×'","歷"有陳次、陳列之意。①吳氏的分析獨到精闢,爲後來多數學者所採納。然而,2009 年,贏泉在復旦網發表《釋疇》一文,再就相關問題作重新探討,提出截然不同的意見:贏泉認爲"鬲"字之"冂"與甲骨文"邑"字脗合,由是推斷"鬲"應該是"鑄"的本字,可讀作"酬"。② 其實,我們認爲金文"壽"字从"乿",當中之"乙"與"鬲"所從之"乚"在筆勢上有相當的差異,實在不宜將"鬲""酬"兩字混爲一談。

吳氏注意到"鬲"所从之"冂"應該即是《説文》訓爲"流也"之"乀"字,見解深具啟發性,但可惜當時所見材料有限,吳氏尚未就有關問題再作進一步的探討。細審銅器原拓,"鬲"字从二鬲,復因"冂"的左右置向及後增部件的差異,"鬲"字字形應該可再分爲三類:

甲類:"鬲"之間加"乚"作"鬲",如:

（曾者子鼎 2563）

（瘵鼎 2569）

（束仲豆父簋蓋 3924）

（蓮子受鼎 NA0529）

乙類:"鬲"之間加"乚"作"鬲",如:

（蓮子受鼎 NA0528）

丙類:"鬲"下復加"辵"作"邊",如:

---

① 吳振武:《釋鬲》,《文物研究》第六輯,合肥:黃山書社,1990 年,頁 218—223。

② 贏泉:《釋疇》,復旦大學出土文獻與古文字研究中心網站發表文章,網址: http://www.gwz.fudan.edu.cn/srcshow.asp? src_id=809,2009 年 6 月 6 日。

（王子午鼎 NA0444）

（王子午鼎 NA0447）

吳氏曾經指出，從"鬲"字"冂"左右置向相通可知，"⺈""乚"二形應該無別，①所言甚是。事實上，從前面所列字形可見，河南淅川徐家嶺楚墓出土的遉子受鼎共有兩件，"鬲"分別書作"" 及""，我們由是可以再次肯定"⺈""乚"二形確實相同。《説文》分別收録有"乁""〈"二字，或許與"⺈""乚"二形相關。《乁部》云：

乁（乁），流也。从反厂。讀若移。②

《〈部》云：

〈（〈），水小流也。《周禮》："匠人爲溝洫，耜廣五寸，二耜爲耦，一耦之伐，廣尺深尺謂之〈。"倍〈謂之遂，倍遂曰溝，倍溝曰洫，倍洫曰〈〈。凡〈之屬皆从〈。 ⑪（𤰜），古文〈，从田从川。 ㊈（畎），篆文〈，从田犬聲，六畎爲一畝。③

《説文》雖將"乁（乁）""〈（〈）"分爲二字，但兩者字形甚爲相似。"乁"字，大徐本引孫愐《唐韻》注音爲"弋支切"，"〈"則是"姑泫切"，但馬敘倫卻援上古音及金文字形指出兩字應該同爲一字，音義與"涓"同。④ 姑勿論許氏是否誤分"乁""〈"爲二字，但我們認爲"〈"確實與水有關，其原因有二：第一，《説文》有所謂"據形系聯"及"以類相從"之體例，"〈"前後的部首分別有"林""《""川""泉""矗"等，這些字在意義上均與水相關，可證"〈"的意義亦與水關係密切；第二，"〈（〈）"之象水形可從《説文》小篆"水"書作""得以印證，"水"的中間字畫作"〈"，其復疊又可構成""（《）"及""（川），所从部件皆與"〈"相同。

---

① 吳振武：《釋鬲》，頁 221。
② ［漢］許慎撰，［宋］徐鉉校定：《説文解字（附檢字）》，北京：中華書局，1963 年，頁 265。
③ 許慎撰，徐鉉校定：《説文解字（附檢字）》，頁 239。
④ 馬敘倫：《説文解字六書疏證》第七册，上海：上海書店，1985 年，頁 83—84。

　　至於"く"字的讀音,孫愐《唐韻》音"姑泫切",重文作"甽""畎",分別從"川""犬"得聲,二者皆屬元部,故"く"亦當屬元部字。

　　此外,《説文·䀠部》收有"(睊)"字,其構形與"膚"有類近之處,僅是易二"鬲"爲二"目":

　　　　(睊),目圍也。从䀠。讀若書卷之卷。①

許氏以爲"睊"與"卷"音近,《唐韻》注音"居倦切",元部字。又《説文·大部》另收有"(奰)"字:

　　　　(奰),大皃。从大,睊聲。或曰拳勇字。一曰讀若傿。②

許氏以爲"奰"亦可讀若"傿","傿"是元部字。其實,除了《説文》之外,出土材料亦可爲"睊"字的讀音提供新的證據:

　　　　"黃子嬛"(包山簡 174)

　　　　"則楚自(師)於隁(鄢)"(清華簡《繫年》90)

　　　　"顥"(《秦印文字彙編》頁 172)③

包山簡"嬛"及秦印文字"顥"俱用爲人名,而清華簡《繫年》文句可與《左傳·成公十六年》"六月,晉、楚遇於鄢陵"相印證,故"隁"應當讀爲"鄢",地名,④偏旁"奰"大致是"奰"的省形。

　　許氏雖然將"睊"字釋爲"从䀠"的會意字,但事實上,"睊""奰""奰"三字均屬元部,而"く"之重文"甽""畎"亦是元部字,我們由是懷疑"睊"極有可能是形聲字,該字所從之""應該即"く(く)",是表示讀音的聲符。雖然"""く(く)"在置向上有左右之不同,但是,從金文及楚簡材料可知,古文字中"""く"二形確實無別。而且,"く"本乃象水流之形,

---

①　許慎撰,徐鉉校定:《説文解字(附檢字)》,頁 74。
②　許慎撰,徐鉉校定:《説文解字(附檢字)》,頁 215。
③　施謝捷顧問,許雄志主編,谷松章助理:《秦印文字彙編》,鄭州:河南美術出版社,2001 年。
④　清華大學出土文獻研究與保護中心編,李學勤主編:《清華大學藏戰國竹簡(貳)》,上海:中西書局,2011 年,頁 176。

甲骨文"水"既有作"〔圖〕"(甲 903),亦有作"〔圖〕"(鐵 99.4),①由是益證該字中"〔圖〕"形的左右置向不會構成任何釋讀上的差異。至於金文"矞"構形既與"矞"相同,僅易二"目"爲二"鬲",我們由是懷疑"矞"字中所從之"〔圖〕"亦應該是具有表音作用,該字上古音或許亦在元部。

第二節　"矞"與《説文》"鬳"字

"矞"从二"鬲",《説文·鬲部》另收有"鬳"字,其云:

〔圖〕(鬳),鬻也。从鬲,侃聲。〔圖〕(餰),鬳或从食、衍聲。〔圖〕(釬),或从干聲。〔圖〕(鍵),或从建聲。②

"鬳"从"侃"得聲,其或體"餰""釬""鍵"所从聲符皆屬元部,由是可證"鬳"亦屬於元部字。"矞"字从"〔圖〕"从二"鬲",與之類近的"〔圖〕"字嘗見於殷墟契文,③劉興隆以爲即"兩"字,④然而,該段卜辭前文殘闕,現已難以確知其字義,但歷代字書曾見有與之類似的"鬴"字,如遼釋行均《龍龕手鑑》及明梅膺祚《字彙》均以爲"鬴"音"歷",訓爲"去滓也",⑤明張自烈《正字通》則謂:"鬴,俗鬲字。"⑥"鬴"與"歷""鬲"讀音既然相同,"鬴"其實可理解爲"鬲"字的俗體。而且,從考古出土可知,"鬲"是炊粥器,我們由是懷疑"矞"即《説文》"鬳"字,當中,"矞"所從之"〔圖〕"可理解爲聲符,"鬴"意義與"鬳"相同,皆表示炊粥之意。

---

① 中國科學院考古研究所編輯:《甲骨文編》(《考古學專刊乙種第十四號》),北京:中華書局,1965 年,頁 431。

② 許慎撰,徐鉉校定:《説文解字(附檢字)》,頁 62。

③ 容庚:《殷契卜辭附釋文及文編》,見宋鎮豪、段志洪主編:《甲骨文獻集成》,成都:四川大學出版社,2001 年,頁 303。

④ 劉興隆:《新編甲骨文字典》,北京:國際文化出版公司,1993 年,頁 470。

⑤ [遼]釋行均:《龍龕手鑑》卷四,見《四庫全書》,上海:上海古籍出版社,1987 年,頁 94;[明]梅膺祚:《字彙》卷一二,見《續修四庫全書》,上海:上海古籍出版社,1995 年,頁 25。

⑥ [明]張自烈:《正字通》亥集,見《續修四庫全書》,上海:上海古籍出版社,1995 年,頁 51。

　　此外,金文中與"鬲"相關的字可能尚有襄腫子湯鼎 NA1310 銘文所見之"🔣",此字或者能有助進一步説明"鬲"與"鬵"之間的關係。襄腫子湯鼎云:

　　　　襄腫子湯之🔣,子子孫孫永保用之。

胡仁宜釋"🔣"爲"鬵",無解;①王輝隸定該字作"鬵",讀"煮";②李勇、胡援認爲"🔣"可能是楚人對鼎名的別稱;③陳秉新嘗將"🔣"字所從之"🔸"釋爲"干",並以爲即"鬵"字,讀"銷",器名,相當於漢之銅鎗;④但是,陳氏後來又改釋該字爲"鬵",讀"鑊"。⑤ 雖然金文"干"大多書作"🔸""🔸""🔸""🔸"等形,與"🔸"於字形上存在若干差異,但上博簡中"干"作偏旁時亦有書作"🔸"的例子:

"旱"　　　　　　　　"潹"　　　　　　　　"皔"

上博《魯邦大旱》1　　　上博《柬大王泊旱》11　　上博《君人者何必安哉》甲本 9

楚簡"旱"字的下半部從"🔸",而"🔸"的出現的確可以佐證"🔸"可釋爲"干",故"🔣"亦應隸定爲"鬵"。《説文》"鬵"之或體既然作"䰝",故陳氏釋"鬵"爲"鬵"的説法確實可取。"干""侃"上古同屬元部,二字於古書中時有通用之例,如《論語·鄉黨》"與下大夫言,侃侃如也",⑥"侃侃"於《後漢書·袁安傳》作"衎衎"。⑦ 雖然如此,我們認爲襄腫子湯鼎銘文所見"鬵"字並非一定要讀爲"銷",讀如字實亦可通。襄腫子湯鼎造形獨特,器

　　① 胡仁宜:《六安市九里溝出土的銅簋》,《文物研究》第二輯,合肥:黃山書社,1986年,頁 39—40。

　　② 王輝:《子湯簋銘文試解》,《文物研究》第六輯,合肥:黃山書社,1990 年,頁 246—248。

　　③ 李勇、胡援:《春秋"子蕩"楚器考》,《文物研究》第八輯,合肥:黃山書社,1993 年,頁 186—188。

　　④ 陳秉新:《安徽新出楚器銘文考釋》,見楚文化研究會編:《楚文化研究論集》第三輯,武漢:湖北人民出版社,1994 年,頁 412—420。

　　⑤ 陳秉新:《安徽出土子湯鼎銘文的再認識》,《考古》2005 年 7 期,頁 89—91。

　　⑥ 《論語注疏》,見《十三經注疏》(整理本),北京:北京大學出版社,2000 年,頁 139。

　　⑦ [宋] 范曄撰,[唐] 李賢等注:《後漢書》,北京:中華書局,1965 年,頁 1519。

腹呈扁鼓形,器口圓小,有蓋,器底外又佈滿煙炱,①有曾經燒煮的痕迹,而扁矮器身能擴大受火的面積,加快煮食速度,與袋形腹銅鬲有異曲同工之用。所以,我們懷疑"襄膚子湯之鬵"一語之"鬵"可以逕讀爲"鬻",解作"鬻",指出銅器具有炊粥用途,亦即"鬻"字。

第三節　"鬳"與"延"的關係

"鬳""鬵"二字有可能即是《説文》所收之"鬵"字。但是,金文中凡以"鬳"作器名前修飾語之用例,器類包括鬲、鼎、簋、簠等,倘若一併視爲炊粥器,似乎不太妥當。事實上,我們認爲"鬳"當讀爲"延",具有鋪陳、陳列之意。

首先,檢諸傳世文獻,"鬳""鬵"同屬元部,上古同屬元部尚有"延"字,《墨子·非樂上》嘗言:"今王公大人惟毋處高臺厚榭之上而視之,鐘猶是延鼎也,弗撞擊,將何樂得焉哉?"②有關"延鼎"一辭,孫詒讓指出:

> 延鼎,蓋謂偃覆之鼎。《玉藻》鄭注云:"延,冕上覆也。"是延有覆義。鍾上弇下侈,與鼎相反,虛縣弗擊,則與鼎偃覆相類。又疑"延"當讀爲璧羨之羨。《周禮·玉人》鄭注云:"羨猶延也。"《典瑞》注云"羨,不圜之貌。"延鼎,謂如鼎而橢不正圜。《凫氏》賈疏云:"古鍾如今之鈴,不圜。"③

孫詒讓就"延鼎"提出兩種可能的解釋:第一,鄭玄《禮記·玉藻》注"延"爲"冕上覆也",由是可知"延"或許有"覆"之義,因鐘的形狀剛好與鼎相反,故"延鼎"有可能是指鐘"與鼎偃覆相類";第二,"延"或可讀爲"羨",形容銅鐘"不圜之貌"。

然而,在傳世文獻中,"延"從來未有解作"覆"之例,而且,讀"延"爲

---

① 胡仁宜:《六安市九里溝出土的銅簋》,頁 39。
② 吳毓江撰,孫啟治點校:《墨子校注》,北京:中華書局,1993 年,頁 381。
③ [清]孫詒讓:《墨子閒詁》,北京:中華書局,2001 年,頁 254。

“羨”訓“不圜”之説亦甚爲迂迴牽强。其實，在經傳詁訓中，“延”嘗被訓爲
鋪陳之意，如《爾雅·釋詁》云：“延，陳也。”邢昺疏：“延，鋪陳也。”①“延”
之所以訓“陳”，郝懿行《義疏》云：“引、延，下文並云長也，又訓陳者，引
伸。”②“延”本身可指距離的長廣，如《荀子·議兵》云：“延則若莫邪之長
刃，嬰之者斷；兌則若莫邪之利鋒，當之者潰；圜居而方止，則若盤石然，觸
之者角摧，案角鹿埵、隴種、東籠而退耳。”王先謙《集解》引盧文弨曰：“案
延讀‘延袤’之延。東西曰延。”又引俞樾云：“延之言長也，故若長刃；鋭之
言利也，故若利鋒。”③此外，“延”在甲骨文中書作“征”，用爲祭名，于省吾
嘗援“征雨”“征風”等語提出“祭而復祭謂之征”，④其後，張世超以卜辭材
料印證，認爲“‘延祭’是殷人爲了同一件事情持續地向不同祖先進行祭祀
的方式”。⑤ “陳”指鋪陳、陳列，乃是將物品依次排列，故“延”有連綿繼續
之意，故甲骨文“延祭”之“延”之所以有持續之意，大概與鋪陳、陳列義有
關。《墨子》言“延鼎”，《儀禮》中亦有“陳鼎”，如“甸人陳鼎七”（《公食大夫
禮》）、⑥“陳鼎于門外”（《有司徹》）、⑦“陳鼎五于門外”（《既夕禮》）⑧等，可
知“延鼎”或即“陳鼎”，指銅鼎之依次排列。上古有鐘鳴鼎食之制，編鐘與
列鼎俱是權力、地位的象徵，《墨子》以陳鼎比喻編鐘，指責鐘鼓作樂只是
奢侈享受，無助於國計民生。

　　此外，前文曾提及“鬳”可能是《説文》“鬻”字，上古“延”“侃”同屬元
部，兩者有相通之例，如《玉篇·水部》云：“涎，口液也。涊，同上。”⑨上博
簡《周易》簡50“酓（飲）飤（食）盨_”，“盨”於帛書作“衍”，今本作“衎”，《周

①　《爾雅注疏》，見《十三經注疏》（整理本），北京：北京大學出版社，2000年，頁23。
②　［清］郝懿行：《爾雅郭注義疏》卷一，見《續修四庫全書》，上海：上海古籍出版社，
1995年，頁39。
③　［清］王先謙撰，沈嘯寰、王星賢點校：《荀子集解》，北京：中華書局，1988年，頁
268。
④　于省吾主編，姚孝遂按語：《甲骨文字詁林》，北京：中華書局，1996年，頁2234。
⑤　張世超：《花東卜辭中的“延祭”》，《吉林師範大學學報（人文社會科學版）》2007年
6期，頁1—2。
⑥　《儀禮注疏》，見《十三經注疏》（整理本），北京：北京大學出版社，2000年，頁551。
⑦　《儀禮注疏》，頁54。
⑧　《儀禮注疏》，頁865。
⑨　［梁］顧野王著：《大廣益會玉篇》，北京：中華書局，1987年，頁91。

禮·春官·男巫》"望衍"鄭玄注："玄謂衍讀爲延,聲之誤也。"①由是可知"延""侃""衍"三字上古音接近。由上述的通假例證,我們懷疑"鬲"亦當讀爲"延",置於銅器自名前表示鋪陳、陳列之意,形容器物依次排列,與古書所謂的"列鼎"意義相類。吳氏早已注意到以此作修飾語之銅器大多成組出土,如蔡侯申簠一套共八件,王子午鼎有七器,申公彭宇簠及限凡伯怡父鼎俱成對出土,"蓮子受"器則包括鼎二、鬲一。

再者,王子午鼎所見"鬲"字皆從"辵",或許亦可再次印證"鬲"該讀爲"延"。過去曾經有不少學者提出"辵""延"古本一字,"延"在卜辭中書作"⿰彳止",郭沫若隸定爲"延",指出"辵""延"二字"是一非二也",兩字於上古爲一聲之轉;②李孝定復以爲"延""延"二字聲韻並同,甲骨文"延"作"⿰彳止""⿰彳止",金文作"⿰彳止",與"辵"字相同,故"辵""延""延"三字本爲一字。③ 王子午鼎銘文所見"鬲"既然從"辵","辵""延"二字古同,或許亦能進一步證明"鬲"該讀爲"延","辵"可能是後加的聲符,用以標注讀音。

第四節　"延鐘""前鐘"與"反鐘"

除了兩周彝銘外,新蔡簡時有習用語"△鐘"之出現,△有可能與"延"字有關,其字形可分爲三類:

　　Ⅰ型:"⿰彳丝"(甲三:268)、"⿱⿰彳丝"(甲三:261)、"⿰氵"(甲三:145)

　　Ⅱ型:"⿱夕夕"(甲三:212、199－3)、"⿱夕"(甲三:201)、"⿱夕"(乙三:63)

---

①　《周禮注疏》,見《十三經注疏》(整理本),北京:北京大學出版社,2000 年,頁810。

②　郭沫若著,中國科學院考古研究所編輯:《殷契萃編》,北京:科學出版社,1965年,頁547—548。

③　李孝定:《讀說文記》,臺北:"中研院"歷史語言研究所,1991年,頁49—50。

Ⅲ型：""（甲三：136）、""（乙一20、30）①

前人大致隸定Ⅰ型爲"延"，讀"延"；但有關Ⅱ、Ⅲ型的隸定，學者間意見不盡相同。例如，李家浩以爲可隸定爲"前"，讀"棧"，"棧鐘"即"編鐘"，②陳偉、楊華同意其説法；③何琳儀則隸爲"脠"，從肉、延聲，並且援引《儀禮·鄉飲酒禮》疏"諸侯之卿大夫半天子之卿大夫，西懸鐘，東懸磬"，指出"脠鐘"當讀"縣（懸）鐘"；④徐在國以爲字當隸作從月之"脠"，讀"棧"；⑤宋華強認爲字當從月，隸作"脠""腄"，"延"與《周禮》"衍祭"有關；⑥羅新慧以爲"前""延"當同爲一字，"延鐘"類同金文"行鐘""走鐘"，爲可移動之意。⑦

其實，信陽楚簡及天星觀楚簡亦有"△鐘"之辭例，後者字形從"金"。倘若結合上古音作出分析，"前""延"同屬元部字，兩字讀音接近，上博簡《弟子問》簡1有人名"前陵季子"，《禮記·檀公》便作"延陵季子"，⑧指春秋時吳太子季札，"延""前"二字古通。由是可知，無論△該隸作"延"或"前"，兩者所言實屬相同。至於《墨子》既有"延鼎"一辭，我們亦懷疑楚簡之"△鐘"極有可能當讀爲"延鐘"，"延"表示鋪陳、陳列之意，大概是指編鐘依次排列。由於上古祭祀多有合樂，所以必有編鐘之設，如《周禮·春

---

① 參宋華强：《葛陵簡"延"字及從"延"之字辨析》，武漢大學簡帛研究中心"簡帛網"發表文章，網址：http://www.bsm.org.cn/show_article.php? id＝334，2006年5月3日。文章其後出版於《新蔡葛陵楚簡初探》，但將Ⅱ型及Ⅲ型合併爲一類。（宋華强：《新蔡葛陵楚簡初探》，武漢：武漢大學出版社，2010年，頁347—358。）

② 李家浩：《信陽楚簡"樂人之器"研究》，中國社會科學簡帛研究中心編輯：《簡帛研究》第三輯，桂林：廣西教育出版社1998年，頁1—2。

③ 陳偉：《新蔡楚簡零釋》，《華學》第六輯，北京：紫禁城出版社，2003年，頁97；楊華：《新蔡簡所見楚地祭禱禮儀二則》，武漢大學漢大學簡帛研究中心"簡帛網"發表文章，網址：http://www.bsm.org.cn/show_article.php? id＝76，2004年8月1日；該文其後收録於丁四新主編：《楚地簡帛思想研究》第二輯，武漢：湖北教育出版社，2005年，頁253—264。

④ 何琳儀：《新蔡竹簡選釋》，《安徽大學學報（哲學社會科學版）》2004年3期，頁7。

⑤ 徐在國：《從新蔡葛陵楚簡中的"延"字談起》，見武漢大學簡帛研究中心主編：《簡帛》第一輯，上海：上海古籍出版社，2006年，頁199—201。該文其後收録於黃德寬、何琳儀、徐在國：《新出楚簡文字考》，合肥：安徽大學出版社，2007年，頁270—274。

⑥ 宋華强：《新蔡葛陵楚簡初探》，頁347—358。

⑦ 羅新慧：《釋新蔡楚簡"樂之、百之、贛之"及其相關問題》，《考古與文物》2008年1期，頁50—53。

⑧ 《禮記正義》，見《十三經注疏》（整理本），北京：北京大學出版社，2000年，頁364。

官·磬師》云:"磬師:掌教擊磬、擊編鐘。教縵樂、燕樂之鐘磬。凡祭祀,奏縵樂。"①《詩·小雅·楚茨》:"禮儀既備,鐘鼓既戒。孝孫徂位,工祝致告。"②《周頌·執競》:"鐘鼓喤喤,磬筦將將,降福穰穰。"③而且,楚簡所見"△鐘"均見於祭禱之辭,或能證明"延鐘"之"延"乃用於形容銅鐘之順序排列,所言者實即編鐘。

除了"延鐘"之外,春秋晚期黻鐘 NA0482—NA0496 有"盨(鑄)其反鐘"一語,有關"反鐘"的含義,學者間意見分歧。例如,趙世綱讀"反"爲"繁",含"多"之意;④李零以爲"反鐘"即曾侯乙編鐘之"縶鐘",律名;⑤李家浩指出"反""變"二字古通,"變"又可與"徧"相通,故"反鐘"應讀"編鐘";⑥馮勝君則讀"反鐘"爲"變鐘",解釋爲"十二律各自爲宮,各有五聲,迴圈相生之鐘";⑦陳雙新認爲"反"專門用來表示高頻音。⑧ 姑勿論"反"與"編"在音理上是否可以相通,但李氏將"反鐘"解作"編鐘"極具參考價值。"反""延"上古均屬元部,上古讀音應該尤爲接近。因此,我們懷疑"反鐘"之"反",或當讀"延",金文"反鐘"與楚簡"延鐘"所言者相同,乃指編鐘。

---

① 《周禮注疏》,頁 733。

② 《毛詩正義》,見《十三經注疏(整理本)》,北京:北京大學出版社,2000 年,頁 960。

③ 《毛詩正義》,頁 1537。

④ 趙世綱:《淅川下寺楚墓青銅器銘文考索》,見河南省文物研究所等:《淅川下寺春秋楚墓》,北京:文物出版社,1991 年,頁 362。

⑤ 李零:《再論淅川下寺楚墓——讀"淅川下寺楚墓"》,《文物》1996 年 1 期,頁 59。

⑥ 李家浩:《黻鐘銘文考釋》,見北京大學中文系編,費振剛、温儒敏主編:《北大中文研究》(創刊號),北京:北京大學出版社,1998 年,頁 253—254。該文其後收録於李家浩:《著名中年語言學家自選集·李家浩卷》,合肥:安徽教育出版社,2004 年,頁 71—72。

⑦ 馮勝君:《黻鐘銘文解釋》,見吉林大學古籍整理研究所編:《吉林大學古籍整理研究所建所十五周年紀念文集》,長春:吉林大學出版社,1998 年,頁 40。

⑧ 陳雙新:《兩周青銅樂器銘辭研究》,保定:河北大學出版社,2003 年,頁 239—240。

第十章　銅器自名前修飾語"薦"

第一節　金文所見"薦"字文例及其用法

"薦"爲殷周銅器銘文中的常用字,多用於彝銘的"用作"文例之中,作爲銅器自名前的修飾語,例如:

奠(鄭)登白(伯)乍(作)弔(叔)嬣薦鬲。(鄭登伯鬲 597—599,西周晚期)

鄙公湯用其吉金,自乍(作)薦鼎。(鄙公鼎 2714,春秋早期)

弔(叔)朕羃(擇)其吉金,自乍(作)薦𦥑。(叔朕簠 4620—4622,春秋早期)

隹(唯)正月初吉庚午,華母自乍(作)薦壺。(華母壺 9638,春秋早期)

卲(昭)王之諲(媓)之盧(薦)殷(簋)。(昭王之諲簋 3634、3635,春秋晚期)

吳王光羃(擇)其吉金,玄銚白銚,台(以)乍(作)弔(叔)姬寺吁宗彝(彝)薦鑑。(吳王光鑑 10298、10299,春秋晚期)

□□□自作薦鬲,子子孫孫永保用之。(□鬲 NA0458,春秋晚期)

曾中(仲)塦羃(擇)其吉金,自乍(作)隣(薦)殷(簋)。(曾仲塦簋 T5029—T5031,春秋晚期)

除此之外，“薦”於金文中亦可用爲動詞：

者（諸）侯盍（贛）<u>薦</u>吉金，用乍（作）孝武起公器鎛（敦）。（陳侯因
資鎛 4649，戰國中期）

在先秦古書中，“薦”大致有“進”“獻”之意，《儀禮·士昏禮》云：“贊者薦脯
醢。”鄭玄注：“薦，進。”①又《左傳·昭公十五年》曰：“諸侯之封也，皆受明
器於王室，以鎮撫其社稷，故能薦彝器於王。”杜預注：“薦，獻也。”②《玉
篇·廌部》：“薦，進獻也。”③“薦”大致是指禮儀中物品的進獻。就上述金
文用例而言，用於銅器自名前之“薦”乃是説明器用的修飾語，表示該銅器
具有進獻或祭獻的用途；而陳侯因資鎛銘文的“薦”字則是動詞，“薦吉金”
乃言諸侯進獻青銅，供鑄作禮器之用。

就字形而論，金文“薦”字的寫法多樣，大概可以分爲以下四類：

甲類：“薦”——從“芔”從“廌”

鄭興伯鬲 597
西周晚期

鄙公鼎 2714
春秋早期

叔朕簠 4621
春秋早期

華母壺 09638
春秋早期

吳王光鑑 10298
春秋晚期

□鬲 NA0458
春秋晚期

乙類：“薦”——從“艸”從“廌”

陳侯因資鎛 4649
戰國中期④

---

① 《儀禮注疏》，見《十三經注疏》（整理本），北京大學出版社，2000 年，頁 76。
② 《春秋左傳正義》，見《十三經注疏》（整理本），北京大學出版社，2000 年，頁 1548。
③ ［梁］顧野王著：《大廣益會玉篇》，北京：中華書局，1987 年，頁 111。
④ “中研院”歷史語言研究所藏《簠齋積古金文》拓片。（青銅器拓片數位典藏：
http://ndweb.iis.sinica.edu.tw/rub_public/System/Bronze/Search/detail.jsp? Record_NO
=1&Rubbing_ID=18004，臺北：“中研院”歷史語言研究所，2004 年。）

丙類："⿱廌皿"——从"廌"从"皿"

昭王之諻簋 3634
春秋晚期

丁類："⿰阝⿱茻廌"——从"阜"从"茻"从"廌"

曾仲壵簋 T5029
春秋晚期

從上列拓本可知，金文所見"薦"字均从"廌"，並於"薦"基礎上增益不同意符，包括"茻""皿"及"阜"。

第二節　"廌"字形的演變

除"薦"字之外，古文字中从"廌"的字尚有"灋"。《説文・廌部》云：

> （灋），刑也。平之如水，从水。廌，所以觸不直者去之，从去。（法），今文省。，古文。①

有關"灋"字的構形，裘錫圭以爲"灋"所从之"去"當讀"盍"，聲符；②至於偏旁"廌"，《説文》認爲是一種在争訟中能判別是非的動物。其實，從今日觀點看來，此解釋頗嫌牽强；但是，由於"廌"無論於字義或字音上均難與"法"有直接關係，古文字學家至今於"灋"爲何从"廌"的問題上仍未取得更爲滿意的答案。根據《説文》所言，我們基本能够肯定"灋"即古"法"字，而出土古文字資料所見"法"大多从"廌"，亦能證明《説文》小篆其源有自。

① ［漢］許慎撰，［宋］徐鉉校定：《説文解字（附檢字）》，北京：中華書局，1963 年，頁 202。

② 裘錫圭：《談談古文字資料對古漢語研究的重要性》，見《裘錫圭學術文集・語言文字與古文獻卷》，上海：復旦大學出版社，2012 年，頁 42。

1. 甲骨金文所見"廌"的寫法

由於"灋"字从"廌",我們以下嘗試通過金文"灋"字的分析,揭示"廌"字字形的發展軌迹:

作册般黿 NA1553
商代晚期
"率亡～(灋)矢"

柞伯簋 NA0076
西周早期(昭王)
"無～(灋)矢"

盂鼎 2837
西周早期
"勿～(灋)朕令"

逆鐘 63
西周中期
"勿～(灋)朕令"

師酉簋 4288
西周中期
"勿～(灋)朕令"

克鼎 2836
西周晚期
"勿～(灋)朕令"

晉姜鼎 2826
春秋早期
"勿～(灋)文侯覭令"

叔尸鎛 285
春秋晚期
"余弗敢～(灋)乃命"

中山王𰯀壺 9735
戰國晚期
"可～可尚(常)"

綜合上述字例可知,"廌"的寫法似乎有"先繁化後簡化"的發展趨勢。"灋"在商代晚期金文中已經出現,作册般黿"灋"字所从之"廌"書作"𰀀",同時代的殷墟甲骨亦嘗有"𰀀""𰀀"等字,李孝定隸定甲骨諸字作"麠",①唐蘭、徐中舒、于省吾則認爲是"廌"。② 作册般黿銘文"灋"字所从之"𰀀"與甲骨文所見"𰀀""𰀀"寫法大致相類,足證釋以上甲骨諸字爲"廌"是没有問題的。

《説文·廌部》云:

𰀀(廌),解廌,獸也。似山牛,一角。古者决訟令觸不直。象形,从豸省。③

---

①　于省吾主編,姚孝遂按語:《甲骨文字詁林》,北京:中華書局,1996 年,頁 1611。

②　于省吾主編,姚孝遂按語:《甲骨文字詁林》,頁 1611;徐中舒主編:《甲骨文字典》,成都:四川辭書出版社,1988 年,頁 1077。

③　許慎撰,徐鉉校定:《説文解字(附檢字)》,第 202 頁。

許氏認爲"廌"是一種能在訴訟中判別是非的獨角獸,但"廌"無論於古文字或小篆中皆非一角,許氏將"廌"解釋爲神獸,略嫌牽强附會。單育辰嘗結合花東卜辭的例子,認爲"廌"曾經和"牛""豕"一起用來祭祀祖先,提出"廌"字"分明就是牛科羚羊類動物之形",①其説法亦仍待進一步的證明。不過,結合古文字字形中"廌"的考察,我們有兩點是基本可以肯定的:第一,"廌"是一個象形字,象某類野獸之形;第二,在先秦時期,"廌"這種野獸可以作爲祭祀中的犧牲。

　　甲骨文中有不少以"廌"作爲偏旁的字,如"⿱""⿱"及"⿱"等。"⿱",舊釋作"廌",于省吾認爲是人名。② 其實,商代族徽有"⿱""⿱""⿱"③及"⿱"④等,野獸旁置有"刀",以示屠宰之狀,古文字"刀""匕"寫法近似,容易相混,⑤故"⿱"極有可能是一個从"廌"从"刀"的字,"廌"應該是野獸的一種。此外,"⿱"於卜辭中可用爲族名或人名,⑥會"矢"貫穿"廌"之形,描述射獵中以箭捕獲"廌"。"⿱"則象兩"廌"頭置於几上,⑦亦應該與祭禮有關。至於昭王之諻簋"薦"書作"⿱",从"廌"从"皿","皿"爲容器,"廌"盛於器皿中作爲肉食,供進薦之用。再者,金文所見"薦"字大多从"艸",《説文·廌部》云:"⿱(薦),獸之所食艸。从廌从艸。古者神人以廌遺黄帝,帝曰:何食何處? 曰:食薦,夏處水澤,冬處松柏。"⑧上古之"廌"是否食草動物,今日已無從稽考,但從該字構形大概可

① 單育辰:《説"麤""廌"——"甲骨文所見的動物"之五》,復旦大學出土文獻與古文字研究中心網站發表論文:http://www.gwz.fudan.edu.cn/SrcShow.asp? Src_ID=917,2009 年 9 月 23 日。
② 于省吾主編,姚孝遂按語:《甲骨文字詁林》,頁 1611。
③ 容庚編著,張振林、馬國權摹補:《金文編》,北京:中華書局,1985 年,頁 1081。
④ 見鍾柏生等編:《新收殷周青銅器銘文暨器影彙編》,臺北:藝文印書館,2006 年,NA1036。
⑤ 在古文字中,因偏旁"刀"與"匕"寫法較爲類似,故有不少形混的例子。例如,陳劍曾經指出,甲骨文"牝"和"牝"所从的"匕"有不少譌作"刀"形,又如"剡"字於《合集》6536 變作"⿱""⿱",其"刀"旁倒寫,很容易與"匕"旁相混。(陳劍:《甲骨金文舊釋"⿱"之字及相關諸字新釋》,見復旦大學出土文獻與古文字研究中心編:《出土文獻與古文字研究》第二輯,北京:綫裝書局,2007 年,頁 14。)
⑥ 于省吾主編,姚孝遂按語:《甲骨文字詁林》,頁 1611。
⑦ 徐中舒主編:《甲骨文字典》,頁 1079。
⑧ 許慎撰,徐鉉校定:《説文解字(附檢字)》,頁 202。

知,"廌"應該是一類活動於叢林間的野獸,曾仲塱簋所見"⬛",從"阜"從"茻","阜"表示山阜,或能由是説明"廌"活動於山野叢林間。

《金文編》1590 號收錄商代晚期人名"🦌",容庚釋爲"豸",[1]季旭昇認爲此説不可從。[2] 今作册般黿所見"濾"字所從之"廌"書作"🦌",寫法與"🦌"類似,由是可肯定"🦌"當改釋爲廌。西周金文尚有不少從"廌"的人名,如"䩣"(䩣觶 NA0819)、"𤉷"(𤉷孟延盨 4420、4421)、"鴈"(伯鴈父簋 4536、伯鴈鼎 2500)、"㸠"(㸠蓳戈)等。

下逮西周時期,柞伯簋"濾"所從之"廌"書作"🦌",其寫法基本承繼商晚甲骨及金文,但盂鼎"濾"所從之"廌"已開始有繁化迹象,西周中期師西簋及克鼎銘所見"廌"變得更爲繁複,分別書作"🦌"及"🦌",獸臉變得修長,面部及兩角形態頗見凸出,甚爲形象化,此種寫法爲西周晚期的"薦"字所沿襲,如鄭興伯鬲有"🦌"字,但唯一不同的是"廌"的兩角較短。然而,春秋早期叔㑷簋的"薦"書作"🦌",偏旁"廌"的寫法又明顯與西周中期師西簋、克鼎所見者基本相同。不過,繁化的"廌"只流行於西周時期,"廌"在春秋戰國之際再漸漸趨向簡省,或因"🦌"過於繁複,不便書寫所致。例如,春秋晚期昭王之諻簋"薦"字從"廌"從"皿"書作"🦌",偏旁"🦌"明顯是從"🦌"簡化而來,此種寫法爲戰國竹簡所普遍繼承。

2. 楚簡所見"廌"的寫法

下逮楚簡資料,繁化的"廌"已不再出現,因譌變、簡化等各項因素,"廌"的寫法變得多樣,字形不大固定,有關差異往往因書手不同所構成。總括而言,楚簡所見"廌"字大致可歸納爲以下八類:

A 類:🦌

🦌(蠤) 🦌(攎) 🦌(攎)

清華《命訓》12 清華《命訓》15 清華《命訓》15

---

① 容庚編著,張振林、馬國權摹補:《金文編》,頁 669。
② 季旭昇:《説文新證》,福州:福建人民出版社,2010 年,頁 766。

B 類：

 （厲）　　　　　　　（厲）　　　　　　　（厲）

上博《曹沫之陳》14　　　上博《曹沫之陳》41　　　上博《天子建州甲》8

C 類：

（薦）　　　　　　　（厲）　　　　　　　（厲）

上博《子羔》12　　　　上博《容成氏》48　　　上博《天子建州乙》8

（濿）　　　　　　　（厲）　　　　　　　（厲）

上博《用曰》14　　　　郭店《語叢四》9　　　清華《封許之命》6

D 類：

（濿）　　　　　　　（濿）

上博《天子建州乙》3　　上博《天子建州甲》4

E 類：

（濿）　　　　　　　（濿）

郭店《緇衣》9　　　　　郭店《緇衣》27

F 類：

（濿）　　　　　　　（濿）　　　　　　　（濿）

郭店《老子甲》23　　　郭店《老子甲》23　　　郭店《老子甲》23

（濿）

郭店《老子甲》23

G 類： 𠂤

𣥐（濾）

郭店《老子甲》31

H 類： 𡈼

𣥐（濾）　　　　　　𣥐（濾）　　　　　　𣥐（濾）

郭店《六德》2　　　　郭店《六德》40　　　　郭店《六德》44

　　A 類“鳶”主要出現於清華簡《命訓》篇所見“濾”字，“鳶”書作“𡆥”，字形明顯是繼承自西周金文。

　　B 類“𡈼”則是 A 類“𡆥”的簡省，“鳶”本爲野獸的象形字，但在 B 類中，“鳶”的獸身出現簡化現象，以左邊三筆及右邊一筆取代複雜的獸身，此類字形主要見於上博簡，而昭王之諻簋“𡈼”字所從“𡈼”的寫法亦與此基本相同，由是可推斷 B 類“𡈼”的出現可上溯至春秋晚期。

　　C 類“𡈼”的寫法則可視爲 B 類的進一步演化。“鳶”由左右不平衡的“𡈼”演變爲“𡈼”，獸身分別以左右兩筆表示，於視覺上較 B 類“𡈼”形更具平衡美感。而且，“𡈼”是諸類“鳶”字字形中最爲習見的，此寫法普遍見於郭店簡、上博簡及清華簡。

　　D 類所見“濾”字均從“𡈼”，共兩例，見於上博簡《天子建州》。事實上，楚簡中“𡈼”亦時有作獨體字使用，部分明顯用爲“民”字：

　　　　肥，從又（有）司之遂（後），罷不舒（知）𡈼（民）勞（務）之安才（在）？（上博《季庚子問於孔子》簡 1）

　　　　攸（修）身以先，則𡈼（民）莫不從矣。（上博《顔淵問於孔子》簡 6）

　　　　道（導）之以僉（儉），則𡈼（民）智（知）足矣。（上博《顔淵問於孔子》簡 7）

需要注意的是，從現今所見的楚簡材料可知，書作“𡈼”之“民”並不多見，僅出現於上博簡《季庚子問於孔子》及《顔淵問於孔子》兩篇竹書。在《季庚子問於孔子》中，"民"字雖然出現凡十餘次，但書作"字"僅有一例，其餘均作"字"；至於《顔淵問於孔子》的"民"字共有五例，均書作"字"，沒有例外。除了上述三例之外，郭店簡《成之聞之》有兩例"字"的隸定是較具争議性的：

　　　　是古（故）亡虘（乎）其身而字（存）虘（乎）其訂（詞）（郭店《成之聞之》簡 5）

　　　　唯肰（然），其字（存）也不厚，其重也弗多愇（矣）。（郭店《成之聞之》簡 9）

《成之聞之》尚有"字"字，从"才"从"字"：

　　　　字（津）沴（梁）靖（争）舟，其先也不若其後也。（郭店《成之聞之》簡 35）

根據文意，學者大致贊同裘錫圭意見，分別讀"字""字"爲"存""津"。① 但是，"字"本應何字？ 古文字學家意見分歧。例如，裘錫圭以爲"字"應該是"麀"字的異體，古"麀"有"薦"音，故"字"當讀爲"存"；② 張守中等《郭店楚簡文字編》從之，收録《成之聞之》兩個"字"字於"麀"字條下；③ 劉波認爲《成之聞之》其餘的"民"字均書作"字"，與"字"於字形上有異，提出"字"是"麀"字；④ 張光裕則視"字"爲"民"字異體，可與《説文》"民"字古文"字"相對應。⑤ 事實上，從通假角度來説，《成之聞之》所見"字"釋爲"麀"或"民"似皆可以接納。例如，郭店簡《語叢四》簡 9 便有明確讀"字"（麀）爲"存"之例："者（諸）侯之門，義士之所麀（存）。"此段簡文可與《莊子·胠篋》"諸侯之門，而仁義存焉"參證。⑥ 至於"民"通"存"之例見於郭店簡《老子乙》，簡 48"若昏若亡"於今本與帛書乙本均作"若存若亡"，

---

　　① 荆門市博物館：《郭店楚墓竹簡》，北京：文物出版社，1998 年，頁 168、170。
　　② 荆門市博物館：《郭店楚墓竹簡》，頁 168。
　　③ 張守中、張小滄、郝建文：《郭店楚簡文字編》，北京：文物出版社，2000 年，頁 135。
　　④ 劉波：《説楚文字中的"麀"與"麎"》，見華東師範大學中國文字研究與應用中心編：《中國文字研究》第十六輯，上海：上海人民出版社，2012 年，頁 81。
　　⑤ 張光裕：《郭店楚簡研究·第一卷·文字編》，臺北：藝文印書館，1999 年，頁 268。
　　⑥ 荆門市博物館：《郭店楚墓竹簡》，頁 218。

"昏"古從"民"得聲，可證"民""存"能够相通。

　　既然如此，《成之聞之》所見之"[字形]"字應該是"𥔉"字，抑或是"民"字？蘇建洲於考釋上博簡第五册所見"[字形]"字時嘗就"民"字字形的發展作簡單說明，可以參考：

　　　　至於整個字形演變過程可以參考："民"，[字形]（《郭店·忠信之道》簡2）、[字形]（《九店》56.41）→[字形]（《上博（二）·從政》甲8），完全吻合這個現象的。[①]

上博簡《從政》甲、乙二篇所有"民"字均書作"[字形]"，[②]李家浩提出"戰國文字有在竪畫的頂端左側加一斜畫的情況"，[③]所舉的例子如"歲"（"[字形]、[字形]"）、"陳"（"[字形]、[字形]"）均有助於解釋"[字形]"與"[字形]"間的演變關係，從而證明"[字形]"亦應該是"民"字。但是，"瀗"字本從"𥔉"，爲何後來變易爲從"民"？我們認爲可能與C類"[字形]"的進一步簡化有關——當"[字形]"字左右最後兩筆省併後，便會簡化爲"[字形]"，但巧合地，此"[字形]（𥔉）"又與楚簡"[字形]（民）"的寫法基本相同，由是構成形近混同的情況。所以，D類"瀗"字之所以易"𥔉"爲"民"，大概是由字形的譌混所致。

　　E類"[字形]"共有兩例，均見於郭店楚簡《緇衣》"瀗"字，字形與楚簡"民"字的習見寫法如"[字形]"（郭店《緇衣》8）、"[字形]"（上博《孔子詩論》4）、"[字形]"（清華《皇門》11）基本相同。此類"瀗"字的産生，主要是當"𥔉"譌變爲"[字形]（民）"後，出現了積非成是的情況，書手遂以簡單寫法的"[字形]（民）"取代複雜的"[字形]（民）"。由是可見，此時的"瀗"字所從之"𥔉"，已基本爲"民"所替代。

　　F類、G類可視爲D類、E類的進一步演化，僅見於郭店簡《老子甲》，"[字形]"與"[字形]"應該是自"民"的再次簡省而來。有關F類"[字形]"的來源，上博

---

　　①　蘇建洲：《〈上博楚簡（五）〉考釋二則》，武漢大學簡帛研究中心"簡帛網"網站發表文章，網址：http://www.bsm.org.cn/show_article.php? id＝475,2006年12月1日。該文其後收錄於蘇建洲：《〈上博楚竹書〉文字及相關問題研究》，臺北：萬卷樓，2008年，頁66。
　　②　參李守奎、曲冰、孫偉龍編著：《上海博物館藏戰國楚竹書（一—五）文字編》，北京：作家出版社，2007年，頁558。
　　③　李家浩：《傳遽鷹節銘文考釋——戰國符節銘文研究之二》，見《著名中年語言學家自選集·李家浩卷》，合肥：安徽教育出版社，2002年，頁91。

簡《性情論》所見"民"字可以作爲輔助説明。該篇竹書中"民"字共有四例,其中三例皆見於簡 23,分別書作" "" "及" ",此三例"民"字應該是自" "字形中横向三筆拉平所構成。此外," "首兩筆之所以作" ",或許是自" "的譌變,類似譌變情況亦見於"青"字,如上博簡《曹沫之陳》簡 34"青"書作" ",郭店簡《老子甲》簡 32"青"則作" ",可證" "" "間有演變的關係。" "變爲" "後," "横向的兩筆拉平,再加上"民"的飾筆可以簡省(如上博《緇衣》簡 9"民"書作" "),"民"便演變至" "。因此," "應該是屬於楚簡"民"字的變體寫法。至於 G 類的" "亦有可能是屬於" "的進一步譌變。

H 類主要見於郭店簡《六德》,共有三例,"瀘"均从 。我們比較 D、F 兩類字形後,可以推知 有可能是來源自" "的譌變," "所从之" "在 中已譌變爲" "," "與楚簡"玄"的寫法相似,如曾侯乙墓簡 79"玄翠之首"之"玄"書作" ",上博簡"畜"字从玄書作" "(《民之父母》14)、" "(《周易》30)、" "(《姑成家父》3)等。

我們以上從歷時的角度,就"膚"從殷商甲骨至戰國楚簡之間的字形發展作出分析及説明。基於上文的論述可以得知,在出土古文字資料中,"膚"的字形雖然有"簡化—繁化—簡化"的趨勢,但"膚"在春秋以前的寫法相對固定,較易於辨識。然而,下逮戰國時期,"膚"或因簡省或譌變等因素,字形開始變得多樣,更往往因書手之異而呈現不同的寫法。

第三節　金文中幾個舊釋爲"膚"的字

在釐清"膚"的字形發展之後,我們以下再嘗試探討西周金文中舊釋爲"膚"或與"膚"相關的幾個字:

師眉鼎 2705
西周中期

伯算盉 T14787
西周中期

鄭師原父鬲 731
春秋早期

樊君簠 4487
春秋早期

王二年鄭令韓□戈 11328
戰國晚期

樊君簠與王二年鄭令韓□戈二例均用爲人名。樊君簠云："樊君![]之飤臣"，"![]"應該是樊國國君的名字，春秋早期人。① 過去多部金文著録未識"![]"字，②方濬益則釋爲"飛"，③商承祚隸定爲"麻"，④容庚從之，⑤張亞初《引得》隸定作"麝"。⑥ 仔細觀察其字形，"![]"上部所從確實與金文"廌"中獸頭的寫法有相類之處，但是，我們認爲釋作"廌"的説法是可以商榷的。馮勝君嘗就金文中"廌""鹿"的區別作出清晰的説明：

> 按，金文中"鹿"字寫作、、等形（《金文編》1612 號），"廌"字寫作、、等形（《金文編》1610 號"薦"字所從），二字形體在象獸足的那部分區別最爲明顯。⑦

除了上述"鹿"字外，金文中尚有不少從"鹿"的字，如"![]"（麃）"（麃父卣 5348）、"![]"（麗）"（元年師旋簋 4279）、"![]"（麀）"（匍盉 NA0062）等，"鹿"的兩隻獸足在字中較爲明顯，與"廌"有清晰的差異。而且，在戰國楚簡中，"鹿"書作"![]"（上博《容成氏》41）、"![]"（包山《文書》179）、"![]"（上博《融師有成氏》6）、"![]"（上博《天子建州甲》10）等，字形與"![]"上部之所從相當類似，由是可證"![]"確宜隸定爲"麻"。由於"廌""鹿"字形相近，

---

① 參吳鎮烽：《金文人名彙編》，北京：中華書局，2006 年修訂本，頁 372。

② 參羅福頤：《三代吉金文存釋文》卷一〇，香港：問學社，1983 年，頁 1；劉體智輯：《小校經閣金文拓本》第九册卷一，1935 年，頁 3；羅振玉編撰：《貞松堂集古遺文》，北京：北京圖書館出版社，2003 年，頁 505；劉承幹撰：《希古樓金石萃編》，見中國東方文化研究會歷史文化分會編：《歷代碑誌叢書》第八册，南京：江蘇古籍出版社，1998 年，頁 663。

③ ［清］方濬益：《綴遺齋彝器考釋》，見劉慶柱、段志洪、馮時主編：《金文文獻集成》第十四册，北京：綫裝書局，2005 年，頁 136。

④ 商承祚：《十二家吉金圖録》，見劉慶柱、段志洪、馮時主編：《金文文獻集成》第二十册，北京：綫裝書局，2005 年，頁 300。

⑤ 容庚：《商周彝器通考》，臺北：大通書局，1973 年，頁 359。

⑥ 張亞初編著：《殷周金文集成引得》，北京：中華書局，2001 年，頁 95。

⑦ 馮勝君：《郭店簡與上博簡對比研究》，北京：綫裝書局，2007 年，頁 109。

楚簡文字中亦有少量"麃""鹿"形混而譌的例子,如上博簡《陳公治兵》簡 11 所見"灑"便从鹿書作"![字形]"。①

　　王二年鄭令韓□戈銘云:"奠(鄭)命(令)韓□、右庫工帀(師)豁![字形]",此銅戈發現於新鄭"鄭韓故城",同出兵器尚有銅戈、銅矛和銅劍共 180 多件,有銘者達 170 餘件。經與其他同出器物比對,我們基本可以肯定"工帀(師)"是官職名,該辭嘗見於《孟子‧梁惠王下》《荀子‧王制》《禮記‧月令》等,乃"工官之長",②是兵器的監工者。③ 從該墓出土器物可知,銘文中"工師"後多緊接人名,如"鑄章""陳坪""張阪"等,由是可推斷戈銘"豁![字形]"二字亦是人名,擔任"工師"一職。郝本性釋"![字形]"字作"慶",④張亞初改釋爲"麃"。⑤ 我們認爲,倘若將"![字形]"與其他古文字資料所見"麃"字比對,該字的上半部寫法雖然與"麃"字相類,然而,無論在金文或楚簡材料中,"麃"字的獸身從未見有作如是的簡省情況,所以釋"![字形]"爲"麃"之説不足採信。

　　以下再列出其餘三例的銘文,以便進一步解説:

　　　　兄(贶)乒師眉,![字形]王爲周客,易(賜)貝五朋。(師眉鼎 2705,西周中期)

　　　　余小子無![字形]于公室,高(享)其余自我孝考,乍障(尊)般(盤)盂。(伯筭盂 T14787,西周中期)

　　　　奠(鄭)師邍(原)父乍(作)![字形]鬲,永寶用。(鄭師原父鬲 731,春秋早期)

在上述三例中,我們認爲可確定讀爲"麃"者僅鄭師原父鬲一例,銘文所見

---

① 此外,《説文‧心部》云:"慶,行賀人也。从心从夂,吉禮以鹿皮爲贄,故从鹿省。"(許慎撰,徐鉉校定:《説文解字(附檢字)》,頁 218)事實上,從金文可見,"慶"書作"![字形]"(叀伯子宎父盨 4443)、"![字形]"(衛鼎 2832)、"![字形]"(慶孫之子峽 4502)等,均从"麃",《説文》之所以釋"慶"从"鹿",應該是"麃"與"鹿"形近而譌所致。

② 《禮記‧月令》"命工師效功"下鄭玄注:"工師,工官之長。"(《禮記正義》,見《十三經注疏》(整理本),北京大學出版社,2000 年,頁 640。)《左傳‧定公十年》"叔孫謂郈工師駟赤"下杜預注:"工師,掌工匠之官。"(《春秋左傳正義》,頁 1831。)

③ 參郝本性:《新鄭"鄭韓故城"發現一批戰國銅器》,《文物》1972 年 10 期,頁 36。

④ 郝本性:《新鄭"鄭韓故城"發現一批戰國銅兵器》,頁 35。

⑤ 張亞初編著:《殷周金文集成引得》,頁 170。

"![字]"字右旁雖然殘泐不清,但左邊所从與楚簡 C 類"鷹"的字形基本相同,而且,"![字]"明顯用於銅器自名"鬲"之前,作爲修飾語,用法能與金文"薦"字文例相參證,由是可肯定"![字]"該讀爲"薦"。至於伯筭盉中的"![字]"字,王長豐釋"鷹",讀"薦",提出"無薦"有"小子之名"及"無牲而祭"兩種可能的解釋。① 但是,我們認爲"無牲而祭"之説頗爲牽强,加上該文所提供的盉銘照片較爲模糊,"![字]"是否可逕釋作"鷹",似乎仍難以確定。又"![字]"字上部所从與金文"鷹"字獸角的習見寫法確實不同,西周中期金文"鷹"均作"![字]""![字]"等,屬於繁化的寫法,與構形相對簡單的"![字]"在時代上似乎未能盡合。至於師眉鼎中的"![字]",過去雖有學者釋爲"鷹",解釋"鷹(薦)王爲周客"一語作"師眉薦于王爲周客"。② 但是,我們認爲無論於文意或語法上,此通讀仍嫌扞格不通,再加上"![字]"與金文、楚簡習見"鷹"的字形差異頗大,故"![字]"亦不宜逕釋爲"鷹"。

第四節　"鷹""薦"二字的上古歸部問題

有關"鷹""薦"兩字的上古讀音,音韻學家大致將"鷹"歸入支部,"薦"則屬文部。根據大徐本所録孫愐《唐韻》的反切,"鷹"的反切爲"宅買切","薦"則是"作甸切",③而《廣韻》"鷹"字收有兩個讀音,一爲"池爾切",上聲,紙韻,另一是"宅買切",上聲,蟹韻,"薦"則是"作甸切",去聲,霰韻。④"鷹""薦"上古分屬支、文兩部,讀音差距較大。"薦"雖然从鷹,但《説文》認爲"薦"是"从鷹从艸"的會意字,"鷹"不起任何的表音作用。

早在 20 世紀 60 年代侯馬盟書出土之後,朱德熙、裘錫圭發表《關於侯馬盟書的幾點補釋》一文,當中考釋"![字]"字時曾經提出以下觀點:

---

① 王長豐:《近出圉斝盉銘文考釋》,《中原文物》2010 年 6 期,頁 68—70、75。
② 參上海博物館商周青銅器銘文選編寫組:《商周青銅器銘文選(二)》,北京:文物出版社,1986 年,頁 236。
③ 許慎撰,徐鉉校定:《説文解字(附檢字)》,頁 202。
④ [宋]陳彭年等:《校正宋本廣韻》(附索引),臺北:藝文印書館,1986 年,頁 244、270、408。

　　"統"上一字,左旁顯然是"麃"不是"馬"。郭沫若同志釋作"歔",讀爲"薦",是很對的(《文物》1972 年 3 期 6 頁)。《説文》把"薦"解釋成爲會意字十分牽强。邵王簋"薦"字作"盧"(《金文編》538 頁),應該是从皿麃聲。可見"麃"字古有"薦"音,"薦"本是从艸麃聲的形聲字。"歔"字當是从攴麃聲,應從郭沫若同志讀爲"薦"。①

朱、裘二氏根據昭王之諻簋所見"薦"字書作"盧",認爲"薦"爲从"麃"得聲的形聲字,倘若有關説法成立,則"麃""薦"二字讀音應該接近。不過,朱、裘二氏的意見顯然没有爲後來的語言學家所注意。例如,唐作藩、郭錫良、鄭張尚芳等在擬構上古音時,仍然將"麃""薦"二字分别歸入支部和文部,②古文字學家於編纂工具書時亦没有將"薦"列入"麃"字聲系。③ 直至 2010 年,季旭昇出版《説文新證》修訂本時,才明確提出以下觀點:

　　　　甲骨文△1、2,唐蘭以爲即"麃"字(《天壤文釋》59 頁)。舊或以"𦥔"爲麃,實不可從(此字爲鹿之側視形,參見《甲骨文字詁林》1715 號引各家説)。麃,形似山牛,唯當有兩角,《説文》以爲一角,恐非,亦不从"豸"省。戰國文字"麃"亦有"薦"聲(《朱德熙古文字論集》55 頁)。④

季氏大致贊同朱、裘二氏的看法,認爲"麃"除了支部讀音之外,亦可讀"薦"。換句話説,季氏認爲上古"麃"字具有支部及文部兩個讀音。

----

　　① 朱德熙、裘錫圭:《關於侯馬盟書的幾點補釋》,《文物》1972 年 8 期,頁 36—37。
　　② 唐作藩認爲"麃"及"薦"上古分别屬定母支部及精母元部。(唐作藩:《上古音手册》,南京:江蘇人民出版社,1982 年,頁 58、172。)郭錫良認爲"麃"爲定母支部字,擬音爲[dǐe],"薦"則是精母文部,擬音爲[tsǐən]。(郭錫良:《漢字古音手册》,北京:北京大學出版社,1986 年,頁 51、203)鄭張尚芳認爲"麃"有兩個讀音,均屬支部,擬音分别爲[rʼeeʔ]及[reʔ],"薦"則屬文部,擬音爲[ʔsɯɯɯns]。(鄭張尚芳:《上古音系》,上海:上海教育出版社,2013 年 2 版,頁 372、570。)白一平(William H. Baxter)及沙加爾(Laurent Sagart)於"麃"字的擬音爲[[d]ˤreʔ]。(William H. Baxter and Laurent Sagard, *Baxter-Sagart Old Chinese reconstruction*, version 1.1 of 20 September 2014. URL: http://ocbaxtersagart. lsait. lsa. umich. edu.)
　　③ 何琳儀:《戰國古文字典——戰國文字聲系》,北京:中華書局,1998 年,頁 758、1041;黄德寬主編:《古文字譜系疏證》,北京:商務印書館,2007 年,頁 2048、2744;白於藍:《戰國秦漢簡帛古書通假字彙纂》,福州:福建人民出版社,2012 年,頁 278。
　　④ 季旭昇:《説文新證》,福州:福建人民出版社,2010 年,頁 771。

昭王之諻簋銘所見"鹵"字讀"薦",已經大致能夠證明"廌"具有文部讀音。此外,我們在春秋早期金文中再找到另一例子:

《集成》731　　　　　　　《希古樓金石萃編》3.8.2①

鄭師原父鬲春秋早期

此爲鄭師原父鬲銘文所見"薦"字字形,《殷周金文集成》所收的拓本頗爲模糊,故將《希古樓金石萃編》摹本一併列出,以備參考。從上述字形比對可知,鄭師原父鬲右邊雖然殘泐,但從殘餘字畫可見其與金文"艸"之書作"✿✿"或"✿✿"的寫法仍有一定距離。因此,鬲銘中"▓"字宜解釋爲從"廌",讀爲"薦"。

在楚簡材料中,"廌"字較"薦"字更爲習見,且"廌"於簡文中大致均不讀如字,多通讀爲文部或元部字,如:

者(諸)侯之門,義士之所廌。(郭店《語叢四》9)

三弋(代)之戟(陳)皆廌,或㠯(以)克,或㠯(以)亡。(上博《曹沫之陳》14)

三軍出[乎]竸(境)必勅(勝),可㠯(以)又(有)㤅(治)邦,《周等(志)》是廌。(上博《曹沫之陳》41)

虐(吾)所智(知)多廌。一人爲亡道,百眚(姓)亓可(何)辠?(上博《容成氏》48)

凡天子鎬燅(氣),邦君飤(食)盈(濁),夫=(大夫)承(承)廌,士受余(餘)。(上博《天子建州甲》8)

凡天子鎬(禽)燅(氣),邦君飤(食)盈(濁),夫=(大夫)承(承)廌,士受舍(餘)。(上博《天子建州乙》8)

贈尔廌彝。(清華《封許之命》6)

在以上用例中,《封許之命》"廌"的用法最爲明晰,用於"彝"字前作修飾語,與金文"薦"的用法基本相同,能爲"廌""薦"音近之說再添一佐證。至

① [清]劉承幹撰:《希古樓金石萃編十卷》,見中國東方文化研究會歷史文化分會編:《歷代碑誌叢書》,南京:江蘇古籍出版社,1998年,頁645。

於《天子建州》甲、乙兩個“薦”字，整理者讀爲“薦”，解作“進獻”，①裘錫圭則以爲該字當讀“餕”，與“餘”義近，指最後剩下的食物。② 在戰國楚簡中，“薦”有不少讀爲“存”之例。古書中“薦”“荐”二字有互通情況，如《詩·小雅·節南山》“天方薦瘥”，孔穎達疏：“薦與荐，文異義同。”③《荀子·富國》“天方薦瘥”，楊倞注：“薦，或爲荐。”④“荐”應該是“薦”字的異體，“薦”“存”音近可通。至於《容成氏》之“薦”字，整理者李零以竹書中“孟津”作“孟瀳”爲證據，認爲“薦”當讀爲“盡”，⑤蘇建洲則疑“薦”讀爲“矜”，訓“憐”。⑥ 總括而言，無論諸例所見之“薦”字當讀爲“存”“盡”或“餕”，其上古音均屬文部或真部，可以證明“薦”與“薦”讀音接近。

　　戰國楚簡中尚有“𣲪（瀳）”字，從“水”從“薦”，讀“津”，亦可作爲“薦”“薦”音近之說的佐證：

　　　　郘（吕）室（望）爲牂（臧）杢（棘）瀳（津），戰（守）監門杢陸（地），行年七十而脂（屠）牛於朝訶（歌），譽（舉）而爲天子帀（師），塝（遇）周文也。（郭店《窮達以時》4）

　　　　戊午旹=（之日），涉於孟瀳（津）。（上博《容成氏》51）

《窮達以時》“杢瀳”一詞，裘錫圭認爲很有可能即“棘津”，⑦涂宗流、劉祖信指出“棘津”是古代黄河津渡名，地在今河南省延津縣東北，相傳吕望未

---

　　①　馬承源主編：《上海博物館藏戰國楚竹書（六）》，上海：上海古籍出版社，2007 年，頁 324。

　　②　裘錫圭：《〈天子建州〉（甲本）小札》，見《裘錫圭學術文集·簡牘帛書卷》，上海：復旦大學出版社，2012 年，頁 530。

　　③　《毛詩正義》，見《十三經注疏》（整理本），北京大學出版社，2000 年，頁 819。

　　④　［清］王先謙撰，沈嘯寰、王星賢點校：《荀子集解》，北京：中華書局，1988 年，頁 188。

　　⑤　馬承源主編：《上海博物館藏戰國楚竹書（二）》，上海古籍出版社，2002 年，頁 288。

　　⑥　季旭昇主編，陳美蘭、蘇建洲、陳嘉凌合撰：《上海博物館藏戰國楚竹書（二）讀本》，臺北：萬卷樓圖書有限公司，2003 年，頁 176。蘇建洲其後改讀“薦”爲“災”，以爲“薦”“災”二字同屬精母，“災”屬之部、之、支旁轉。（蘇建洲：《〈上博（二）·容成氏〉補釋三則》，山東大學文史哲研究院簡帛研究網站發表文章：http://www.bamboosilk.org/Wssf/2003/sujianzhou24.htm#_ftnref22，2003 年 9 月 5 日。）但是，我們認爲“薦”“薦”“災”三字讀音仍有一定距離，讀“薦”爲“盡”之説比較可取。

　　⑦　荆門市博物館：《郭店楚墓竹簡》，頁 146。

遇時曾賣食於此，①劉釗解釋大致相同。② 至於《容成氏》之"孟澫"，整理者引《尚書・泰誓》"惟十有三年春，大會于孟津""惟戊午，王次于河朔"爲證明，讀"孟澫"爲"孟津"。③ "津"上古爲真部字，文、真二部旁轉，由是可證明"廌""薦"二字上古音相近。

　　過去有不少經學家注意到古書中"廌""薦"通假的現象，如《易・豫》"殷薦之上帝"，陸德明《釋文》訓"薦"云："本或作廌，獸名。"④朱駿聲《説文通訓定聲》云："廌，假借爲薦，實爲荐。"⑤借助上述金文與楚簡材料的考察，我們基本能够肯定"廌""薦"於先秦時期有相近的讀音，故"廌"於"薦"字中應該具有表意兼聲的作用，《説文》六書分析有誤。不過，爲何"廌"在孫愐《唐韻》中的反切爲"宅買切"？ 我們懷疑可能與"豸"字有關。根據《説文》釋義，"廌"是象形字，代表一種"似山牛，一角。古者決訟令觸不直"的野獸，但其後又記其"从豸省"。由於小篆"廌（廌）"與"豸（豸）"於字形上並不相類，故過去經學家嘗從讀音角度解釋"从豸省"一語，如段玉裁《説文解字注》云："此下當有豸亦聲。"⑥王筠《説文句讀》亦曰：

　　　　既云象形，則通體象形矣，安得云下半從豸省？ 況字之上半似鹿，張揖又謂其獸似鹿，何不云從鹿省乎？ 此由借豸爲廌者多，校者支綴其詞也。⑦

"廌"與"豸"於古書中有通用之例，如《集韻・紙韻》云："廌，解廌，獸名。通作豸。"⑧《玉篇・廌部》："廌，或作觟、豸。"⑨但"廌""豸"相通僅見於古

　　① 涂宗流、劉祖信：《郭店楚簡先秦儒家佚書校釋》，臺北：萬卷樓圖書有限公司，2001 年，頁 30。

　　② 劉釗：《郭店楚簡校釋》，福州：福建人民出版社，2005 年，頁 171。

　　③ 馬承源主編：《上海博物館藏戰國楚竹書（二）》，上海：上海古籍出版社，2002 年，頁 291。

　　④ ［唐］陸德明：《經典釋文》，上海：上海古籍出版社，1985 年，頁 85。

　　⑤ ［清］朱駿聲編著：《説文通訓定聲》，北京：中華書局，1984 年，頁 519。

　　⑥ ［漢］許慎撰，［清］段玉裁注：《説文解字注》，上海：上海古籍出版社，1981 年，頁 469。

　　⑦ ［清］王筠著：《説文句讀》第三册，上海：上海古籍出版社，1983 年，頁 1339—1340。

　　⑧ ［宋］丁度等編：《宋刻集韻》，北京：中華書局，1989 年，頁 90。

　　⑨ 顧野王著：《大廣益會玉篇》，頁 111。

字書或韻書的記載,並皆出現於"解廌"一詞,段玉裁在《説文》"豸"字下嘗云:"古多叚豸爲解廌之廌,以二字古同音也。"[①]"豸"字見於《説文》:"豸,獸長脊,行豸豸然,欲有所司殺形。"[②]古注疏家曾經提出"豸"爲無足之獸,如《楚辭·九思·怨上》"蟲豸兮夾余",洪興祖補注:"有足謂之蟲,無足謂之豸。"[③]究竟"豸"是何種動物? 現在似乎已無從考證,但大徐本《説文》記録孫愐《唐韻》"豸"字的反切爲"池爾切",可知其古音應在支部。

《説文·豸部》下收録有"豹""豺""貀""貉""貍"等字,當中見於金文從"豸"之字有""(貆)""、、(貉)"""(豹)"等,[④]金文"豸"書作""。然而,在戰國楚簡中,偏旁"豸""犬"和"鼠"卻往往出現互相混用的現象,如上博簡《逸詩·交交鳴鷟》簡2"豹"字從"鼠"作"",上博簡《周易》"狐"字從"鼠"作"",包山簡89"貉"從"鼠"作""。由是可知,野獸偏旁往往會因形譌或義近而互通。因此,我們懷疑,既然金文所見"豸"與"廌"有相類之處,古籍"解廌"之所以書作"解豸",極有可能是形近而譌或義近互通所導致,兩字互用並非一定由音近相通所構成。

此外,我們曾經提出楚簡"瀍"字於 D 類、E 類兩類字形中從"民"。有關"瀍"字之所以從"民",前文已從""""形近而譌的角度作出說明。不過,上博及郭店《緇衣》中尚有以下兩組例子:

> 古(故)心以體(瀍),君以民芒(亡)。(郭店《緇衣》9)
> 古(故)心以體(廌),君以□亡。(上博《緇衣》5)
> 心以體全,亦以體傷;君以民存,亦以民亡。(《禮記·緇衣》)

> 佳(惟)乍(作)五瘧(虐)之甚(刑)曰(瀍)。(郭店《緇衣》27)
> 佳(惟)复(作)五虐(虐)之型(刑)曰(瀍)。(上博《緇衣》14)
> 惟作五虐之刑曰法。(《禮記·緇衣》)

上博簡《緇衣》簡5所見""字,同篇簡8有"慶"字作"",偏旁"廌"的寫

---

①　許慎撰,段玉裁注:《説文解字注》,頁457。
②　許慎撰,徐鉉校定:《説文解字(附檢字)》,頁197。
③　[宋]洪興祖撰,白化文等校點:《楚辭補注》,北京:中華書局,1983年,頁317。
④　容庚編著,張振林、馬國權摹補:《金文編》,頁670。

法與"𤇾"相同,可證"𤇾"當爲"廌"。從第一組郭店簡、上博簡及今本《緇衣》的異文對照可見,"灋""廌""全"三字構成異文,裘錫圭以爲郭店"灋"當讀"廢",①馮勝君同意其説,進一步提出上博簡"廌"字當讀爲"存",視之爲"郭店本和今本這兩種表述方式之間的過渡形態"。② 有關簡文"灋""廌""全"三字間的關係,大部分學者認爲不宜以通假解釋。③ 事實上,"灋"上古爲葉部字,無論"廌"當讀支部或文部,其讀音均與葉部差異較大。此外,借助第二組異文的比對,上博簡《緇衣》"𡘂"字讀爲"灋"應該是没有問題的。《説文》"灋"古文作"佱",《汗簡》"法"字作"𠇹""𠇷",古璽文則作"𠇹",④似乎皆可證明"𡘂"即"灋"字。不過,在"𡘂"與"灋"關係的問題上,過去古文字學家意見頗爲分歧,陳佩芬、⑤李零、⑥白於藍、⑦魏宜輝、⑧張富海、⑨孟蓬生⑩等嘗從不同角度作出考釋,大致可歸納爲從"乏"

---

① 裘錫圭:《中國古典學重建中應該注意的問題》,見《裘錫圭學術文集·簡牘帛書卷》,上海:復旦大學出版社,2012年,頁340。

② 馮勝君:《郭店簡與上博簡對比研究》,頁107。

③ 馮勝君云:"如果我們一定認爲上博簡文的'廌',就應該對應郭店簡文的'灋',那麽只有一種解釋,即上博簡文'廌'是'灋'之省,在簡文中用爲'灋',讀爲'廢'。但這種解釋也有兩個缺陷,一是我們找不到'灋'可以省爲'廌'的其他例子,在這種情況下,認爲上博簡文'廌'是'灋'之省,即爲孤證,説服力不强;另外一點就是在上博簡《緇衣》文中另有寫作'𡘂'形的'灋'字(詳後),在同一篇簡文當中是否存在著兩種寫法截然不同的'灋'字,也還是疑問。"(馮勝君:《郭店簡與上博簡對比研究》,頁108。)季旭昇云:"《廣雅·釋詁一》'廌,灋也'者,王念孫《廣雅疏證》謂取其'刑法'義,與'存廢'義無關,是以《郭店》本作'灋',似不得通爲'廌(存)'。"(季旭昇主編,陳霖慶、鄭玉姍、鄒濬智合撰:《〈上海博物館藏戰國楚竹書(一)〉讀本》,北京:北京大學出版社,2009年,頁106。)

④ 黄錫全:《汗簡注釋》,武漢:武漢大學出版社,1990年,頁107—108,211。

⑤ 馬承源主編:《上海博物館藏戰國楚竹書(一)》,上海:上海古籍出版社,2001年,頁190。

⑥ 李零:《上博楚簡校讀記(之二):〈緇衣〉》,見上海大學古代文明研究中心、清華大學思想文化研究所編:《上博館藏戰國楚竹書研究》,上海:上海書店出版社,2002年,頁412—413。

⑦ 白於藍:《〈上海博物館藏戰國楚竹書一〉釋注商榷》,《華南師範大學學報》2002年5期,頁102。

⑧ 魏宜輝:《楚系簡帛文字形體譌變分析》,南京大學博士論文,2003年。

⑨ 張富海:《漢人所謂古文之研究》,北京:綫裝書局,2007年,頁133—134。

⑩ 孟蓬生:《"法"字古文音釋——談魚通轉例説之五》,華東師範大學中國文字研究與應用中心編:《中國文字研究》第十六輯,上海:上海人民出版社,2012年,頁116—117。

"全"及"百"三類主要説法。① 事實上,"全"於楚簡中書作""(包山210)、""(包山227)、""(包山244)、""(上博《鮑叔牙與隰朋之諫》3)等,與""所從之""寫法相同。

　　從上述異文可見,"瀍""鳶""全"三字在戰國楚簡中關係頗爲密切。又楚簡"瀍"字有從"民"之例,"民"上古屬真部字,"全"則是元部字,與"鳶"同部,亦與真部的"民"讀音相近,楚簡"鳶"可與文部"存"相通,"全"在古書中亦可讀"存"。② 由是可見,"鳶""民""全""存"四字的上古讀音不僅相當接近,諸字在楚簡中亦與"瀍"有著字形及異文的錯綜複雜關係。因此,我們認爲,有關現象的出現,似乎能爲楚方言中"瀍"字讀音——甚至是"瀍"爲何從鳶的問題——提供重新探索與思考的材料。

---

① 孟蓬生:《"法"字古文音釋——談魚通轉例説之五》,頁117。
② 《吕氏春秋·行論》:"事讎以求存",舊校云:"'存'一作'全'。"(許維遹撰:《吕氏春秋集釋》,北京:中華書局,2009年,頁568。)

第十一章　銅器自名文例"盂"

彝器銘文經常出現"用作＋某某＋自名"的格式，用以表明銅器的鑄作對象、目的及器類。金文所見的銅器自名種類繁多，部分更有形形色色的修飾語，表示器物的用途、美稱、器物大小及形狀等。"盂"乃先秦時期的常見銅器器類之一，其定名是根據銘文所載之自名。青銅盂的共同特徵是器身渾圓、敞口、深腹、平底，下接圈足，大多有附耳或立耳。根據考古出土可知，銅盂的使用始於殷周時期，歷經西周、春秋及戰國數代。而且，在典型的盂類器以外，自名爲"盂"的銅器尚包括食器、酒器及水器，種類多樣，不一而足。雖然盂是先秦禮儀活動常用的禮器，但由於文獻記載的差異，過去學者在盂的實質用途曾經提出不同意見。

第一節　金文所見"盂"字形分析

根據科學考古發掘可知，迄今最早的銅盂應該是 1930 年河南安陽殷墟出土的寢小室盂 10302，該器器蓋和內底均鑄有銘文"帚（寢）小室盂"四字。事實上，銅盂的使用自西周時期才開始漸趨頻繁，下逮春秋晚期仍沿用不綴，是先秦青銅器的重要器類之一。茲摘録部分自名爲"盂"的銅盂例子如下：

　　白（伯）乍（作）寶盂。（伯盂 NA1451，西周中期）
　　乍（作）寶盂，其子子孫孫永寶用。［天］（天盂 NA0759，西周

晚期)

䲨(膳)夫吉父乍(作)盂,其儰(萬)年子子孫孫永寶用。(膳夫吉父盂 10315,西周晚期)

白(伯)索史乍(作)季姜寶盂,其儰(萬)年子子孫孫永用。(伯索史盂 10317,春秋早期)

齊侯乍(作)賸(媵)子中(仲)姜寶盂,其釁(眉)壽𦾔(萬)年,永傃(保)其身,子子孫孫永傃(保)用之。(齊侯盂 10318,春秋晚期)①

以上銅器的形制大抵相類,普遍特徵是侈口深腹,平底下接圈足,兩旁有附耳或獸耳,部分形體較爲龐大,最高者達 40 厘米以上。由於此類銅器鑄有自名“盂”,過往研究者大致定名爲盂。

不過,值得注意的是,除了典型的銅盂之外,兩周金文中自名爲“盂”者尚見於其他器類,包括鼎、簋、盨、壺、尊、盆及匜。當中,以銅鼎最爲普遍:

公乍(作)雩(盂)鼎(公鼎 1934,西周早期)

衛乍(作)文考小中(仲)、姜氏盂鼎,衛其萬年子子孫孫永寶用。(衛鼎 2616,西周中期)

用乍(作)皇且(祖)文考盂鼎,瘨萬年永寶用。(瘨鼎 2742,西周中期)

用乍(作)朕剌(烈)考己白(伯)盂鼎,大其子子孫孫萬年永寶用。(大鼎 2806、2807、2808,西周中期)

隹(唯)鄀八月初吉癸未,鄀公平侯自乍(作)隮錳(盂)。(鄀公平侯鼎 2771、2772,春秋早期)

史宋自乍(作)錳(盂)貞(鼎)。(史宋鼎 2203,春秋晚期)

---

① 此器自名爲“盂”,金文著録大致將此器歸類爲銅盂;但是,由於該器體積較大,器形與銅鑑近似,亦有不少學者稱此器爲齊侯鑑或齊侯寶盂鑑。(張劍:《齊侯鑑銘文的新發現》,《文物》1977 年 3 期,頁 75—76;張劍:《齊侯寶盂鑑小考》,《中原文物》1981 年特刊,頁 103。)事實上,該器口沿外敞,高圈足外撇,與銅鑑器形有所分别,正如朱鳳瀚所言:“此器有關著作或稱之爲鑑,但東周時鑑基本器形是束頸,平口沿外折,而此器無束頸,口沿外敞,與鑑形制不相合。除腹較淺與耳部形制相同外,均符合盂的形制特徵,故仍以按其自名名之較爲合適。”(朱鳳瀚:《中國青銅器綜論》,上海:上海古籍出版社,2009 年,頁 311。)因此,我們認爲將此器歸入銅盂較爲合適。

宋君夫人之餗(饙)釪(盂)貞(鼎)(宋君夫人鼎蓋 2358,春秋晚期)

上述銅鼎大多自名爲"盂鼎","盂"爲"鼎"的修飾語,"盂鼎"文例的出現遍佈西周早期至春秋時期。但值得注意的是,春秋早期鄀公平侯鼎僅自名爲"盂",可能是屬於"盂鼎"的簡省格式。從字形的角度來説,"盂"除了書作从"于"从"皿"之""(衛鼎)、""(大鼎)之外,部分"盂"字更增益偏旁"金",書作"鋙",彰顯彝器乃以青銅鑄造,如史宋鼎""及鄀公平侯鼎"",而宋君夫人鼎蓋"(釪)"則省卻偏旁"皿",僅从"金"从"于"。此外,公鼎之"盂"書作"(雩)",从"雨"从"于","雩""盂"二字皆以"于"作爲聲符,音近可通。

除此之外,春秋時期銘文尚有出現"鼾"之特殊自名,主要見於南方銅鼎,如:

蔡侯齇(申)之飤鼾。(蔡侯申鼎 2216,春秋晚期)

䣅(胡)侯之孫墜(陳)之鼒(鼾)。(胡侯之孫陳鼎 2287,春秋晚期)

楚弔(叔)之孫倗之飤[illegible]。(叔之孫倗鼎 2357、NA0410、NA0411,春秋晚期)

隹(唯)正月初吉丁亥,王子昊羼(擇)其吉金,自乍(作)飤鼾。(王子昊鼎 2717,春秋晚期)

古文字學家大致認爲"鼾"是自"盂"演變而來的專字,意義相當於兩周金文所見的"盂鼎"。例如,陳夢家指出,西周金文中"盂鼎"之"盂"是形容詞,而春秋器所見之"于"(即"鼾")已成爲名詞。① 張亞初認爲"鼾""鼒"爲盂形鼎的專用字,與升鼎稱"鼾"、方鼎稱"鰟"相類似。② 陳劍提出"盂鼎"可簡稱爲"盂",故"鼾"乃是加義符的專字。③ 此外,查檢金文工具書如《金文詁林》及《金文常用字典》,④"鼾"均收録於"盂"字條下,反映古文

① 陳夢家:《壽縣蔡侯墓銅器》,《考古學報》1956 年 2 期,頁 107。

② 張亞初:《殷周青銅鼎器名、用途研究》,《古文字研究》第十八輯,1992 年,頁 285。

③ 陳劍:《青銅器自名代稱、連稱研究》,《中國文字研究》第一輯,南寧:廣西教育出版社,1999 年,頁 342。

④ 周法高主編,張日昇、徐芷儀、林潔明編纂:《金文詁林》,香港:香港中文大學,1974—1975 年,頁 3167—3173;陳初生編纂,曾憲通審校:《金文常用字典》第二版,西安:陝西人民出版社,2004 年,頁 537—538。

字研究者大抵以爲"鼎"是自"盂"字發展而來的異體字。

"鼎"究竟具體指哪類性質的鼎？過去學者在此問題上意見分歧。例如，陳夢家提出"鼎"都是深腹有蓋，附耳，"于"在文獻中有"大"義，故"鼎"可能是一種形制較大的特鼎："單獨的大鼎稱'于'，成組的有蓋鼎稱'鼎'（貞）。"①杜迺松以爲"鼎"即文獻所記載之"鑊"，是煮肉用的鼎。② 俞偉超、高明同意杜說，進一步從古音角度印證"蒦""于"讀音相近，文獻有相通之例，"鑊""鼎""鼒"是音義相同的異體字。③ 崔恒昇同意"鼎"即"鑊鼎"，其理由有三：一是因聲符而得義，二是其形體深而大，乃用以熟煮牲肉的器具，器底部有黑烟痕迹，三是因其有足故名鼎。④ 不過，過去亦有學者反對"鼎"即"鑊"之説，如李零認爲"鼎"並非特殊鼎類，應該是"盂鼎"，乃是深腹鼎的別稱。⑤ 張亞初提出"鼎""鼒"是盂形之鼎或者其用途類似盂的鼎，與齋鼎屬同一類的飯食器。⑥

事實上，我們同意金文"鼎"應該是特殊形制鼎類器的專名，其來源與西周金文之自名"盂鼎"有關。此推論主要基於以下三個原因：

第一，在上述自稱爲"鼎"的銅鼎中，部分銘文"鼎"前置有"飤"字，具有修飾作用，而"食""飤"古本一字，張日昇指出："食從倒口在皀上，飤更從人，其義一也。"⑦"食"本來是指進食的動作，動詞，現在於彝銘中置於銅器自名"鼎"之前作爲修飾語，反映此類銅鼎均具盛載食物的用途。

第二，蔡侯申鼎銘文云："蔡侯鸞（申）之飤鼎"，該器於 1955 年在安徽壽縣西門蔡侯墓出土，同出鼎類器共 18 件，⑧當中包括一件自名爲"鼎"

---

① 陳夢家：《壽縣蔡侯墓銅器》，頁 108。
② 杜迺松：《從列鼎制度看"克己復禮"的反動性》，《考古》1976 年 1 期，頁 18。
③ 俞偉超、高明：《周代用鼎制度研究》，見俞偉超：《先秦兩漢考古學論集》，北京：文物出版社，1985 年，頁 65。（該文原載《北京大學學報》1978 年 1、2 期。）
④ 崔恒昇：《安徽出土金文訂補》，合肥：黃山書社，1998 年，頁 138。
⑤ 李零：《楚國銅器類説》，《江漢考古》1987 年 4 期，頁 70。
⑥ 張亞初：《殷周青銅鼎器名、用途研究》，頁 285。
⑦ 周法高主編，張日昇、徐芷儀、林潔明編纂：《金文詁林》，頁 3379。
⑧ 參安徽省博物館編：《壽縣蔡侯墓出土遺物》（《考古學專刊乙種第五號》），北京：北京科學出版社，1956 年，頁 6—7。

的銅鼎：

> 蔡侯龗(申)之飤鬲。（蔡侯申鼎 2215，春秋晚期）

雖然古文字學家於"鬲"字有不同的考釋，但大抵同意"鬲"是某類銅鼎的專名，指稱具一定形制的銅鼎。例如，李零提出"鬲"是楚國平底鼎的專稱，乃以薦升牲體而得名。① 張亞初亦將"鬲"定義爲春秋早中期間出現的束腰平底式鼎，這類鼎即在東周鼎制中佔最重要位置之正鼎，形制往往最大，數量最多，且成套出現，別稱爲"登鼎"。② 由於"鬲""鬲"出現在相同格式的文例之中，我們透過上述兩件蔡侯申鼎銘文的對照，可以證明兩字的性質相同，皆是某類形制銅鼎的專名。

第三，郜公平侯鼎所見"盂"字書作"鐳(錳)"，可以進一步證明"盂"與"鬲"兩字間的演變關係。在蔡侯申鼎及王子昊鼎銘文中，"鬲"均從"鼎"從"于"，分別書作"鬲""鬲"之形，而楚叔之佣鼎則從"鼎"從"盂"書作"鬲(甋)"。其實，我們可以結合"盂""釪""錳"之間的字形演變，分析"鬲""甋"兩字的來源問題。"釪、錳"與"鬲、甋"兩組字乃偏旁"金"與"鼎"的差異，而"鬲""盂"則是"鼎""皿"之異。由於"金""鼎"及"皿"的意義皆與青銅禮器相關，古文字時出現偏旁增益或相互替易的情況。例如，金文"鐈"可從"金"從"喬"書作"鐈"（多友鼎 2835），而盅子瑟鼎蓋 2286 所見"鐈"增益偏旁"皿"書作"鑷"；③金文"鑄"大致從"金"從"膚"書作"鑄"（邾公華鐘 245），但伯公父簠 4628 易"金"爲"皿"，書作"鑄"。因此，我們可以判斷，彝銘所見"盂""釪""錳""鬲"及"甋"大體皆爲一字之異體。而且，從字形歷時發展的角度追溯其變化軌迹，"盂"在西周時期大致只是用爲銅器自名前修飾語，形容銅鼎具有渾圓鼓腹的特點，器形與盂有近似的地方；但是，下逮春秋時期，隨著此類銅鼎使用的日益頻繁，漸漸演變爲一種特殊形制的鼎，在書寫形式上，"盂鼎"二字出現省併的情況，"鬲"遂成爲此類

---

① 李零：《楚國銅器類説》，頁 69。

② 張亞初：《殷周青銅鼎器名、用途研究》，頁 281。

③ 據《集成》所載，此器可能與鄧子午鼎配成一器："收集時，與鄧子午鼎配成一器，是否原配無法肯定，現暫作二器處理。鄧子午鼎六字(2235)。"（中國社會科學院考古研究所編：《殷周金文集成》(修訂增補本)，北京：中華書局，2007 年，頁 1633。）

鼎的專名。

　　其實,除了鼎之外,簋、敦、盞、盆、匜及壺的銘文中皆有自稱爲"盂"的例子,故自名"盂"亦見於水器及酒器:

(a) 簋自名爲"盂":

　　　穌(蘇)公乍(作)王改盂殷,永寶用。(蘇公簋 3739,西周晚期)

(b) 敦自名爲"盂":

　　　邸(許)子□之盞盂。(許子敦 T6058,春秋晚期)

(c) 盞自名爲"盂":

　　　王子申乍(作)嘉嬭盞盂,其瞬(眉)壽無萁(期),永保用之。(王子申盞 4643,春秋)

　　　楚王酓審(審)之盂。(楚王酓審盞 NA1809,春秋中期)

　　　愠兒自乍(作)鑄其盞盂(愠兒盞 NA1374,春秋中晚期)

(d) 盆自名爲"盂":

　　　佳(唯)子晋(諆)鑄其行盂,子孫永壽用之。(子諆盆 10335,春秋中期)

　　　要君白(伯)居自乍(作)餴(饋)盂,用旛(祈)瞬(眉)壽無疆(疆),子子孫孫寶是尚。(要君盆 10319,春秋晚期)

(e) 匜自名爲"盂":

　　　魯大嗣(司)赳(徒)元乍(作)歙(飲)盂,萬年瞬(眉)壽永寶用。(魯大司徒元匜 10316,春秋)

　　　齊侯乍(作)媵(媵)寡圓孟姜盥弨(盂),用旛(祈)瞬(眉)壽蟙(萬)年無疆(疆)。(齊侯匜 10283,春秋晚期)

(f) 壺自名爲"盂":

　　　曾少宰黃中(仲)酉之行盂。(黃仲酉壺 T1229,春秋晚期)

(g) 其他器類自名爲"盂"：

強(強)白(伯)乍(作)井(邢)姬用盂鏞。(強伯尊 5913，西周中期)

霸白(伯)捧(拜)頣(稽)首，對揚王休，用乍(作)寶盂，孫孫子子其邁(萬)年永寶。(霸伯盂 T6229，西周中期)

(h) 器類不明而自名爲"盂"：

齊良乍(作)壺盂，其齎(眉)壽無期，子孫永保用。(齊良壺 9659，春秋早期)①

就金文"盂"的字形而言，最爲習見的寫法爲从"皿""于"聲之"盂"。兹列出其部分字例如下，以資參考：

強伯尊 5913　　霸伯盂 T6229　　魯大司徒元匜 10316　　要君盆 10319
西周中期　　　西周中期　　　　春秋　　　　　　　春秋晚期

然而，在兩周金文中，"盂"字亦有不少例子並非書作"盂"，當中，數量較多者有"盂"及"盂"兩類字形。"盂"是"盂"最爲習見的寫法，普遍出現於兩周彝銘，而"盂"及"盂"分別要下逮西周晚期及春秋早期始見使用，兩類字形應該是在"盂"的基礎上發展而來的異構。

"盂"字見於西周晚期蘇公簋，春秋中期子諆盆蓋銘及器銘所見"盂"字則分別作"盂"及"盂"。我們認爲，從其構造原理來説，"盂""盂""盂"可以歸納爲同一類字形：

蘇公簋 3739　　　　子諆盆 10335
西周晚期　　　　　　春秋中期

---

① 齊良壺銘文自名爲"壺盂"，大部分金文著錄據此將該器歸入壺類，但因其器形及現藏資料不詳，我們認爲不宜直接判斷爲銅壺。

蘇公簋所見“![字]”字,吳大澂釋作“羞”,①劉心源無釋,②郭沫若認爲是王妃名,字不識,③羅福頤則隸定爲“芉”。④ 雖然“![字]”與“![字]”的寫法有明顯的差異,但我們認爲此字仍宜釋爲“盂”。

蘇公簋銘文云:

　　　穌(蘇)公乍(作)王改![字]毁,永寶用。

西周中期滋簋銘文能爲此問題提供重要佐證:

　　　滋乍(作)盂毁,其萬年子子孫孫永寶用。

蘇公簋與滋簋在器形上皆爲銅簋,銘文文例基本相同,皆以“△毁”作爲自名。在兩篇銘文中,“毁”前一字分別書作:

蘇公簋 3739　　　　滋簋 10310

西周晚期　　　　　西周中期

透過上述兩篇銘文的對照,我們可以印證“![字]”應該是“![字]”字的異構,當即“盂”字。

　　子諆盆所見“![字]”及“![字]”二字,張光裕認爲兩者所從之“![字]”可釋作“皿”。⑤ 在兩周金文中,“皿”爲非常習見的偏旁,陳伯元匜 10267“![字]”(孟)所從之“皿”書作“![字]”,而陳璋壺 9975“![字]”(孟)則從“![字]”,“皿”的寫法均與蘇公簋“![字]”上半部所從之“![字]”存在一定差異。但是,如果再仔細考察商周彝銘所見偏旁“皿”,我們發現以下例子:

　　① 吳大澂:《愙齋集古録》,見劉慶柱、段志洪、馮時主編:《金文文獻集成》第十二册,北京:綫裝書局,2005 年,頁 193。
　　② 劉心源:《奇觚室吉金文述》,見劉慶柱、段志洪、馮時主編:《金文文獻集成》第十三册,北京:綫裝書局,2005 年,頁 185。
　　③ 郭沫若:《兩周金文辭大系圖録考釋》,上海:上海書店出版社,1999 年,頁 242。
　　④ 羅福頤:《三代吉金文存釋文》卷七,香港:問學社,1983 年,頁 11。
　　⑤ 張光裕:《從![字]字的釋讀談到盨、盆、盂諸器的定名問題》,見《雪齋學術論文集》,臺北:藝文印書館,1989 年,頁 143—152。

仲䱷盨 4399　　伯考父盤 10108　　曾子原彝簠 4573
西周中期　　　西周中期　　　春秋晚期

蔡侯申鎛 222　　商鞅量 10372　　鑄客鼎 2297
春秋晚期　　　戰國　　　戰國晚期

從上述拓本可知,字形中偏旁"皿"的寫法與"𦥑"所從之"𠃊"基本脗合;而且,近出戰國楚簡字形亦能爲"𠃊"乃"皿"之説提供新證明:

郭店《緇衣》20　　郭店《語叢二》32　　上博《競公瘧》2

因此,借助金文與楚簡字形的參證,我們大致能够確定"𦥑"上部所從之"𠃊"確實可釋爲"皿"。至於子誹盆所見"盂"分別書作"𦥑"及"𦥑",上部所從之"𠔾"或許亦是"皿"之異構:

吳盂 9407　　季嬴霝德盂 9419　　儥匜 10285
西周早期　　　西周中期　　　西周晚期

在上述金文"盂"字字例中,所從之"皿"與"𠔾"的寫法較爲接近,可以證明"𦥑""𦥑"上半部所從應該是"皿"。此外,張光裕曾經就子誹盆所見"𦥑""𦥑"的結構作出詳細解釋,所言甚是,可資參考:

>　　……第二行第四字,原銘作𦥑,則應是"盂"字,非"宁"字,𠔾是皿形,而"𠀐"乃"于"字反文,置于皿下,並利用皿字下一橫畫,借爲"盂"字頂上一筆,足見書手之匠心獨運,這與泉幣文字中"武""露""閑"等布幣,利用該布本身正面中間的直紋,配合字形的結構,作爲該字的筆畫,同屬創意之作(參拙著《先秦帛幣文字辨疑》,1970 年,

146—149頁），只是盨銘的盂字更具變化罷了。①

此外，在春秋金文中，"盂"尚有書作""之形，該寫法最早見於春秋早期齊良壺，並爲其後不少彝銘所採用：

齊良壺 9659　　黃仲酉壺 T1229　　王子申盞 4643　　楚王酓審盞 NA1809
春秋早期　　　　春秋晚期　　　　　春秋　　　　　　春秋

""上半部所從之""與子諆盆""頗爲類近，而黿匜 10247"盂"字書作""，所從之"皿"與""中之""亦甚爲相似，由是可進一步印證""相當於子諆盆所見""字。有關""字的構形，我們可以參考陳斯鵬的分析：

　　　　案：黃仲酉壺"盂"之寫法已見於王子申盞、齊良壺等，實是在上"皿"下"于"的寫法（已見於子𦭼盆、蘇公盂簋）的基礎上贅加"皿"旁而成。②

由是可見，無論是""抑或""，它們都是在文字發展過程中自""演變出來的異構。

除此之外，西周晚期齊侯盂所見"盂"字書作""：

齊侯匜 10283
西周晚期

齊侯匜器形明顯爲匜，但卻自名爲""。""字的構形獨特，杜迺松認爲字所從之""爲"勺"，"盌"從"皿""勺"，"于"聲，與"匜"是一音之轉，乃其別名。③ 陳劍認爲匜之所以自名爲"盂"，實是因古音通假所致。④

　　① 張光裕：《從字的釋讀談到盨、盆、盂諸器的定名問題》，頁143—144。
　　② 陳斯鵬、石小力、蘇清芳：《新見金文字編》，福州：福建人民出版社，2012年，頁151。
　　③ 杜迺松：《談銅器定名中的一些問題》，《故宮博物院院刊》1979年1期，頁82。
　　④ 陳劍：《青銅器自名代稱、連稱研究》，頁339。

雖然不少學者釋""所從之""爲"勺",但我們認爲""應當是"升":

~于卒文取(祖)考
旅簋 4194
西周中期

二斗五~少半~
王后中官鼎 936
戰國晚期

爰積十六尊(寸)五分尊(寸)壹爲~
商鞅量 10372
戰國

從上述例子可知,金文"升"的寫法與""所從之""基本相合,故""應當隸定爲"盅"。至於學者曾經以爲""是聲符,但結合上古音的考察,""在字形中應該不具有任何表音的作用:①

盂	*[G]ʷ(r)a
升	*s-təŋ
匜	*laj

從上述擬音可知,"升"與"匜"讀音差距較大,古書中未嘗見有兩字相通之例,故確實無法從通假角度作出解釋。既然"(盅)"字從"于",我們認爲"于"是聲符,整字仍當讀"盂"。陳昭容曾經指出"升"是勺類,可作爲挹注器,表示挹取的義符,整字結構説明盂的内容物需以斗取用,類似的例子有""""(師克盨 4467)及""(曩伯陵父盨 4443)。② 其實,季旭昇曾經解釋"升"字當"象以'斗'挹酒登進祭神之意",③而以下的金文字形亦有助我們理解"盅"字中"升"的含義:

(豊)
用追孝~祀
癲鐘 247
西周中期

(豊)
其~祀大神
癲簋 4176
西周中期

---

① 擬音據 William H. Baxter and Laurent Sagard,*Baxter-Sagart Old Chinese reconstruction*,version 1.1 of 20 September 2014. URL: http://ocbaxtersagart.lsait.lsa.umich.edu.

② 陳昭容:《從古文字材料談古代的盥洗用具及其相關問題——自淅川下寺春秋楚墓的青銅水器自名説起》,《"中研院"歷史語言研究所集刊》2000 年 71 本 4 分,頁 868。

③ 季旭昇:《説文新證》,福州:福建人民出版社,2010 年,頁 975。

"𣂊""𥃣"的字形基本相同,僅偏旁"升""斗"之差別,古文字"升""斗"本來有別,"𢆶"内無横畫者爲"斗",有横畫作"𢆶"是"升",正如《説文》云:

　　𣂊(斗),十升也。象形,有柄。

　　𣂊(升),十龠也。从斗,亦象形。①

但是,由於"升"字从"斗","升""斗"關係相當密切,作偏旁時經常有相互通用之例,而在東周文字中,"升"有書作"𢆶","斗"亦有書作"𢆶",兩字偶會相混。② 因此,我們可以推斷"𣂊""𥃣"兩字皆當爲一字之異體,根據辭例可知,"𣂊""𥃣"有祭祀之意,所从之"升""斗"及"皿"表示以斗從"皿"中取物,象徵祭祀儀式中的挹注動作。

　　因此,齊侯匜所見"盁"大概可理解爲从"升""皿","于"聲的字。雖然如此,字形所从之"皿"究竟盛載何物? 該器自名爲"盥盁(盂)",銅匜屬於沃盥禮器,我們由是懷疑整字乃表示以斗挹取器皿裏的水,表示沃盥儀式。商代晚期寢小室盂10302銘文"盂"字亦可爲挹水之説提供佐證:

蓋銘　　　　器銘③

銘文拓本雖然較爲模糊,但字中所从之"斗"仍然隱約可見,偏旁"斗"反寫,該字可隸定爲"盁"。正如前文所言,"斗""升"皆表示挹注之器,古文字中可以互通,故寢小室盂"盁"與齊侯匜"盁"可以視爲同一字之異構。

　　寢小室盂是現存最早的銅盂,該器通高達41.3厘米,器形較大,銘文僅有四字,皆屬其自名的文字:

---

　　① ［漢］許慎撰,［宋］徐鉉校定:《説文解字(附檢字)》,北京:中華書局,1963年,頁300。

　　② 參黄德寬主編:《古文字譜系疏證》,北京:商務印書館,2007年,頁363—364。

　　③ 臺北"中研院""殷周金文暨青銅器資料庫"云:《集成》缺器内底拓片,今據《古器物研究專刊》補之。"

帚(寢)小室盉(盂)。

寢小室盂記載之行禮地點爲"帚(寢)小室",因寢小室盂與其他盥洗器具一併出土,研究者大多認爲"寢盂"乃是放置於寢室的盥洗器。因此,既然齊侯匜和寢小室盂分別用"盉""盉"作爲自名,古文字"升""斗"可通,兩者當屬一字異體,而兩銅器器類雖然不同,但皆是用爲水器,故"盉""盉"二字皆可解釋爲象徵以挹注器從器皿中取水進行沃盥的儀式,同讀爲"盂"。

第二節　傳世古書所載盂的用途

"盂"字於傳世文獻中有書作"杅"之例子,如《公羊傳·宣公十二年》云:"古者杅不穿,皮不蠹,則不出於四方。"①《新序·雜事四》引"杅"作"盂"。② 又《後漢書·崔駰傳》:"遠察近覽,俯仰有則,銘諸几杖,刻諸盤杅。"李賢注:"《墨子》曰:'堯、舜、禹、湯書其事於竹帛,琢之盤盂。'杅亦盂也。"③"杅"之所以从"木",或許與製作禮器的材料有關。事實上,在大型的墓葬中,除了青銅彝器以外,仿銅器形制的漆禮器也經常出土,漆盂的數量甚多,大致是圓口,有圈足或假圈足,無附耳,但這類漆器的體積通常較小,高度僅約 10 厘米,隨葬的遣策能證明此類漆器可定名爲盂。④

根據先秦古籍的記述,盂似乎可有水器、食器及飲器三類用途,但當中作爲盛水器的記載較多,應該是最主要的用途。例如,《韓非子·外儲説左上》嘗援孔子之言曰:"爲人君者猶盂也,民猶水也;盂方水方,盂圜水圜。"⑤相類載述亦見於《荀子·君道》:"君者,槃也,槃圓而水

---

① 《春秋公羊傳注疏》,見《十三經注疏》(整理本),北京:北京大學出版社,2000 年,頁 408。

② 〔漢〕劉向編著,石光瑛校釋,陳新整理:《新序校釋》,北京:中華書局,2001,頁 527。

③ 〔南朝·宋〕范曄撰,〔唐〕李賢等注:《後漢書》,北京:中華書局,1965 年,頁 1721。

④ 參洪石:《戰國秦漢漆器研究》,北京:文物出版社,2006 年,頁 45。

⑤ 〔清〕王先慎撰,鍾哲點校:《韓非子集解》,北京:中華書局,1998 年,頁 285。

圓;君者,盂也,盂方而水方。"①兩書皆以盂之盛水作比喻,説明統治者爲政時必須以身作則。此外,《淮南子·脩務訓》有以盂汲水救火的記述:"今夫救火者,汲水而趨之,或以甕瓵,或以盆盂,其方員鋭橢不同,盛水各異,其於滅火,鈞也。"②而且,從先秦禮書可知,盂甚至可以在儀節中用作浴盤,如《禮記·玉藻》記述君子沐浴的禮儀云:"浴用二巾,上絺下綌。出杅,履蒯席,連用湯,履蒲席,衣布晞身,乃屨,進飲。"東漢鄭玄注:"杅,浴器也。"③唐孔穎達直接指出"杅"乃"浴之盆":"浴時入盆中浴,浴竟而出盆也。"④此外,先秦文獻經常出現"盤盂"連言,如《墨子·兼愛》云:"以其所書於竹帛,鏤於金石,琢於槃盂,傳遺後世子孫者知之。"⑤《列子·湯問》:"日初出大如車蓋;及日中,則如盤盂:此不爲遠者小而近者大乎?"⑥《吕氏春秋·審分覽·慎勢》:"自此觀之,夫欲定一世,安黔首之命,功名著乎槃盂,銘篆著乎壺鑑……"⑦盤既然是水器,"盤盂"連言有助證明兩者用途相同,皆具有盛水的作用。

古字書雖然嘗載盂可以作爲食器,但或許由於相關記述較少,尚未能得到多數經學家的認同。大徐本《説文·皿部》嘗言:"盂,飯器也。從皿,亏聲。"⑧又《玉篇·皿部》云:"盂,飯器也。"⑨《説文》研究者多認爲大徐本"飯器"乃"飲器"之誤字,如徐鍇《説文繋傳》、嚴可均《説文校議》、沈濤《説文古本考》、段玉裁《説文解字注》、朱駿聲《説文通訓定聲》等皆逕改"飯器"作"飲器",而唐李賢《後漢書注》、⑩北宋李昉等《太平御覽》、⑪元

①　[清]王先謙撰,沈嘯寰、王星賢點校:《荀子集解》,北京:中華書局,1988年,頁234。

②　何寧撰:《淮南子集釋》,北京:中華書局,1998年,頁1327。

③　《禮記正義》,見《十三經注疏》(整理本),北京:北京大學出版社,2000年,頁1030。

④　《禮記正義》,頁1031。

⑤　吴毓江撰,孫啟治點校:《墨子校注》,北京:中華書局,1993年,頁178。

⑥　楊伯峻撰:《列子集釋》,北京:中華書局,1979年,頁168。

⑦　許維遹撰,梁運華整理:《吕氏春秋集釋》,北京:中華書局,2009年,頁462。

⑧　[漢]許慎撰,[宋]徐鉉校定:《説文解字(附檢字)》,北京:中華書局,1963年,頁104。

⑨　[梁]顧野王著:《大廣益會玉篇》,北京:中華書局,1987年,頁77。

⑩　見《後漢書·顯宗考明帝紀》"杅水脯糒而已"下李賢注。(范曄撰,李賢等注:《後漢書》,頁124。)

⑪　[宋]李昉編纂:《太平御覽》卷七,石家莊:河北教育出版社,1994年,頁125。

馬端臨《文獻通考》①亦將《説文》訓釋直接援引作“飲器”。事實上，盂可作爲“飯器”並非毫無根據，相關載述可上溯至唐代，如《漢書·東方朔傳》云：“上嘗使諸數家射覆，置守宮盂下，射之，皆不能中。”唐顔師古注：“盂，食器也，若盋而大，今之所謂盌盂也。”②又《急就篇》卷三云：“椭杅槃案栝閤盌”，顔師古注：“杅，盛飯之器也，一曰齊人謂盤爲杅。”③顔師古以爲盂的形制與盋相類，僅大小有差別，“盋”見於大徐本《説文》新附字：“盋，盋器。盂屬。从皿，友聲。或从金从本。”④“盋”相當於今日所稱之“鉢”。

除水器及食器之外，文獻所記之盂尚可作爲飲器，可以盛酒或盛水。大徐本《説文》雖云“盂，飯器也”，但有不少學者認爲“飯器”當是“飲器”之誤。其實，盂爲飲器的説法最早見於東漢時期，《公羊傳·宣公十二年》有“古者杅不穿，皮不蠹”一語，何休注：“杅，飲水器。”徐彦疏指出舊説嘗謂“杅”通“衧”，即食袋，但徐氏認爲“杅”當音“于”，“若今馬盂矣”。⑤ “馬盂”一詞見於宋吳自牧《夢粱録》：“酒市急需馬盂，屈卮，淬斗，箹瓶。”⑥“馬盂”是盛酒器皿，盂有可能是自盛酒的皮袋演變而來。⑦ 結合禮書的記述，盂應該兼具盛水及盛酒的雙重功用，如《儀禮·既夕禮》載禮儀用具云：“用器，弓矢、耒耜、兩敦、兩杅、槃、匜。”鄭玄注：“杅，盛湯漿。”⑧“湯”是指熱水，鄭玄訓“漿”作“酢截”。⑨ “酢”，古籍多訓爲“醋”，但先秦時期

---

　① ［元］馬端臨撰：《文獻通考》，北京：中華書局，1986 年，頁 1119。

　② ［漢］班固撰：《漢書》，北京：中華書局，1962 年，頁 2843—2844。

　③ ［漢］史游撰，［唐］顔師古注：《急就篇》卷三，見《四庫全書》，上海：上海古籍出版社，1987 年，頁 3。

　④ 許慎撰，徐鉉校定：《説文解字（附檢字）》，頁 104。

　⑤ 《春秋公羊傳注疏》，頁 408。

　⑥ 孟元老等著：《東京夢華録》，上海：古典文學出版社，1956 年，頁 244。

　⑦ Phyllis Ackerman, *Ritual Bronzes of Ancient China* (New York：The Dryden Press，1945), 101.

　⑧ 《儀禮注疏》，見《十三經注疏（整理本）》，北京：北京大學出版社，2000 年，頁 854。

　⑨ 《禮記·内則》“漿，水，醷，濫”下鄭玄注：“漿，酢截。”（《禮記正義》，頁 980。）《周禮·天官·酒正》：“三曰漿”下鄭玄注：“漿，今之酨漿。”（《周禮注疏》，見《十三經注疏（整理本）》，北京：北京大學出版社，2000 年，頁 143—144。）

實質是指酒,①賈公彥《儀禮疏》云:"截之言載,以其汁滓相載,故云截。漢法有此名故也。"②"酢截"乃漢時名稱,即今日之酒糟。③ 根據鄭玄的訓釋,盂兼具盛熱水和盛酒的用途。而且,盂作爲盛酒器亦見於漢司馬遷《史記·滑稽列傳》:"今者臣從東方來,見道傍有禳田者,操一豚蹄,酒一盂。"④禳田者用一豬蹄、一盂酒祝禱農神。

第三節　青銅彝銘所見之"盂"

盂是青銅器器類的專名,其特徵一般是侈口深腹,有圈足,多有附耳或獸耳。然而,由於先秦傳世文獻的記載並不一致,研究者在其器用問題上看法較爲分歧。例如,容庚在 1941 年出版的《商周彝器通考》逕稱盂爲"盛水之器",⑤但隨著銅盂出土數量陸續增多,容氏的看法漸漸有所轉變,其於 1958 年與張維持合著的《殷周青銅器通論》中雖然同樣稱盂爲盛水器,但卻援引古文獻及金文用例説明"盂又爲盛食器""用途的廣,名稱的多"。⑥ 馬承源《中國青銅器》則將盂視爲"大型的盛飯器",卻同時認爲"兼可盛水盛冰"。⑦ 朱鳳瀚《中國青銅器綜論》雖然將盂列爲水器,但指

---

① 有關先秦時期"醋"的含義,詳參拙文《從北大簡"一洫一傅"談簡帛醫藥文獻所見"洒"與"傅"》。(鄧佩玲:《從北大簡"一洫一傅"談簡帛醫藥文獻所見"洒"與"傅"》,《中國醫藥雜誌》2013 年 24 卷特刊 1 期,頁 95—110。)

② 見《儀禮·公食大夫禮》"飲酒、漿飲,俟于東房"下賈公彥注。(《儀禮注疏》,頁 553。)

③ 朱鳳瀚嘗言:"漢人所謂湯是指熱水……所以盛湯之功用仍可歸於以上第一項用途,即盛水。這裏的漿可能如《周禮·天官·漿人》中的'漿人'之漿,是泛指飲料,但也可能是一種食物之專稱。……實即今所謂酒糟,其味酸,故《説文解字》又釋漿爲酢漿。如此,則盂亦可歸爲盛稀食器。"(朱鳳瀚:《中國青銅器綜論》,上海:上海古籍出版社,2009 年,頁 308。)

④ [漢] 司馬遷撰:《史記》,北京:中華書局,1959 年,頁 3198。

⑤ 容庚:《商周彝器通考》(《燕京學報》專號 17),北平:哈佛燕京學社,1941 年,頁 472。

⑥ 容庚、張維持:《殷周青銅器通論》,北京:文物出版社,1984 年,頁 69。

⑦ 馬承源主編:《中國青銅器》(修訂本),上海:上海古籍出版社,2003 年,頁 163。

出文獻中盂兼具盛稀食器與飯器兩種用途。①

1. 作爲盛水器的盂

我們能够根據先秦古籍記載確定盛水器應該是盂的基本用途,《韓非子》《淮南子》《禮記》等均能爲此説提供重要佐證。其實,從現今所存的青銅盂可知,部分銅盂的體形較爲龐大,通高達 40 厘米以上,林巳奈夫根據其實際尺寸分爲大型盂和小型盂兩類,②而我們進一步就兩類銅盂提出更具體的尺寸標準:③

Ⅰ類　　大型盂　　（通高約 40 厘米以上）

Ⅱ類　　小型盂　　（通高約 30 厘米以下）

大型盂平均高度達 40 厘米或以上,口徑通常界乎 50 至 60 厘米之間,較爲著名的例子如安陽殷墟發現的好盂 10301。該器通高 43.9 厘米,口徑有 54.5 厘米,重量達 32.9 公斤,鑄有銘文"𡥀（好）"一字。④ 根據吳鎮烽《商周青銅器銘文暨圖像集成》所載,自名爲"盂"而通高達 40 厘米的大型盂包括:

器　名	高度 (cm)	口徑 (cm)	重量 (kg)	年　代	自　　名	器　號
寢小室盂	41.3	40.2	41.8	商　晚	帚（寢）小室盉（盂）	10302
伯盂	39.5	57.6	35.8	西周早	尊盂	10312
王盂	14	40	17	西周早	中帚（寢）浸盂	NA668
永盂	46	58	36	西周中	尊盂	10322
天盂	48.5	56.6	32	西周晚	寶盂	NA759

---

① 朱鳳瀚:《中國青銅器綜論》,頁 307—308。

② 林巳奈夫:《殷周時代青銅器の研究》,東京:吉川弘文館,1984 年,頁 210—211。

③ 我們曾就《商周青銅器銘文暨圖像集成》所收的 29 件銅盂進行統計,除了部分大小尺寸不明之外,大型盂與小型盂分別各約佔 12 器。(吳鎮烽編著:《商周青銅器銘文暨圖像集成》第十三册,上海:上海古籍出版社,2012 年,頁 427—460。)

④ 吳鎮烽編著:《商周青銅器銘文暨圖像集成》第十三册,頁 427。

（續表）

器　名	高度(cm)	口徑(cm)	重量(kg)	年　代	自　　名	器　號
遹盂	42	55.5	—	西周晚	尊盂	10321
聽盂	37	69.5	36	春秋晚	下寢（寢）盂	NA1072
齊侯盂	43.5	75	65.5	春秋晚	寶盂	10318

王盂現在僅殘存底部,實際高度及重量已不可考,從其底徑 40 厘米可推測,此器體形應該相當龐大。有關上述各器的用途,《禮記·玉藻》篇嘗有國君沐浴後"出杆"的載述,鄭玄注及孔穎達疏均認爲"杆"是浴盆;但是,從出土的銅盂可知,上述的大型盂最高也不過 50 厘米,實在不足以容納成年人,故以上的銅盂極有可能都只是作盥洗用途。

　　此外,器銘本身亦能爲盛水之説法提供重要佐證。例如,王盂云"王乍（作）莽京中帬（寢）浸盂",彝銘中"浸"字書作"[image]",古文字學家嘗提出不同的釋讀意見。例如,羅西章釋"[image]"爲"歸",《説文》云"歸,女嫁也",故王盂是周王（康王）在莽京迎娶皇后時爲其所作之用器。① 王輝雖然同意"[image]"是"歸"字,但讀爲"饋","作盂的目的是爲了向母親進食或祭祀亡母,而以後者的可能性爲大"。② 然而,過去亦有學者不認同"[image]"是"歸"字,如《近出殷周金文集録》及《新收殷周青銅器銘文暨器影彙編》均改釋"[image]"作"浸"。③ 事實上,通過字形的對比,我們認爲釋"[image]"作"浸"是比較合適的。金文所見"歸"書作:

中方鼎 2751
西周早期

令鼎 2803
西周早期

矢令方彝 9901
西周早期

----

① 羅西章:《西周王盂考——兼論莽京地望》,《考古與文物》1998 年 1 期,頁 81。

② 王輝:《周初王盂考跋》,見張光裕等編:《第三屆國際中國古文字學研討會論文集》,香港:香港中文大學,1997 年,頁 347—350。

③ 劉雨、盧岩編著:《近出殷周金文集録》,北京:中華書局,2002 年,頁 33;鍾柏生等編:《新收殷周青銅器銘文暨器影彙編》,臺北:藝文印書館,2006 年,頁 498。

上述"歸"字皆不從"止",偏旁"自"書作",與""有明顯的差別。在另一方面,殷商甲骨中部分从"水"之字與""存在類似的寫法:

《燕》196　　　　　　　《前》4.13.5　　　　　　《前》2.11.5

甲骨文"水"的寫法多樣,""或許可理解爲從典型之""演變而來的異體。至於""右旁所从之"",類似寫法見於金文下列字形:

婦好觶 6141　　　　　晉侯穌鐘 NA878　　　　乙未鼎 2425
商代晚期　　　　　　　西周晚期　　　　　　　商代晚期或西周早期

從上述字形可知,""及""於金文無異,故釋""爲"浸"應該是沒有問題的。"浸"在先秦文獻中有浸洗之意,如《詩·小雅·大東》云:"有洌氿泉,無浸穫薪。"鄭玄箋:"不欲使氿泉浸之。浸之則將濕腐,不中用也。"① 王盂自名爲"浸盂",或者可以説明此銅盂在沃盥儀節中用爲浸洗器,銘文"中寢"則是儀節進行的處所。羅西章認爲"中寢"是宮寢名,即"中宮",乃指皇后之宮。② 王輝提出古籍中"寢"常指祭祀之所,"中寢"極有可能是周王祭祀其母后的處所。③ 事實上,除了王盂外,寢小室盂及聽盂皆記有"寢",前者所載之行禮地點爲"帚(寢)小室","小室"應該是"寢"裏的一個房間,後者則記有"下寢(寢)",由此可推測"寢"分爲"上寢""中寢"及"下寢"。古漢語中"寢"是一個多義詞,同時兼指宮室及寢室,但因寢小室盂與其他盥洗器具一併出土,研究者大多認爲"寢"是周王寢室,"寢盂"乃是放置於寢室的盥洗器。例如,董作賓注意到與寢小室盂同出的器物包括銅盤、銅勺、陶餅及面具,認爲此組器物皆"王之寢宮中盥洗小室的用具",盤盂用以貯水,勺以挹水,陶餅用以去垢,面具爲盥洗室之裝飾。④ 陳夢家雖然

① 《毛詩正義》,見《十三經注疏》(整理本),北京:北京大學出版社,2000 年,頁 916。
② 羅西章:《西周王盂考——兼論荼京地望》,頁 81。
③ 王輝:《周初王盂考跋》,頁 346—347。
④ 董作賓:《甲骨學六十年》,載裴錫圭、胡振宇編校:《中國現代學術經典·董作賓卷》,石家莊:河北教育出版社,1996 年,頁 173。

不完全贊同董説,指出"認此組與盥洗有關,是對的",但卻認爲"人面具之爲盥洗室的裝飾以及陶器爲去垢擦具,似屬於想像",並提出"寢小室"當是王寢(或即大室)中的小室,小室是與大室相連的一間盥洗室。① 此外,陳昭容認爲秦都咸陽宮殿建築遺址曾經建有室內水池,水池應該是作浴室之用,由是可爲"盂""寢"的關係提供證據。② 其實,除了王盂之外,聽盂發現於山東海陽縣嘴子前春秋墓,一併出土的銅器包括盆、匜等水器,③銘文謂"下寢(寢)盂",由此或可印證部分銅盂在先秦時期確實具有水器用途,乃盥洗器具。

在典型的銅盂以外,兩周金文中自名爲"盂"的水器尚有齊侯匜。此器呈長橢圓形,前有流,後設獸鋬,四卷獸扁足置於圈底下。就器形而言,此器可肯定爲匜,但爲何匜自名爲"盂"? 事實上,我們可以通過墓葬中同出器物的觀察釐清此問題。青銅器經常是成組出土,較大型的墓葬往往同時有不同器類的銅器組合,如食器、酒器、水器、樂器及車馬飾等。而我們注意到,在銅器的自名上,同化現象會出現在同出器物之間,並且以水器尤爲習見。例如,銅盤和銅匜在盥禮中經常配套使用,銅匜乃盛水澆注於盥洗者的雙手,銅盤則用來承接棄水,故匜銘曾經出現"盤"或"盤匜"的自名現象,如牟叔匜 10282 及佣匜 NA0464 皆自名爲"盤",燕公匜 10229 及大師子大孟姜匜 10274 自名爲"盤匜",而鄭伯盤 10090 亦自名爲"盤匜"。銅鑑是大型的儲水器,蔡侯申鑑 10290 卻自名爲"尊匜","匜"前有修飾語"尊","尊"是禮器的專稱,甲骨文"🏺"明確顯示雙手奉尊的祭獻之禮。除此之外,類似情況亦見於食器銘文,銅鼎與銅簋是重要的陪葬組合,其數目多寡亦因應墓主身份地位而決定,如陝西寶雞茹家莊 2 號墓曾經出土六鼎五簋的組合,弡伯鼎 2676 及弡伯簋 3617 均自名爲"鼎簋"。從上述例子可知,雖然匜與盂在器形上差距較大,但因兩者皆可用爲水器,在儀節中配套使用,故齊侯匜之所以自名爲"盂",大概是受同出器物

---

① 陳夢家:《殷代銅器三篇》,《考古學報》第七册,1954 年,頁 24。
② 陳昭容:《從古文字材料談古代的盥洗用具及其相關問題——自淅川下寺春秋楚墓的青銅水器自名説起》,頁 868—869。
③ 烟臺市文物管理委員會、海陽縣博物館:《山東海陽縣嘴子前春秋墓的發掘》,《考古》1996 年 9 期,頁 769—778。

間在自名上的同化現象所影響。

2. 作爲盛食器的盂

雖然古字書如《説文》及《玉篇》等皆訓"盂"爲"飯器",但歷代小學家大多認爲"飯器"乃"飲器"之誤字；然而,自從近代考古出土實物漸多,銅盂銘文出現了"飤盂""餴(饙)盂"等自名,研究者的看法漸起變化,認爲盂可作爲盛水器外,更開始承認其具有盛食用途。而且,值得注意的是,除了盂之外,食器如鼎、簋、敦及盞所載銘文均有自名爲"盂"情況的出現。

a. 盂

從近代的考古發掘可知,不少銅盂的體積較小,可稱爲小型盂。當中,自名爲"盂"的銅盂例子包括:

器　　名	高度 (cm)	口徑 (cm)	重量 (kg)	年　代	自　名	器　號
丹叔番盂	27.7	39.9	25.2	西周	寶盂	NA0669
匽侯盂	24.5	33.8	6.45	西周早期	餴盂	10305
伯盂	28.7	42.8	12.2	西周早期	寶陳盂	10312
虢叔盂	18.8	34.7	4.98	西周中期	旅盂	10306
作父丁盂	29	42	——	西周中期	□盂	10313
善夫吉父盂	20	35.1	7.6	西周晚期	盂	10315
伯索史盂	20.7	11.9	39.7	春秋早期	寶盂	10317

上述銅盂的高度都小於 30 厘米,體形最小的是虢叔盂,高度只有 18.8 厘米,口徑 34.7 厘米。由於小型盂容量小,似乎難以作盥洗用途,故應該是作爲食器,並可從銘文本身得以證明。例如,匽侯盂云:"匽(燕)侯乍(作)餴盂",《説文·食部》云:"餴,滫飯也。从食,弅聲。饙,餴或从賁。"[1]"餴"乃"饙"之異體,《爾雅·釋言》釋"饙"爲"稔也",郭璞注:"今呼餐飯爲饙。"[2]

---

① 許慎撰,徐鉉校定:《説文解字(附檢字)》,頁 107。
② 《爾雅注疏》,見《十三經注疏(整理本)》,北京:北京大學出版社,2000 年,頁 69。

段玉裁以爲"溍"乃"脩"之誤字,實即"溲"。①　古文獻中"饙"可指蒸飯,如《詩·大雅·泂酌》有"可以餴饎"一語,陸德明《釋文》引《字書》云:"饙,一蒸米也。"②又《爾雅》"饙、餾,稔也"下邢昺疏引孫炎曰:"蒸之曰饙,均之曰餾。"③因此,銘文云"餴(饙)盂",或可理解爲盛載蒸飯的銅盂,正如陳夢家所言,"餴"具有動靜二義,動義爲蒸飯之蒸,静義爲所蒸之飯,④而這裏用爲修飾語,明確銅盂具有盛載蒸飯的用途。

此外,雖然𡥀桐盂10320器形已經失載,但其銘文云:"郐(徐)王季糧之孫宜桐乍(作)鑄飤盂。"兩周金文以"飤"作自名前修飾語的例子甚多,主要見於食器,如"飤甗"(王孫壽甗946)、"飤鼎"(陳生雀鼎2468、卑汩君光鼎2283、吳王姬鼎2600)、"飤簋"(伯喬父簋3762)、"飤盨"(陳姬小公子盨4379)、"飤簠"(蔡侯簠4490、子季嬴青簠4594及樂子簠4618)等。"飤盂"的出現一方面能説明言銅盂具有盛載食物的用途,另一方面亦能够印證大徐本《説文》"盂,飯器也"之訓釋其來有自。

而且,小型盂器形較小,虢叔盂、善夫吉父盂及伯索史盂更僅高約20厘米,從其大小尺寸看來,這些銅盂用來盛飯是較爲合適的,正如朱鳳瀚所言:"匽侯盂形體大於一般作爲盛飯器的簋,但仍小於一般的盂,當是與其用作盛飯器的功用相適宜的。至於形體大於匽侯盂的通常體形的盂(高在40、口徑在55厘米以上者)皆無見稱'餴盂'者,所以盂的一般或説主要功用是盛水。"⑤所言甚是。

b. 鼎

銅鼎自名爲"盂"的例子較多,大部分自名爲"盂鼎",單獨自名爲"盂"者僅有郜公平侯鼎一例。當中,宋君夫人鼎蓋更自名爲"餴(饙)錳(盂)貞(鼎)",益能顯示此類銅鼎乃用於盛載食物。就其大小而言,部分銅器的體形較大,如大鼎高度達39.7厘米,但亦有容量較小者,如衛鼎僅高22厘米,

---

① 〔漢〕許慎撰,〔清〕段玉裁注:《説文解字注》,上海:上海古籍出版社,1988年,頁218。
② 《毛詩正義》,頁1321。
③ 《爾雅注疏》,頁69。
④ 陳夢家:《西周銅器斷代(二)》,《考古學報》1955年2期,頁101。
⑤ 朱鳳瀚:《中國青銅器綜論》,頁309。

口徑 31.5 厘米。從器物大小之明顯差異可知,銅鼎自名爲"盂"應該與其體積尺寸無關。不過,雖然這些鼎的外形有所差異——如衛鼎是淺腹附耳蹄足,大鼎是深腹立耳蹄足——但我們注意到,它們大體都具有渾圓鼓腹的特徵,與銅盂的渾圓器身是相類的,這或許正是其自名爲"盂"的原因。

"盂鼎"在春秋時期發展成爲一種特殊的銅鼎形制,"鼾"遂取代了"盂鼎"成爲專名。"鼾"字從"鼎",從詞義學分析,或可説明"鼎"是其上位詞,而"鼾"則屬下位的概念。"鼾"曾經用於盛載食物,此可從兩方面説明:第一,在此類銅鼎的銘文中,"鼾"前多帶有修飾語"飲"。第二,楚叔之孫倗鼎被發現時,鼎内盛有豬碎肋骨一塊、肢骨八塊。① 不過,自名爲"鼾"之銅鼎形體普遍較爲龐大,如蔡侯申鼎及楚叔之孫倗鼎通高分別達 69 厘米及50 厘米。由是可知,西周之"盂鼎"發展至春秋之"鼾",其形制有相當的變化,不僅器腹渾圓鼓出,體積通常變得較大,且器底較圓,整器呈扁球狀。

c. 簋

自名爲"盂"的簋類器在殷周金文中僅有蘇公簋一例,器圖見吳大澂《恒軒所見所藏吉金録》。② 蘇公簋深腹有蓋,兩旁置有獸首雙耳,圈足下有三獸面扁足,器腹較鼓,口沿相當渾圓。

d. 盆

器類本是盆但自名爲"盂"者有兩例,分別爲要君盆及子諆盆。盆的器形與盂相當近似,由於要君盆及子諆盆二器具有折肩的區別特徵,我們因而把它們分別出來,歸類爲盆。③《儀禮·士喪禮》云:"新盆、槃、瓶、廢敦、重鬲,皆灌,造于西階下。"鄭玄注:"盆以盛水,槃承澡灌,瓶以汲水也。"④據先秦文獻所記,盆乃用於盛水,但要君盆銘文卻自稱爲"餑(饙)盂",可知盆亦具盛載蒸飯的食器用途。

---

① 河南省文物研究所、河南省丹江庫區考古發掘隊、淅川縣博物館:《淅川下寺春秋楚墓》(上),北京:文物出版社,1991 年,頁 108。

② 吳大澂:《恒軒所見所藏吉金録》,見桑行之等編:《説金》,上海:上海科技教育出版社,1994 年,頁 342。

③ 有關盆的形制和器用問題,詳參林巳奈夫:《殷周時代青銅器の研究》,頁 48—49;朱鳳瀚:《中國青銅器綜論》,頁 315。

④ 《儀禮注疏》,頁 772。

e. 盞及敦

除了盂、鼎及簋之外，自名爲“盂”的銅器尚包括盞及敦。我們之所以將此兩類銅器一併探討，不僅是因爲兩者同樣以“盞盂”自名，更是由於不少研究者認爲兩器類有演變發展的關係。當中，自名爲“盞盂”之銅敦僅存春秋晚期許子敦一例，但自名爲“盂”或“盞盂”之銅盞共有三例，分別爲王子申盞、楚王酓審盞及愇兒盞，年代屬春秋時期。

敦是東周期間所出現的一種器蓋相合成圓形的銅器類型，而盞下半部呈半圓球狀，此特徵雖然與敦相類，但盞的器蓋通常較扁平，器物整體呈扁球形，蓋上有圈形捉手或環鈕。① 楚王酓審盞屬盞類器中較爲典型的例子，器身呈扁球形，有蓋，蓋面有鏤空捉手，平底，下置三鏤空蹄形足，銘文自名爲“盂”。類似器形的例子尚有贁于盞 4636、愇兒盞 NA1374 及鄝王孫□嬭盞 NA1771，皆自名爲“盞”或“盞盂”。李學勤曾經就楚王酓審盞銘文作出考察，認爲“盞”與“盂”應該是同物異名，楚器銘文或稱“盞”，或稱“盂”，也可結合而稱“盞盂”，但李氏另一方面指出，因銅盂包括幾種形制和用途不同的器物，故楚王酓審盞仍以稱“盞”較爲合適。② 此外，王人聰援引《廣雅·釋器》“盨、檯、案、盞，……盂也”一語，提出此類器物在當時既可名“盂”，亦可名“盞”，故將其定名爲楚王酓審盞盂。③ 我們認爲，《廣雅》雖然以“盞”“盂”二字互訓，但從上古音可知，兩字無論在聲

---

① 　William Watson：“The now current attribution of this name to the near spherical vessel shown in Pl. 65b seems to be amply justified by a statement quoted in a commentary to the *Erh Ya*：‘Although the *tui* is a container like the *fu* and *kuei*，it differs in being completely round，top and bottom，inside and outside.’” See William Watson，*Ancient Chinese Bronzes* (Rutland，Vt：C.E. Tuttle，1962)，38. Jenny So：“The *zhan* appears to be related to a group of eighth- and seventh- century containers characterized by a concave silhouette below the rim and a domed cover topped by a trumpet-shaped central knob or crown. Typically，these do not have legs but rest on a flat bottom” See Jenny F. So，*Eastern Zhou Ritual Bronzes from the Arthur M. Sackler Collections* (Washington，D.C.：Arthur M. Sackler Foundation，1995)，119.

② 　李學勤：《楚王酓審盞及其有關問題》，《走出疑古時代》，瀋陽：遼寧大學出版社，1994 年，頁 288—289。

③ 　王人聰：《楚王酓審盞盂餘釋》，《江漢考古》1992 年 2 期，頁 67。

紐抑或韻部上均不相同，相通之説難以成立：①

盂　　　$*G^wa$

盞　　　$*[ts]rar?$

棧　　　$*[dz]^{c}r[a][n]? \ / \ *[dz]^{c}r[a][n]\text{-}s \ / $
$\quad\quad *[dz]r[a][n]?$

春秋時期盞、敦兩類器物關係密切，在上述銅盞以外，部分圜形的銅敦亦以"盞"或"盞盂"自名，如仲姬斉敦 NA0502 及大府敦 4634 皆自名爲"盞"，許子敦 T06058 自名作"盞盂"。彭裕商指出，東周時期盞與敦皆是由盆演變而來，②由此角度觀之，盞和敦可以説是在器類形成過程中有著某種的親屬關係。

此外，清吳雲《兩罍軒彝器圖釋》於王子申盞有以下描述："此器器形如敦，蓋銘曰盤。"③該書承襲宋人稱簋爲敦的做法，吳氏實質是將王子申盞歸入簋蓋，但《殷周金文集成》將此器歸類爲敦。可惜的是，由於該器現在已經失傳，器形僅見於吳雲的手繪器圖。但是，從器圖清晰可見，器蓋本身較淺，並且有與楚王酓審盞類似的圜形捉手，再加上器銘自名爲"盞盂"，我們懷疑，該器蓋本來實質是屬於銅盞，並非是簋或敦。

3. 作爲飲器的盂

"盂"爲"飲器"的記述主要見於古字書，小學家大致認爲大徐本《説文》"盂，飯器也"之"飯"是"飲"之誤字。但是，根據我們蒐集的材料可知，在自名爲"盂"的銅器中，唯一可肯定爲飲器的只有魯大司徒元匜一器。此器於山東省曲阜市林前村出土，器銘自名爲"盂"，故幾乎所有金文著録（包括《殷周金文集成》《商周青銅器銘文選》及《商周青銅器銘文暨圖像集

---

① William H. Baxter and Laurent Sagard, *Baxter-Sagart Old Chinese reconstruction*, version 1.1 of 20 September 2014. URL：http://ocbaxtersagart.lsait.lsa.umich.edu.

② 彭裕商：《東周青銅盆、盞、敦研究》，《考古學報》2008 年 2 期，頁 175—194。

③ ［清］吳雲：《兩罍軒彝器圖釋》卷八，清同治十二年吳氏自刻本，頁 2。

成》)皆將此器歸入盂類,定名作魯大司徒元盂。① 事實上,該器現藏於山東省博物館,筆者曾赴博物館親身考察,該器器身呈扁闊形,流分置正、背兩面,器底左右下接兩蹄足,器形與匜有相類之處。臺北"中研院"傅斯年圖書館所藏魯大司徒元匜拓本有題記云:"器爲匜而銘曰盂。"②題記所言與我們的觀察相脗合。此器既然自稱爲"猷(飲)盂",而何休謂"杅"是"飲水器",鄭玄亦言"杅"有"盛湯漿"的用途,我們懷疑何、鄭二氏所言的"杅",實質是指與魯大司徒元匜同類的器物。

第四節　銅器自名的影響因素——
同出器物與器型發展

　　青銅器的分類與定名一直都是金石學者關心的課題,但因材料不足,許多問題至今仍未達致共識。我們通過傳世古籍及出土金文的綜合考察,就青銅彝銘所見"盂"的自名現象作出深入全面的分析。從上述的討論可知,自名爲"盂"的青銅器種類繁多,除了銅盂之外,尚包括其他器類如鼎、簋、敦、盨、壺、盆及匜等。又傳世文獻雖然對盂的器用有所載述,但當中卻存在不一致之處,主流意見分爲水器、食器及飲器三種説法。我們根據實物的具體尺寸,把銅盂分爲大型盂與小型盂兩類,前者通高達 40 厘米左右,後者則在 30 厘米以下,又因兩類銅盂分別記有銘文"浸盂"及"饙盂",由是可推斷它們分別具有盛水與盛食的不同用途。而且,鑑於部分盂銘出現"饙盂"及"飤盂"之自名,由是足够證明《説文》及《玉篇》訓"盂"爲"飯器"並非毫無根據,後代經學家逐將"飯器"改爲"飲器",相關做法亦需商榷。

　　然而,學術研究不限於現象的描述,更關心構成現象的根本因素。"盂"本來僅是一種具特定形制器類的專稱,但爲何此自名會出現於不同

---

　　① 　其在不同的著録中的編號爲:《殷周金文集成》(修訂增補本)10316;《商周青銅器銘文選(四)》818;《商周青銅器銘文暨圖像集成》6221。

　　② 　"典藏臺灣"資料庫"珍藏歷史文物數位典藏計畫分項二:拓片及古文書數位典藏計畫",網址:http://catalog.digitalarchives.tw/item/00/1b/bc/87.html。

器類的銘文之中？我們以爲有關問題可從兩方面探討。

第一，我們認爲，當中部分例子可以從同出器物間自名上的同化現象作出解釋，此類現象在水器銘文中較爲常見，而齊侯匜之所以自名爲“盂”，或許與此現象相關。齊侯匜的具體出土情況現今已經不可考，我們僅知該器“傳河北易縣”出土。① 匜銘既然自名爲“盂”，基於自名同化現象的原則，我們懷疑此器在埋葬之時，同組的器物中或許至少包含一件銅盂。

第二，過去不少學者曾經提出，銘文自名現象往往可以視爲銅器器類演變關係的指標，而“盂”既然可用爲多種器類的自名，由是可以反映盂類器與這些器類之間存在密切的演變關係。爲了更清晰展示器類間的發展，我們將自名爲“盂”的銅器圖片按其年代排列，並且綜合爲圖表，詳見本章末。

“盂”自西周至春秋期間經常在盂銘中出現，用爲自名的現象是相當普遍的，大型盂及小型盂均有不少用例。不過，倘若上溯其來源，現存的最早例子是商代晚期寢小室盂，該器通高達 41.3 厘米，屬於大型盂。直至西周早期，“盂”才開始出現較爲特殊的用法，除了用爲銅盂自名外，自名爲“盂”的例子更遍佈於不同器類的銘文中，較早的例子是西周早期的公鼎，鼎銘自名爲“盂鼎”。其後，西周至春秋期間部分的銅鼎沿襲了“盂鼎”的自名，直至春秋晚期才出現專名“鼒”。不過，值得注意的是，當時仍然是“鼒”“盂鼎”並用，由是可以推斷“鼒”僅屬於南方銅鼎的專名，“盂鼎”之自名似乎尚未被完全替代。至於春秋早期鄀父平侯鼎銘文曾經出現自名“錳”，“錳”字的單獨使用或許可以視爲從“盂鼎”發展至“鼒”之間的過渡標誌。

既然盂與鼎是截然不同的銅器類型，爲何銅鼎又可自名爲“盂”？我們認爲，此問題可以借助器形的分析而取得答案。雖然部分銅器的著録資料欠缺完備，器形已經無法考據，但從現存資料大概可知，自名爲“盂”的鼎類器多有渾圓的鼓腹，器身形狀與銅盂上半部非常近似。而且，下逮春秋晚期，此類銅鼎融合了東周時期銅鼎的新興特徵，體形漸漸變得龐大，加上圓腹圜底和立耳，漸漸演變爲一種特殊的形制，遂出現了“鼒”之專名。由是觀之，鼎之所以自名爲“盂鼎”“盂”或“鼒”，大致與其具有與盂

---

① 參中國社會科學院考古研究所編：《殷周金文集成》（修訂增補本），頁 6179。

相近似的渾圓鼓腹特徵相關。

事實上,不少研究者曾經就盂與其他器類(包括簋、盆、盞及敦)之間的演變關係作出分析討論。[1] 大致而言,簋、盆、盞及敦之間的發展軌迹可歸納爲:

簋 → 盆 → 盞 → 敦

在上述四類銅器中,簋應該是最早出現的,例子可上溯至商代早期,普遍使用見於商代晚期至西周期間,但是,春秋早期數量開始減少,在禮儀活動中漸被盆所替代。陳芳妹曾經指出,簋與盆兩類器形關係密切,盆産生於春秋早期,此亦是簋的衰落時期,當簋的器腹變得窄矮,省略圈足後便演變成盆。[2] 至於盞的産生稍晚,蘇芳淑(Jenny F. So)認爲銅盞發源於公元前 7 世紀河南中部及南部一帶,並在公元前 7 世紀晚期至 6 世紀早期流行於荊楚地域。[3] 至於盞和敦的關係更加密切,高明便沒有直接把盞從敦區別開來,提出盞是從簋演化發展而來的。[4] 陳芳妹的意見與高明大致相同,認爲敦是來源於簋和盆,當中,簋和盆在春秋中、晚期間蘊育出盞式敦,到春秋晚期終於演化出標準敦。[5] 事實上,我們贊同盞應該是簋、敦之間的一種過渡類型,從器形的角度來説,當簋底部所附的圈足被三短足取代後,器形便演變成爲盞;然後,當盞的扁球狀器形進一步演化爲器蓋相合成的圓狀,我們今日所稱的敦便因而形成。

不過,在漫長的器類演變過程中,器物銘文所載的自名如何協助我們

---

[1] 高明:《中原地區東周時代青銅禮器研究(上)》,《考古與文物》1981 年 2 期,頁68—82;高明:《中原地區東周時代青銅禮器研究(中)》,《考古與文物》1981 年 3 期,頁 84—103;高明:《中原地區東周時代青銅禮器研究(下)》,《考古與文物》1981 年 4 期,頁 82—91;陳芳妹:《簋與盂——簋與其它粢盛器關係研究之一》,《故宮學術季刊》1983 年 1 卷 2 期,頁 89—110;陳芳妹:《商周青銅簋形研究——附論簋與其它粢盛器的關係》,見故宮博物院編輯委員會:《商周青銅粢盛器特展圖錄》,臺北:故宮博物館,1985 年,頁 69—111;劉彬徽:《楚國青銅禮器初步研究》,見《中國考古學會第四次年會論文集》,北京:文物出版社,1985 年,頁 108—122。

[2] 陳芳妹:《商周青銅簋形研究——附論簋與其它粢盛器的關係》,頁 76。

[3] Jenny F. So, *Eastern Zhou Ritual Bronzes from the Arthur M. Sackler Collections*, 120.

[4] 高明:《中原地區東周時代青銅禮器研究(中)》,頁 89—90。

[5] 陳芳妹:《商周青銅簋形研究——附論簋與其它粢盛器的關係》,頁 76—78。

瞭解問題？事實上，過去學者已經就簋、盆、盨和敦之間的演變關係作出詳盡討論，但盂與其他器類之間的關係，似乎仍然可結合銘文自名現象作出較全面的探討。

　　首先，我們可借助銅器自名分析簋、盂兩器類間的演變關係。雖然簋的出現較盂早許多，但從考古出土可知，不少盂的器形與簋甚爲相似，如前述的匽侯盂、伯盂、作父丁盂、永盂、遹盂、天盂等。此等銅器俱是器身下附加圈足，外形與西周時期簋非常類似，所以，不少學者曾經從不同角度嘗試提出區別簋與盂的客觀標準。例如，Robert W. Bagley 提議以有否環耳作爲區分的主要特徵，然而，他卻同時承認西周時期銅器分類不太嚴謹，此標準有可能不能普遍適用於所有銅盂。① Jessica Rawson 明言爲簋與盂之間訂立通用的區別標準是非常困難的，但銅盂口沿通常外侈，此與西周時期銅簋呈 S 形綫條的外形特徵有所不同。②

　　其實，除了具體器形的系聯外，銘文自名現象亦可作爲分析簋與盂兩器類之間演變關係的重要資料。西周晚期蘇公簋銘文曾經出現"盂殷"之自名，相同自名尚見於西周中期滋簋：

滋簋 10310
西周中期
銘曰：滋乍（作）盂殷

蘇公簋 3739
西周晚期
銘曰：穌（蘇）公乍（作）王改盂殷

---

　　① Robert W. Bagley, *Shang Ritual Bronzes in the Arthur M. Sackler Collections* (Washington, D.C.: Arthur M. Sackler Foundation, 1987), 500.

　　② Jessica Rawson, *Western Zhou Ritual Bronzes from the Arthur M. Sackler Collections* (Washington, D.C.: Arthur M. Sackler Foundation, 1990), 457.

從上述器圖可知,滋簋的器形與盂是相當接近的,故過往學者曾經著録此器作滋盂。① Jessica Rawson 以簋具有 S 狀綫條外形特徵作爲區别標準,雖然滋簋器口外侈,但器身所呈的 S 狀綫條仍然隱約可見,故我們認爲將此器歸類爲簋較爲合宜。除了器形之外,兩器器銘自名爲"盂段",由是亦可説明簋、盂兩類銅器間在器類發展上有著非常密切的演變關係。

此外,春秋時期子諆盆及要君盆俱自名爲"盂",亦可印證盂、盆兩器類在演變上有密切的聯繫。根據考古出土實物可知,盆産生稍晚於盂,最早例子只可上溯至西周中期。我們前文已就盂、盆兩器類間的發展關係作出扼要介紹,但因兩類銅器器形確實相當接近,故盆的折肩特徵被視爲最關鍵的區别標誌。此外,兩器類在功能上亦較爲類似,它們於先秦時期皆可兼作盛食與盛水用途。因此,從各項因素看來,兩者間的演變關係是相當明顯的。又上述的分析更可進一步説明盆的産生不純粹是自簋演變而來,在其變化過程中盂亦具有著重要的影響作用。

研究者普遍贊同盨是自盆或簋演變而來,從我們的考察可知,王子申盨、楚王酓審盨及愠兒盨銘文皆自稱爲"盂"或"盨盂",有關的自名現象其實能爲上述觀點提供進一步的證據。正如前文所言,由於盆是在簋、盂兩器類相互影響下演化出來,所以,上述三件銅盨的自名能够進一步展示器類演變中"簋、盂→盆→盨"的變化軌迹。而且,正因敦是自盨演變而來,春秋晚期許子敦銘文自名爲"盂",大概亦可視爲從盂到敦的漫長器類演變過程中的孑遺。②

總括而言,銘文所載的自名確實能爲銅器的分類與定名問題提供重

---

①　劉東亞:《介紹新發現的幾件商周青銅器》,《中原文物》1982 年 4 期,頁 64—65;中國社會科學院考古研究所編:《殷周金文集成》(修訂增補本)10310。

②　魯大司徒元匜銘文自稱爲"飲盂",我們認爲此現象是較難解釋。該器本屬齊魯大學國學研究院舊藏,現收藏於山東省博物館。雖然金文著録曾記該器在曲阜市林前村出土,但具體的發掘情況與同出器物現今已經無從考辨。匜銘雖然自名爲"飲盂",我們因其器形而歸類爲匜,但該器前後皆有流,由是可推斷當時是用爲注酒器具。至於該器爲何自名爲盂? 以下提出一個可能性:雖然彝器都有其固定器用,但實際用途卻可因應具體情況而作靈活變化。銅盂雖然主要用作盛水及盛食的器具,但我們不能排除在某些情況下銅盂亦可盛酒。魯大司徒元匜銘文"盂"前既然有"飲"作爲修飾語,我們由是懷疑同組的出土器物中可能尚有用以盛酒的銅盂,而該銅匜則是斟酒器。

要的資料，不過，在參考自名的同時，研究者亦必須知道，在部分的情況下，銘文所記自名不一定代表該件銅器所屬的確切器類，且同墓所出銅器及器型演變關係在銅器自名上皆有著關鍵性的影響。

圖書在版編目(CIP)數據

新出兩周金文及文例研究 / 鄧佩玲著. —上海：
上海古籍出版社，2019.10
（商周文明探索叢書）
ISBN 978-7-5325-9331-6

Ⅰ.①新… Ⅱ.①鄧… Ⅲ.①金文—研究—中國—周
代 Ⅳ.①K877.34

中國版本圖書館 CIP 數據核字(2019)第 191271 號

商周文明探索叢書
新出兩周金文及文例研究
鄧佩玲　著
上海古籍出版社出版發行
（上海瑞金二路 272 號　郵政編碼 200020）
(1) 網址：www.guji.com.cn
(2) E-mail：guji1@guji.com.cn
(3) 易文網網址：www.ewen.co
上海商務聯西印刷有限公司印刷
開本 787×1092　1/16　印張 16.5　插頁 3　字數 237,000
2019 年 10 月第 1 版　2019 年 10 月第 1 次印刷
印數：1—1,300
ISBN 978-7-5325-9331-6
K·2694　定價：68.00 元
如有質量問題,請與承印公司聯繫